Daphne Charters • Naturgeister und Menschen

Daphne Charters

NATURGEISTER
& Menschen

Aquamarin Verlag

1. Deutsche Auflage 2001
© Aquamarin Verlag
Voglherd 1 • D-85567 Grafing

Titel der Originalausgabe:
A True Fairy Tale
© Almorris Press, London
Übersetzung aus dem Englischen von
Karl Friedrich Hörner

© Titelbild: Petra Arndt
Umschlaggestaltung: Annette Wagner

Druck: Bercker • Kevelaer
ISBN 3-89427-166-3

Inhalt

Aus dem Daily Telegraph vom 30. Oktober 1951:
„Vor zwei Jahren entschied die Oxford Union
unter dem Einfluss von Besuchern vom Trinity
College, Dublin, mit 416 gegen 198 Stimmen,
dass dieses Haus an Elfen glaubt."

Einführung

Das erste Kapitel dieses Buches wurde 1951 als Broschüre mit dem Titel „Ursprung, Leben und Evolution der Elfen" veröffentlicht.

Für jenes Büchlein schrieb ich ein Vorwort, das in verbesserter Form auch als Einführung zum vorliegenden Bande dienen möge.

Beflügelt vom Heldenmut der Unwissenheit übernahm ich im Jahre 1950 die Aufgabe, einen öffentlichen Vortrag über Engel und Elfen zu halten. Ich wusste nicht allzu viel über mein Thema, doch ich ging davon aus, dass meine Zuhörer noch weniger wüssten. Dies war ein Irrtum.

Am Ende meiner Ausführungen kam eine Dame auf mich zu und teilte mir mit, dass sie mit allen Elfenwesen in ihrem Haus und Garten aufs engste vertraut sei; sie kenne sie alle beim Namen und wisse, wie sie aussähen (obwohl sie sie nicht direkt sehen könne) und welche Art von Arbeit jedes von ihnen verrichte.

Jene Dame war Daphne Charters, die das Manuskript des genannten Büchleins aufgezeichnet hatte.

Sie erzählte mir, der Übermittler sei einer der Heilungs-Devas – unter einem Deva mag man sich einen Engel aus der Elfen-Evolution vorstellen –, und verständliche Kommunikationen zwischen Devas und Menschen seien aus einer Vielzahl von Gründen äußerst selten; der wichtigste sei die große technische Schwierigkeit des Vorgangs selbst.

Wenn ich mit Freunden aus spiritualistischen und theosophischen Kreisen über Daphne Charters und ihre Arbeit sprach, fragten sie: „Ist sie eine Hysterikerin?" oder „Ist sie viel allein?" Dieses Vorwort schreibe ich hauptsächlich, um zu bezeugen, dass Daphne Charters eine durchaus normale, nüchterne Person und (wie die meisten Engländerinnen ihrer Zeit) vorwiegend mit Haushalt und häuslichen Pflichten beschäftigt ist. Ich empfehle nicht, sich auf eine ausführliche Diskussion über die wahrscheinliche Genauigkeit oder andere Einzelheiten des Manuskripts einzulassen; ich möchte lediglich feststellen, dass nach meiner Meinung nur wenig oder gar nichts davon dem unbewussten Denken von Daphne Charters entspringt. Vielmehr sage ich dem Leser:

„Hier haben wir ein bemerkenswertes Dokument. Es handelt sich, soweit mir je bekannt wurde, um den ersten ernsthaften Versuch, die Evolutionslinie der Elfenwesen über alle ihre Stufen vom winzigen Lichtfunken bis hin zu den höchsten Deva-Rängen zu verfolgen – also bis zu den höchsten Stufen vor der letztlichen Vereinigung mit dem Absoluten. Geoffrey Hodson verdanken wir faszinierende Bücher über das Leben der Elfen; Conan Doyle und andere haben uns Photographien von Elfenwesen geschenkt, doch noch keiner hat uns – nach meiner begrenzten Erfahrung – ein umfassendes Bild vermittelt vom Leben und der Bestimmung der Elfen sowie vom Vorgang der Wiedergeburt ins Ätherische, durch die eine Stufe der Entwicklung in die nächste übergeht.

Meinen Sie nun nicht, ich behaupte, dies sei die Offenbarung einer großen Wahrheit, die Sie ohne Zögern akzeptieren müssten. Doch was ich sage, ist, dass wir es hier mit einem bemerkenswerten, vielleicht einzigartigen Dokument zu tun haben. Lesen Sie es selbst und stellen Sie fest, was Sie damit anfangen werden."

Was mich mehr verblüfft hat als alles andere, ist der offensichtlich lateinische Ursprung der Bezeichnungen für die verschiedenen Elfentypen, aber auch der meisten persönlichen Namen der Elfenwesen. Die meisten Wurzeln sind lateinisch, und dies gilt auch für die Singular- und Pluralformen, die mit -is bzw. -es enden.

In meinem ursprünglichen Vorwort warf ich die Frage auf, ob beispielsweise chinesische Elfen ähnliche, ebenfalls lateinisch klingende Namen haben oder auf chinesische Laute hören. Kürzlich habe ich eine Antwort auf diese Frage erhalten. Daphne Charters lernte jüngst zwei chinesische Elfen kennen, ihre Namen sind Perima und Sulic. Im Namen Perima klingt, wie ich meine, etwas subtil Lateinisches mit. – Doch tragen in Wirklichkeit nicht die Elfen lateinische Namen, weil die Römer dereinst Elfennamen hatten, sondern eher umgekehrt!

Was mich ebenfalls überrascht hat, ist die Vorstellung, dass wir alle Hauselfen haben, die regelmäßig im Haus arbeiten. Ich habe schon seit vielen Jahren an Elfen geglaubt, sah sie aber hauptsächlich als eine notwendige Hilfe für das Wachstum und Gedeihen in der Pflanzenwelt. Natürlich hatten bereits die Römer ihre Hausgötter – Laren und Penaten –, doch diese hielt ich für einen Aspekt der nicht sehr hoch entwickelten römischen Religion. Andererseits gab es schon im römischen Reich keinen Rauch ohne Flamme, und so waren es vielleicht die Hauselfen, die von den Römern zu Hausgöttern erhoben und als solche verehrt wurden.

Ich befürchte, dass dieses Buch seiner Zeit um Jahre voraus ist. Die Menschen sind so schwer von Begriff! Es gibt Tausende von Fällen, in denen Elfenwesen gesichtet werden, doch dies erleben hauptsächlich einfache Menschen, zum Beispiel keltische Bauern und Kinder aller Nationalitäten. Hier und da werden Elfen auch von medialen Erwachsenen wahrgenommen. Doch sagt man von jemandem: „Er glaubt an Elfen“, ist dies fast gleichbedeutend mit der Behauptung: „Er ist nicht ganz richtig im Kopf." Ich persönlich glaube, dass wir alle eines Tages nicht nur dahin kommen werden, die Existenz von Elfen als Tatsache anzunehmen, sondern auch die wichtige Arbeit anzuerkennen, die sie für die Menschheit verrichten – und die damit einher gehende Verpflichtung zu akzeptieren, ihnen unsere liebevolle Kooperation zu gewähren und ihnen damit auf ihrem eigenen Evolutionsweg zu helfen. Denn die Evolution der Elfenwesen ist aus der Sicht Gottes nicht weniger wichtig als unsere, und beide führen zu einem gemeinsamen Ziel.

Lord Dowding
April 1956

Vorwort

Gleich zu Beginn möchte ich klarstellen, dass dieses Buch keine Phantasie ist. Im Gegenteil – und dies versichere ich nach bestem Wissen –: Jedes Wort darin ist wahr. Doch es gibt immer einen Bereich des Irrtums in der Kommunikation mit der geistigen Welt, und aus diesem Grunde meine ich, dass man niemals irgendeine Aussage blind akzeptieren sollte, wie makellos ihre Quelle auch sei. Wenn das Medium eine fixe Idee hat, ist es für den Mitteilenden sehr schwierig, diese augenblicklich zu löschen; allein im Laufe der Zeit wird es ihm gelingen, das irrige Denken allmählich zu einer exakteren Sichtweise zu wandeln. Andererseits stelle ich oft eine Frage und erhalte eine andere Antwort als die, mit der ich gerechnet hatte – doch es besteht ein großer Unterschied zwischen Erwartung und vermeintlicher Gewissheit.

Aufgrund dieser Möglichkeiten unabsichtlicher Fehler habe ich mir angewöhnt, jegliche übermittelte Botschaft etwa drei Monate liegen zu lassen, bevor ich sie erneut prüfe. In der Zwischenzeit können jene, die mir helfen, meine Vorstellungen gegebenenfalls korrigieren. Wenn ich dann lese, was ich früher guten Glaubens niedergeschrieben habe, bleibe ich zuweilen an einer Aussage hängen, und alles in meinem Innern sagt „Nein". Dann denke ich darüber nach und stelle fest, dass ich die korrekte Antwort weiß, oder wenn sie nicht völlig akkurat ist, wird sie jedenfalls der Wahrheit näher sein. Natürlich können Sie nun einwenden: „Nun, wenn sie dies in einem Jahr wieder liest, sagt vielleicht alles in ihrem Innern „Nein" zu dem ganzen Buch!" Ich denke nicht, dass etwas so Drastisches geschehen wird – aber falls es passiert, hoffe ich, dass ich den Mut haben werde, dies zuzugeben!

Das Werk

Es ist notwendig, dass ich Ihnen ein wenig über mich selbst und das Werk erzähle, in dem ich engagiert bin, damit Sie sich keine falschen Vorstellungen machen. Ich bin nicht hellsichtig im herkömmlichen Sinne. Ich vermag jedoch ein wenig zu sehen, wie man es nennen könnte, und zwar mit meinem Geist. Wenn ich sage: „Vorige Woche beobachtete ich, wie die Sonne zwischen zwei schneebedeckten Bergen versank, und der See, der zu ihren Füßen liegt, sah aus, als stünde er in Flammen", so bin ich sicher, dass Sie sich – sofern Sie nicht sehr phantasielos sind – davon gedanklich ein Bild machen können. Mit anderen Worten, Sie sehen das Geschilderte „mit dem Auge Ihres Geistes", nicht mit den körperlichen oder seelischen Augen. Auf diese Weise „sehe" ich.

Schwingungen

Dieses Sehvermögen beruht nicht allein auf dem Auge des Geistes, sondern auf Schwingungen. Diese sind allen bekannt, die sich für die nächste Welt interessieren, aber auch jenen, die ein elementares Wissen aus der Physik der diesseitigen Welt besitzen.

Ich bin sicher, dass zumindest manche von Ihnen schon einmal einen offenbar leeren Raum betreten haben und dabei doch das Empfinden hatten, nicht allein zu sein. In solchen Fällen spricht man oft vom sechsten Sinn, tatsächlich aber empfangen Sie die unsichtbaren Schwingungen der anderen anwesenden Person. Alle Dinge geben Schwingungen ab, schnelle oder langsame, und jeder Gegenstand, jedes Gebäude, jeder Kontinent und jede Person hat seine oder ihre individuelle Schwingung, eine Art unzerstörbares Identitätsmerkmal. Vielleicht denken Sie, dass ein Stuhl etwas Statisches sei, aber die Elementarphysik erklärt uns, wie oft ein Gegenstand pro Sekunde schwingt. Wir schwingen mit einer etwas höheren Frequenz, doch aufgrund der Tatsache, dass sowohl wir als auch das Sitzmöbel sich innerhalb des gleichen Schwingungsbereichs aufhalten, können wir den Stuhl sowohl sehen als auch berühren. Verstorbene können wir jedoch nicht sehen, weil sie einem Schwingungsbereich höherer Frequenz angehören als unser physisches Auge. Elfen haben eine sehr rasche Schwingung, und aus diesem Grunde sind sie für manche hellsichtigen Medien nicht sichtbar, die Verstorbene durchaus wahrnehmen können.

Mediumismus

Ich gehe davon aus, dass die meisten von Ihnen ein Radiogerät besitzen. Sie wissen, dass Ihr Gerät die Wellen von Klängen einfängt, sodass Sie Musik und Gespräche hören können, die aus sehr großer Entfernung kommen. Die Wellen oder Schwingungen sind ständig in Ihrem Zimmer, doch solange Sie Ihr Gerät nicht darauf einstellen, können Sie sie nicht hören. Mit anderen Worten: Ihr Rundfunkgerät ist das Medium, das es Ihren Ohren ermöglicht, Klänge zu empfangen, die bereits vorhanden sind.

Medium zu sein, bedeutet lediglich, dass eine Person imstande ist, Bilder, Szenen und Klänge zu empfangen, die für das normale Auge und Ohr nicht sichtbar oder hörbar sind.

Ich bezweifle nicht, dass viele von Ihnen die Überzeugung hegen, dass Elfen imaginäre Wesen sind, die zur Belustigung von Kindern erfunden wurden, und indem ich behaupte, dass ich mich täglich mit ihnen unterhalte, laufe ich große Gefahr, eine wunderliche, schrullige Spinnerin genannt zu werden.

Doch es ist nicht immer klug, über Menschen zu spotten, die Zugang zu Erfahrungen haben, die man selbst noch nicht kennen gelernt hat. Hier möchte ich die Frage des Hörens aufgreifen. Verschiedene Gruppen von Leuten haben Untersuchungen angestellt, und auch Sie können mit der Hilfe einiger Freunde ein ähnliches Experiment durchführen, wenn es Ihnen möglich ist, eine Ultraschallpfeife zu kaufen oder zu leihen. Die Stimmung dieses Instruments reicht von einem Ton, den alle mit normalem Gehör vernehmen können, bis in einen so hohen Bereich, dass keines Menschen Ohr diese Töne hören kann. Stellen wir uns vor, dass Sie und elf vertrauenswürdige Freunde zuerst alle den Pfeifton hören können. Allmählich werden nun immer höhere Töne erzeugt, und eine Person nach der anderen scheidet aus der Gruppe aus, da sie den Ton nicht mehr vernehmen kann, den die Pfeife hervorbringt. Als sie selbst sich als achte Person zurückziehen, bleiben noch vier Freunde übrig, die behaupten, die Pfeife immer noch hören zu können. Wären Sie ein Spötter, müssten Sie sich nun entscheiden, ob Ihre vier Freunde –

1. etwas erleben, das außerhalb Ihrer Wahrnehmungs-
    möglichkeiten liegt,
2. sich lediglich einbilden, etwas zu hören,
3. schlicht und einfach Lügner sind.

Entscheiden Sie sich für 2. oder 3., dann halten Sie sich vor Augen, dass die sieben Freunde, die schon vor Ihnen ausgeschieden sind, mit gleichem Recht gleiches von Ihnen denken dürfen.

Im Jahre 1950 wurde ein großer Schäferhunde-Versuch von einem Hund gewonnen, dessen Abrichter eine Ultraschallpfeife benutzte. Wieder einmal stehen Sie vor der Wahl:

1. Der Hund konnte die Pfeife hören, mit der sein Abrichter ihm Anweisungen vermittelte, die jedoch für menschliche Ohren nicht zu hören waren.
2. Der Sieger war ein Wunderhund, der instinktiv wusste, was er tun sollte.
3. Der Abrichter hielt zwar einen Gegenstand zwischen den Lippen, tatsächlich aber praktizierten er und sein Hund Telepathie.

Ich habe diesen Punkt hervorgehoben, um Sie davon abzubringen, über Kinder zu lachen, wenn diese kommen und Ihnen von ihren Freunden aus dem Elfenvolk erzählen. Junge Menschen haben oft noch sehr helle Sinne und können nicht nur Elfen sehen, die für Sie als Erwachsene unsichtbar sind. Gewöhnlich verlieren sie diese Gabe beim Heranwachsen, doch man sollte sie ermutigen, nicht abschrecken oder verurteilen, da die unsichtbaren Spielgefährten den Kindern große Freude bereiten und für sie ebenso real sind wie Sie.

In diesem Buch gebrauche ich die Wörter „sehen" und „hören", obwohl ich sie nicht im gewöhnlichen Sinne meine.

Wie alles begann

Mein Mann Jack starb unerwartet und auf tragische Weise im Jahre 1948. Ich hatte schon immer ein vages Interesse an psychischen Dingen, hatte mich aber gescheut, mich eingehender damit zu befassen. Mit Jacks Tod jedoch kam die Erkenntnis, dass es, nachdem das Schlimmste bereits eingetreten war, nichts mehr gab, vor dem ich mich noch fürchten müsste – und ich wusste: Ich musste herausfinden, wo und was er nun war. Etwa vier Monate später, als ich ein wenig ruhiger geworden war, fiel mir alles gewissermaßen in den Schoß, und es wurde mir möglich, durch Vermittlung eines Mediums mit Jack zu sprechen.

Nach meiner Rückkehr nach England übte ich diese Methode der Kommunikation weiterhin etwa einmal im Monat aus, und bei meinem vierten Besuch wurde mir mitgeteilt, dass Jack wünschte, mit mir „automatisches Schreiben" zu praktizieren. Bei dieser Form der Kommunikation führt der Verstorbene die Hand und lenkt das Schreibwerkzeug. Das Medium ist dabei manchmal völlig in Trance, manchmal in Teiltrance oder, wie in meinem eigenen Falle, bei vollem Bewusstsein. Nach zwei Fehlschlägen gelang es uns, und von da an schrieben wir einmal in der Woche ein oder zwei Sätze miteinander.

Ich begann mich schon recht sicher zu fühlen, als ich auf die erste Schwierigkeit stieß. Ohne dass ich es wusste, kamen einige erdgebundene Geistwesen, ergriffen Besitz von meiner Hand und setzten die Konversation fort. Jack war damals nicht stark genug, sie daran zu hindern. Ich wurde sehr in die Irre geführt, und erst nachdem ich mich zum Narren gemacht hatte und auf eine falsche Reise gegangen war, erkannte ich, dass ich an der Nase herumgeführt wurde und es nicht Jack war, der da mit meiner Hand schrieb. Möge dies Suchenden als Warnung dienen. Versuchen Sie nicht, allein zu arbeiten. Ich habe es getan, und ich habe einige der zahlreichen Schwierigkeiten kennen gelernt. Es kann so gefährlich wie unangenehm werden.

Sie fragen sich vielleicht, wie jene lästigen Leute überhaupt erfahren können, dass Sie zur Kommunikation bereit sind. Wenn Sie sozusagen offen sind, Kontakt herzustellen, dann strahlen sie ein Licht ab. Unentwickelte und erdgebundene Geister sind solche, die aufgrund ihres Verhaltens auf Erden – z.B. gewohnheitsmäßiges Trinken oder Drogensucht –, im Tode nicht auf normale Weise die andere Seite erreichen können. Sie leben in einer dunklen und tristen Welt, und ein Licht – Ihr Licht – zieht sie natürlich an. Manche Leichtsinnigere unter ihnen machen sich einen Spaß daraus, Medien zu foppen – besonders solche, die in der Kommunikation noch unerfahren und deshalb viel leichtgläubiger sind als jene, die schon lange mitspielen. Wenn ich heute meine Aufzeichnungen betrachte, wundere ich mich, dass man mich einst mit solch blankem Unsinn zum Narren halten konnte; aber damals war ich oft mehr als aufgeregt. Beim ersten Mal war ich entsetzt über die Vorstellung, dass irgendeine untote Kreatur meine Hand ergriff. Ich fühlte mich unrein und nicht wenig ängstlich. Doch eines wusste ich, nämlich dass ich den Eindringling loswerden musste. Aber wie? Das Wort „Exorzismus" kam mir in den Sinn. Ich hatte gehört, dass in manchen Fällen Geistliche gerufen wurden, um böse Geister aus Spukhäusern zu vertreiben. Ich wusste nicht, wie sie das anstellten – Sie wüssten es vermutlich auch nicht –, aber mir ist es gelungen. An allen Gliedern zitternd, nahm ich meinen Bleistift wieder in die Hand, und Jack meldete sich.

Am nächsten Abend erklärte er mir, ich solle versuchen, jene erdgebundenen Geister zu überreden, mit ihm zur Astralebene zu gehen. Und wieder wusste ich, zitternd wie Espenlaub, dass Fremde meine Hand führten. Doch eine dramatische Ermahnung meinerseits war nicht notwendig, weil die Besucher leicht zu überreden waren, und so erhielt ich meine ersten psychischen Beweise, dass „aus Bösem Gutes erwächst". Dies war beileibe noch nicht das Ende meiner Arbeit mit diesen vorübergehend verlorenen Seelen. Tatsächlich war es erst der Anfang, und ich stellte fest, dass die meisten von ihnen alles andere als frech und unfreundlich waren. Oft waren sie verängstigt, und es bedurfte all meines Einfühlungsvermögens und meiner Überzeugungskraft, um ihnen verständlich zu machen, dass sie – und nur sie allein – sich peinigten, dass künftige Freunde bereit waren, ihnen zu helfen, und dass das Leben auf der Astralebene etwas ganz anderes ist als Bußetun und endloses Hosianna-Singen, wie die meisten von ihnen es sich vorstellten.

Das Buch

Zu Beginn meiner Kontakte mit den Elfen wusste ich noch gar nichts über sie. Ich empfand sie als reizende und oft amüsante Gefährten, und ich kam auf den Gedanken, dass ich eines Tages ein kleines Buch für Kinder über sie schreiben könnte. Doch bald erkannte ich, dass die Aktivitäten der Elfen etwas weitaus Ernsteres verdient hatten als diese geringe Würdigung.

Ich erwarb ein wundervolles Buch, „Fairies at Work and Play" von Geoffrey Hodson, und war fasziniert, diese lebhaften Schilderungen von vielen Elfentypen und den winzigen Wesenheiten zu lesen, die ihr Leben damit verbringen, sich um Pflanzen zu kümmern, bis hin zu den wundervollen Devas, die mit den Lichtwesen der anderen Evolutionszweige über das Universum wachen und es regieren. Dabei war ich etwas überrascht, zu erfahren, dass Elfen nicht sprechen: Obwohl sie manchmal nachahmende Gesten wie das Öffnen und Schließen ihres Mundes zeigen, seien sie unfähig zur Kommunikation.

Sehr bald nach der Lektüre jenes Buches besuchte ich einen Vortrag mit dem Titel „Engel und Elfen" von Lord Dowding. Auch dieser führte zu meinem Erstaunen aus, dass es, soweit er wisse, nicht möglich sei, mit Angehörigen des kleinen Volkes zu reden. Nach dem Vortrag sprach ich ihn an, um mich zu vergewissern, dass ich ihn in diesem Punkte nicht missverstanden hatte. Ich erzählte ihm, dass ich täglich mit Elfen redete, und er forderte mich auf, Notizen zu machen, womit ich tatsächlich gerade begonnen hatte. Damals beschloss ich allen Ernstes, ein Buch zu schreiben, um ein wenig Licht auf dieses überaus faszinierende Thema zu werfen.

Die andere Seite

Ich stelle mir vor, dass sich einige von Ihnen bisher noch nicht viele Gedanken darüber gemacht haben, wohin Sie gehen und was mit Ihnen geschehen wird, wenn Sie sterben. Da die Evolution, zu der die Elfenwesen gehören, Seite an Seite mit der des Menschen wächst – und dies nicht nur auf der Erde –, muss ich Ihnen ein wenig über das Leben nach dem Tode erzählen, damit Sie besser verstehen können, wie die Elfen arbeiten.

Der Bereich, in den wir normalerweise gehen, wenn wir sterben, wird allgemein als die Astralebene bezeichnet; er liegt in dem, was wir als Welt-Raum kennen. Hier sind in Wirklichkeit Felder, Flüsse, Berge, Täler, Dörfer und Städte, ganz ähnlich wie auf der Erde, die wir jedoch nicht sehen können, weil sie – wie ihre Bewohner – eine höhere Schwingungsfrequenz haben, die unsere physischen Augen nicht wahrzunehmen vermögen.

Sterben ist, als legte man, wenn der Frühling kommt und die Sonne wärmer scheint, einen Mantel ab; dieser Mantel ist unser materieller Körper. Unter ihm haben wir noch einen weiteren, das heißt wir haben einen zweiten, unsichtbaren Körper, der innerhalb dessen lebt, den wir kennen; diesen zweiten Körper nehmen wir mit, wenn wir sterben. Mit einem weniger attraktiven Bild könnte man sagen: Wir gleichen einer Zwiebel, ihre grobe, braune, äußere Haut ist unser materieller Körper. Wenn wir weitergehen und uns in eine höhere Sphäre begeben, benötigen wir einen feineren Körper, weil die Atmosphäre feiner und klarer ist. Wenn wir von der Zwiebel eine Haut abschälen, kommt eine weitere zum Vorschein; wenn wir eine Körperhülle ablegen, steht uns eine weitere zur Verfügung. Nicht wenige Menschen können diesen astralen Körper bereits, noch während sie auf der Erde weilen, bewusst gebrauchen. Sie können ihn vom physischen Körper ablösen und in ihm Reisen unternehmen. Ich besitze diese Fähigkeit, obwohl ich leider nicht über die zusätzliche Gabe verfüge, derer sich viele erfreuen, nämlich die Orte, die ich besuche, und die Leute, denen ich begegne, klar zu sehen.

Elfenkörper

Die Ebene jenseits der astralen wird allgemein „die dritte" genannt, doch es gibt viele verschiedene Meinungen über die Bezeichnungen oder Nummerierungen der diversen Ebenen, Unter- und Zwischenebenen.

Wenn jemand diesen Zustand des Bewusstseins erreicht – denn das Weitergehen von einer Ebene zu einer höheren ist nur ein Erwachen, das die Menschen befähigt, die höheren Stufen der Schönheit um sie herum zu sehen, zu hören und zu fühlen –, dann hat er eine Stufe der Entwicklung erlangt, auf der er ohne einen Körper leben und arbeiten kann, wenn er dies wünscht. Dabei kann er sich in Gedankenschnelle jederzeit einen Körper bauen, denn es ist tatsächlich das Denken, das den Körper erschafft: sehr ähnlich dem, den er auf der Erde hatte, aber ohne Makel und von größerer Schönheit, denn auf dieser Stufe hat man sich eine vollendetere Form erarbeitet. Elfen sind mit den Bewohnern dieser dritten Ebene vergleichbar; sie arbeiten und spielen mit oder ohne Körper. In letzterem Falle erscheinen sie als kleine Lichter, deren Farbe und Helligkeit von ihrer Arbeit und dem individuellen Entwicklungsstand abhängig sind.

Kraft

Die Hauptarbeit der Elfen besteht darin, Kraft zu sammeln, um sie zum Einsatz auf der irdischen Ebene genügend zu vergröbern und sie in die Astralkörper ihrer Schützlinge auszuatmen. Kraft ist in und um jeden und alles im Universum, und auch Sie werden auf Ihrem weiteren Weg nach oben die Fähigkeit entfalten, mehr Kraft aufzunehmen und durch Ihren Körper fließen zu lassen zu den zahlreichen Zwecken, zu denen sie gebraucht wird. Ich weiß keine geeigneteren Worte zu diesem Thema als die von Pater John, meinem häufigsten Kommunikator, meinem Geistführer, Freund und Berater: „Kraft ist für uns, was das Leben selbst erhält; sie ist in jedem Mineral, jeder Pflanze und Person; sie zieht, sie bricht, sie steigt empor und wirft hinab; sie ist Speise und Trank; sie heilt, sie tröstet und sie erhebt uns bis zu den Sternen."

Wenn Menschen den Wunsch hegen, einem anderen Kraft zu geben, sei es zum Heilen, zum Trösten oder zum Lieben, dann öffnen sie sich gewissermaßen, und die Kraft fließt durch sie. Elfen- und kleinere Wesen ihrer Evolution müssen die Kraft erst sammeln, um dann das Aufgenommene abzugeben, mit anderen Worten: Für sie ist es eine doppelte Aktivität anstelle eines kontinuierlichen Flusses.

Liebe auf der Astralebene

Soweit ich es verstehe, gibt es nach dem irdischen Leben keine Ehe, das heißt es gibt keine religiöse oder formelle Zeremonie, die zwei Menschen zwingt, auch dann noch miteinander zu leben, wenn die Liebe gestorben ist. Liebe und nur Liebe ist das Band für Menschen-, Elfen- und alle die anderen Evolutionszweige gleichermaßen. Manchen von Ihnen mag dies schockieren. Ich kann Ihnen jedoch versichern, dass es jenen auf der anderen Seite weitaus abstoßender erscheint, zwei Menschen zu beobachten, die schon lange aufgehört haben, einander zu lieben, aber durch Konventionen aneinander gebunden sind, bis sie zanken, einander böse und grausame Dinge sagen und damit schädliche Schwingungen erzeugen, die beide beeinträchtigen, darüber hinaus ihre Kinder, die Elfen und die anderen Wesenheiten, deren Existenz sie sich gewöhnlich gar nicht bewusst sind. Glauben Sie jedoch nicht, dass sie ermutigt werden, in Promiskuität abzusinken. Im nächsten Kapitel erklärt der Deva einige der Vorsichtsmaßnahmen, die getroffen werden, um das Glück zu sichern.

Wenn jemand auf die andere Seite hinüber gegangen ist, begreift er nach kurzer Zeit, dass das Leben in alle Ewigkeit weitergeht. Warum sollte er sich also kopfüber in die Suche nach seiner wahren Liebe stürzen? Jeder hat eine Affinität. Manche sagen, dass sie als eins begannen und als eins enden werden, andere empfinden sich als getrennte Teile eines Ganzen. Aus Pater Johns Erklärungen verstand ich, dass Affinitäten nach allgemeiner Meinung von identischen Atomen gebildet werden. Andere wiederum behaupten, dass die Seele sich teilt und dabei zwei getrennte Teile eines Ganzen bildet; jeder Teil gehe seinen Weg durch Mineral-, Pflanzen- und Tierreich, bis sie einander schließlich wieder begegnen. Das Suchen nach der Zwillingsseele oder dem Seelenpartner bringt uns dazu, Verbindungen einzugehen, die nicht immer von Erfolg gekrönt sind. Die Zeit ist jedoch nicht vergeudet, weil es notwendig ist, dass wir alle Arten von Erfahrungen – sowohl gute als auch schlechte – sammeln, bis wir ausgeglichen genug sind, um weiter voranzuschreiten.

Bei den Elfen werden die Zwillingsseelen (oder Seelenpartner, je nachdem, welchen Begriff Sie bevorzugen) Duo und Dua genannt. Sie tauschen Kraft aus, miteinander „allein zu zweit" und auch mit ihrem Führer, wenn er dem anderen Geschlecht angehört. Es ist sowohl eine Belohnung als auch eine spirituelle Erfahrung, Kraft von einem Führer zu empfangen, denn er oder sie ist auf jeden Fall weiter fortgeschritten als der Empfänger. Elfen, die aufgrund einer besonderen gegenseitigen Liebe miteinander leben, werden Pares genannt; sie empfinden weder Unmut noch Eifersucht, wenn sie selbst oder der Partner auch mit anderen Elfen Kraft austauschen.

Elfen und Menschen

Obwohl die Evolution, zu der die Elfenwesen gehören, Seite an Seite mit der des Menschen wächst und sich entwickelt, sind ihre Angehörigen für den Menschen gewöhnlich unsichtbar, bis beide durch die Astralebene gegangen sind und auf der dritten Ebene leben.

Als ich anfing, mit meinen entkörperten Freunden zu sprechen, stellte ich zu meiner Überraschung fest, dass sie mich weder sehen noch hören konnten. Doch mit ein wenig Konzentration, sowohl seitens der Menschen als auch aufseiten der Elfen, war die Kommunikation mit ihnen bald möglich. Wie ich selbst, so hören auch sie jene natürlich nicht mit den Ohren, sondern mit dem Geist, ja dies ist sogar wichtig, weil Elfen sich nicht stimmlich mitteilen. Sie greifen auf die Methode zurück, die von allen höher entwickelten Wesenheiten angewandt wird: Sie projizieren ein Bild ihrer Gedanken in die Atmosphäre oder, bei privateren Inhalten, in das Denken der Person, mit der sie zu kommunizieren wünschen. Eine recht interessante Tatsache in Bezug auf die unbewusste Übersetzung von Bildern in Worte wurde schon recht früh in meiner Bekanntschaft mit den Elfen deutlich und könnte den biblischen Begriff der „Zungenrede" erklären. Wenn Menschen sterben, so stellte ich fest, können sie nicht Französisch, Griechisch oder Sanskrit nach Belieben sprechen – jedenfalls nicht besser als in ihrer irdischen Lebenszeit. Wer aber die Methode beherrscht, seine Gedanken zu projizieren, hat keine Schwierigkeit, den anderen zu verstehen, ganz gleich, welcher Nationalität der Sprechende ist.

Unter den Personen, die zu diesem Buch beitragen, ist ein Deutscher namens Ludwig. Er schreibt gutes Englisch, aber Deutsch ist natürlich die Sprache, die er normalerweise spricht und in der er seine Gedanken formuliert. Eines Tages sagte ich zu ihm: „Du bist oft bei mir, wenn ich mit den Elfen spreche, und empfängst dabei gewiss die gleichen Projektionen von ihnen wie ich. Zu mir sprechen sie englisch, und zu dir?" Er dachte über die Frage nach und antwortete dann, dass er bis zu diesem Augenblick noch nie darauf geachtet habe, die Elfenwesen aber definitiv in deutscher Sprache vernehme.

Zu erreichen, dass diese Menschen die Elfen sehen konnten, war eine noch viel schwierigere Aufgabe. In drei oder vier Fällen waren tage- oder wochenlange Beschäftigung ihrerseits und ein gewisses Maß an Kraft vonnöten, bis sich ein Erfolg erzielen ließ. Doch sobald sie die korrekte Schwingung gefunden hatten, brauchten sich die Menschen nur auf die Angehörigen des kleinen Volkes einzustimmen, um sie mit eigenen Augen recht normal zu sehen.

Es gibt in jedem Winkel des Universums so viele winzige Wesenheiten der verschiedenen Evolutionszweige, dass das Leben dem Alptraum eines Betrunkenen gliche, wenn jeder auf alle gleichzeitig eingestimmt wäre. Wir würden erkennen, dass wir mit jedem Atemzug winzige Wesenheiten einsaugen und wieder ausblasen, wir würden sie in unserer Suppe und auf unserem Lieblingssessel sehen und bemerken, wie sie aus dem Radio und in den Mehltopf springen. Deshalb bleibt ein jeder auf seine eigene Evolution eingestimmt, und wenn er dies gelernt hat, mag er lernen, sich nach Belieben für kurze oder längere Zeit auf eine der anderen Evolutionen einzustimmen. Auf diese Weise gerät keiner einem anderen „ins Gehege".

Aufgrund ihres echten Sehvermögens konnten meine Freunde mir die exquisite Schönheit der Elfenwesen beschreiben, die oft alles übersteigt, was wir auf Erden kennen. Die kleinen Wesen sind völlig uneitel, ihr einziges Verlangen ist es, dass andere ebenfalls ihre Freude daran haben. Über sich selbst äußern sie bezaubernd naive Bemerkungen; als ich zu einem von ihnen sagte: „Weißt du, bis George mir deine Erscheinung beschrieb, hatte ich keine Ahnung, was für ein hübscher Bursche du bist", sagte er: „Ach Daphne, ich wünschte, du könntest mich selbst sehen, denn ich bin wirklich sehr schön."

Lachend tadelte ich ihn ob seiner Eitelkeit, aber er schien gar nicht zu begreifen, was ich meinte. Ich erklärte ihm: Wenn Menschen auf der Erde ihre eigene Schönheit loben, die ja nicht ihr eigenes Verdienst ist, nennen wir sie eitel. „Aber ich verstehe nicht", beharrte er. „Wir freuen uns über unser Aussehen, und wir lieben es, dass auch andere ihre Freude daran haben. Unsere Schönheit ist jedenfalls verdient", erklärte er mit etwas Stolz. „Wir können uns kein besseres Aussehen verschaffen als das, was wir verdient haben."

Hilfe bei diesem Buch

Ich bin nicht die Alleinautorin dieses Buches, da meine psychischen Fähigkeiten begrenzt sind und ich der Kommunikation mit den Elfen leider nicht so viel Zeit widmen kann, wie ich es mir wünschte.

Pater John, meinen Geistführer, habe ich bereits erwähnt. Unter meinen anderen Helfern sind sechs Erdgebundene, denen ich helfen durfte, auf die andere Seite hinüber zu gelangen. Alle sechs Personen haben inzwischen aufgegeben, was mancher wohl als die vergnüglicheren Aktivitäten im astralen Leben bezeichnen mag, um auf die Erde zurückzukehren und hier anderen zu helfen, die heute aufgrund ihrer früheren Vergehen leiden, wie sie einst selbst gelitten hatten.

Da die Erdgebundenen in diesem Buch nicht Thema sind, sondern nur am Rande vorkommen, werde ich Ihnen nicht die Geschichten dieser Menschen erzählen, obwohl sie durchaus interessant sind. Ich nenne Ihnen nur ihre Namen und ihre Tätigkeit zur Zeit ihres Erdenlebens: 1. George war ein Teepflanzer; 2. Ludwig war ein deutscher Adliger, 3. Ronald war ein Börsenmakler, 4. Peter war vor allem ein Playboy, 5. Andrew war ein Fabrikvorarbeiter, 6. John war ein Grundstücksmakler. Weiterhin erwähnt seien Betty, die nicht erdgebunden war, sondern auf gewöhnliche Weise hinüberging (allerdings vorzeitig aufgrund des Umstandes, dass sie im zweiten Weltkrieg umkam, während sie in Deutschland einen Krankenwagen fuhr), und mein Mann Jack. Diese beiden, die „Hüter" der Hauselfen, deren Geschichten in diesem Buch nicht erzählt werden, treten nur sporadisch auf.

Die acht Genannten besuchten mich regelmäßig. Eines Tages, bald nachdem ich der Elfen gewahr geworden war, machte ich den Vorschlag, dass jeder ein oder zwei Vertreter des kleinen Volkes adoptieren oder sich von ihnen adoptieren lassen sollte. Beide Seiten waren entzückt über diese Idee, obwohl die Männer und Betty die Elfen seinerzeit nur hören, aber nicht sehen konnten. Die Liebe zwischen Menschen- und Elfenwesen hat zu vielen bezaubernden Offenbarungen geführt, die weit über das hinaus gingen, was ich beschreiben könnte, weil mein Sehvermögen doch vergleichsweise mangelhaft ist. In jedem Falle habe ich den menschlichen Beobachter oder das Elfenwesen genannt, das Urheber der jeweiligen Informationen ist.

Alle die Leute, die sich um unsere Evolution kümmern, sind entkörpert oder das, was wir tot nennen.

Keiner dieser Freunde ist lange im Jenseits gewesen, und manches von dem, was sie mitteilten, mag jene schockierend anmuten, die sich noch nie mit dem Leben nach dem Tode befasst haben.

Die Evolution des physischen Körpers hat sich als sehr langsam erwiesen; deshalb ist es logisch, zu folgern, dass es keine großen Abstände geben wird, wenn wir – zwar als die gleichen Individuen – zufällig etwas rascher schwingen, als wir es derzeit tun, d.h. wenn wir tot sind.

Alle Evolution, ob des Körpers, des Denkens oder des Geistes, vollzieht sich langsam, und unmittelbar nach unserem Tode sehen wir für jene, die ebenfalls tot sind, genau so aus wie zeit unseres Erdenlebens. Wir besitzen einen Körper, den wir als vollkommen fest empfinden, und bis wir effizientes Denken erlernt haben, verlangt er Aufmerksamkeit, Kleidung und Nahrung.

Viele leben jahrelang in fast genau den gleichen Bedingungen wie jenen, die ihnen aus ihrem Erdenleben vertraut sind, sei es weil sie damit zufrieden sind, oder weil sie sich scheuen, etwas anderes auszuprobieren. Natürlich akklimatisieren sich manche rascher als andere, je nach ihrem Entwicklungsstand und je nachdem, ob sie junge oder vergleichsweise alte und erfahrene Seelen sind.

Über ihre kurze Zeitspanne im Astralen hinaus arbeiten die meisten der Freunde, die mir bei diesem Buch geholfen haben, mit Leuten, die entweder erdgebunden sind oder auf Ebenen unterhalb der irdischen leben, in jenen tieferen Sphären, die wir als Hölle bezeichnen. Um in den dort vorherrschenden Bedingungen zu existieren, ist es notwendig, dass sie die Schwingungen ihres Körpers beträchtlich verlangsamen. Damit diese Umstellung weniger beschwerlich ist, wohnen sie in einer recht niederen Sphäre der Astralebene. Seien Sie deshalb nicht überrascht, entsetzt oder zu Recht indigniert, wenn Sie lesen, dass sie über Rasierpinsel reden, über Dinner-Partys oder ihre zweitbesten Anzüge; sie sprechen nur die Wahrheit.

Ich gebe zu, dass ich Ihnen keinen der hier wiedergegebenen Sachverhalte beweisen kann, noch wird mir dies möglich sein, bevor Sie selbst verstorben sind – und selbst dann könnte es sein, dass Sie weit genug entwickelt sind, um die astrale Ebene rasch zu durchschreiten, ohne sich deren materielleren Aspekten zu widmen. Vielleicht gehören Sie gar zu den Auserwählten, die gleich einer Rakete durch die astrale, dritte und vierte Ebene aufsteigen und ihr strahlendes Selbst in Sphären tragen, die für uns Erdlinge unbeschreiblich sind, um dort Ihre Harfe – ich hoffe: wohlgestimmt und -tönend – bis in die Unendlichkeit zu zupfen.

Es ist durchaus möglich, dass Sie auf den Gedanken kommen, dass die Elfenwesen und meine astralen Freunde ihre verschiedenen Beiträge zu dieser Geschichte auf die gleiche Weise erzählen. Halten Sie sich jedoch vor Augen, dass es mein Gehirn ist, das die Gedanken, die sie mir eingeben, in Worte übersetzt, und selbst wenn das automatische Schreiben zur Gewohnheit wird, bin ich während der überwiegend mentalen Kommunikation bei vollem Bewusstsein. Halten Sie uns auch zugute, dass weder meine Freunde noch ich selbst professionelle Schriftsteller sind. Wir haben keinen literarischen Stil, der das Merkmal eines guten Autors ist; wir haben nur einige Fakten, die wir vor Ihnen ausbreiten möchten, und unser wichtigstes Anliegen ist es, sie so klar und einfach wie möglich zu halten.

Wenn Sie beim Lesen auf Ähnlichkeiten stoßen, kann ich Ihnen versichern, dass es beim Schreiben große Unterschiede gab je nachdem, ob ich mit dem Formulieren selbst zu kämpfen hatte oder ob mir die Ideen eingegeben wurden. Im ersteren Falle schreibe ich ganze Sätze wiederholt, neu und um; ich entferne Passagen, füge Abschnitte hinzu oder verschiebe sie von einem Platz zum anderen, und mein Papierkorb wird immer wieder voll. Im letzteren Falle ist die Abfolge von Ereignissen geordnet, wenn nicht sogar literarisch, und abgesehen von der Tatsache, dass ich bei der Übersetzung das gleiche Wort so rasch nacheinander wiederholt haben mag, dass es die Lektüre ein wenig beeinträchtigte, und ich deshalb ein Synonym finden musste, kopierte ich, was mir diktiert wurde, mit vergleichsweise wenig Abweichungen.

Kapitel I („Der Deva Marusis spricht") wurde bereits als separates Büchlein von der Greater World Association unter dem Titel „Ursprung, Leben und Evolution der Elfen" veröffentlicht. Ich habe aufgrund meines inzwischen größeren Wissens nur ein oder zwei Ergänzungen und Änderungen des Textes vorgenommen. Diese Kommunikation war die schwierigste und anstrengendste, an der ich je beteiligt war.

Meine durchschnittliche Arbeitsleistung war etwa zwanzig Zeilen pro Stunde, und oft sah ich mich genötigt, Lücken für Wörter zu lassen, die ich gerade nicht übersetzen konnte. Einmal benötigte ich eine Dreiviertelstunde für fünf Zeilen, und wenn ich meine Niederschrift beendete, fühlte ich mich immer extrem müde.

Die anderen Elfen waren mit der annähernden Bedeutung eines

Wortes oder Satzes zufrieden, doch bei dem Deva musste die exakte Entsprechung gefunden werden, und manchmal machte ich zehn oder zwölf Vorschläge mit entsprechenden Bedeutungen, bevor er zufrieden schien.

Wenn Sie das Kapitel gelesen haben werden, sagen Sie vielleicht: „Nun, das war der Mühe doch nicht wert. Abgesehen von ein paar Namen und Zahlen, ist es schließlich nur, was ich auch selbst herausbringen würde, wenn ich mir darüber Gedanken machte." Doch hier ist der springende Punkt – wenn Sie darüber nachgedacht hätten! Alle Wahrheit ist denen zugänglich, die sich darüber Gedanken machen, und wenn es mir gelingt, einige Menschen zu veranlassen, nach der Wahrheit zu suchen, welche seit Anbeginn da gewesen ist, so wird dieses Buch einen überaus nützlichen Zweck erfüllt haben.

Der Deva Marusis spricht

Ich möchte dir von den niedrigsten Formen des Elfenlebens erzählen. Man nennt sie Rudimes, sie sind etwa drei Millimeter groß. Sie besitzen praktisch keinerlei Intelligenz, da auch ihr Bewusstsein natürlich winzig ist. Sie haben jedoch jenen Instinkt, wie man ihn auch bei Insekten findet, der sie drängt, in Bewegung zu bleiben, in ständiger Bewegung, die das Pflanzenleben in ihrer Umgebung anregt. Die Rudimes nehmen keine Kraft auf und geben keine ab, wie es die meisten niederen Grade in der Elfenwelt tun, da sie unterhalb selbst dieser Form von Aktivität sind. Ihre Erdenzeit beträgt etwa einen Monat; danach kehren sie für etwa zehn Jahre auf die Astralebene zurück.

Ihren nächsten Aufenthalt auf der Erde verbringen sie als Unites, und als solche erleben sie zum ersten Mal individuelles Bewusstsein. Vorher haben sie als separate Teile eines Ganzen existiert, nun werden diese Teile vereint, und eine neue Wesenheit kommt ins Dasein. Das Denkvermögen eines Unitis ist sehr begrenzt, doch es kann nun Kraft absorbieren und abgeben, obwohl es der Krafterzeugung vieler Unites bedarf, um einen kleinen Grashalm am Leben zu halten. Sie sind etwa einen Zentimeter groß, und ihre Erdenzeit dauert ein Jahr; danach kehren sie für etwa hundert Jahre auf die Astralebene zurück.

Ihren nächsten Auftritt auf der Erde erleben sie als Minutes. Sie sind inzwischen auf etwa zwei bis fünf Zentimeter gewachsen und arbeiten immer noch in Gruppen, um genügend Kraft hervorzubringen, das Pflanzenwachstum zu beschleunigen. Ihre Erdenzeit beläuft sich auf fünf Jahre, danach verbringen sie eine Phase von etwa fünfhundert Jahren auf der Astralebene. Dieses Mal erreichen sie die Stufe in ihrer Evolution, auf der sie beginnen, eigene Entscheidungen zu treffen. Von nun an ist es eine individuelle Wesenheit, die entscheidet, wann er oder sie eine weitere Erdenexistenz wünscht. Wenn sie nicht zurückkehren möchten, ist es ihnen gestattet, weiter auf der Astralebene zu arbeiten, bis sie den Wunsch haben zurückzukehren.

Ihren nächsten Besuch statten sie der Erde als Nomenes (Gnome) ab, er dauert fünfundzwanzig Jahre. Die Nomenes arbeiten mit der Erde und den Wurzeln – besonders von Bäumen –, und vermögen bereits Arbeit und Spiel zu trennen. Vorher war das Aufnehmen und Abgeben von Kraft beides für sie. Gnome jedoch genießen ihre Freizeit und spielen, wie es auch Menschenkinder tun. Besonders gern kopieren sie Tätigkeiten und Gegenstände, die sie in ihrer Umgebung beobachten; sie tragen Einkaufskörbe voller Päckchen oder machen sich Hüte, die jenen Modellen ähneln, die sie Menschenfrauen tragen sehen. Du kannst dir vorstellen, wie viel Spaß ihnen solche einfachen Vergnügungen bereiten. Wenn die Gnome allein sind, lachen sie ausgelassen; wenn sie sich aber beobachtet wissen, führen sie jene Tätigkeiten mit gespielter Feierlichkeit aus, als handele es sich um ihre normale Aufgabe.

Der nächste Rang auf der Elfenleiter ist erreicht, wenn sie Elfines werden (Kobolde und Heinzelmännchen). Dies geschieht während eines weiteren fünfhundertjährigen Aufenthaltes auf der Astralebene. Kobolde arbeiten in der Regel fern vom Menschen, in Waldlichtungen, Parkanlagen, Heide- und Weideland oder im Gebirge. In diesem Stadium lernen sie, die Minutes und Unites zu leiten. Sie erfüllen diese Aufgabe, indem sie Kraft-Barrieren einrichten, die kleinere Wesenheiten nicht passieren können; so werden diese innerhalb eines gewissen Bereiches gehalten, um hier ihre Arbeit auszuführen. Sie tanzen vor Freude in der Kraft, die von den Kobolden ausströmt, nehmen sie auf und verstärken sie mit Lebenskraft von ihren eigenen Lebenspartikeln, bevor sie sie wieder ausatmen. Die Minutes und Unites folgen der Bewegung und Arbeit der Kobolde und bleiben so innerhalb deren Machtbereiche. Die Kobolde können sie deshalb lenken, wohin und wie sie wollen.

Kobolde genießen ihre Erholung, und hellsichtige Menschen haben sie schon oft dabei beobachtet, wie sie einfache Tänze aufführen, einander jagen und ausgelassen miteinander balgen. Sie sind ein glückliches kleines Völkchen, denn sie wurden noch nicht aufgerufen zu leiden. Wie schon die Gnome, sind sie von unterschiedlicher Größe, denn ihre Körper haben sie selbst erschaffen, und ihre Proportionen können sie nach Belieben verändern. Selten sind sie größer als dreißig Zentimeter, manchmal nur fingergroß. Nach einer Erdenzeit von fünfzig Jahren kehren sie zur Astralebene zurück. Die Entscheidung, auf die Erde zurückzukehren, liegt wieder bei ihnen, doch sie kommen selten früher als nach tausend Jahren zurück. Im Laufe dieser Zeit im Astralreich verwandeln sie sich allmählich in Elfen, verbessern ihre äußere Erscheinung und wachsen auch mental.

Auf der Erde sind Kobolde fast immer männlich, obwohl jüngere Wesenheiten dem einen oder anderen Geschlecht angehören können. Wie bei den Menschen, sind männliche Elfines im Allgemeinen abenteuerlustiger als weibliche, und Letztere sind ganz zufrieden, sich auf der Astralebene zu entfalten. Wenn sie jedoch den Wunsch haben, auf die Erde zu kommen, wird ihnen gestattet, dies zu tun.

Fares oder Elfen sind mental viel weiter entwickelt als alle niedereren Ränge, die ich bisher erwähnt habe. Während ihrer Zeit auf der Erde erleben sie zum ersten Mal Leiden.

Auf der Astralebene ist es ihnen erlaubt, selbst zu entscheiden, mit welchem Bereich sie sich beschäftigen möchten. Bis zu dieser Entwicklungsstufe arbeiten alle Elfenwesen mit dem Pflanzen- oder Tierreich, doch nun werden ihnen viele neue Betätigungsfelder zugänglich. Sie können mit dem Menschen arbeiten, mit Gedankenformen oder beim Heilen der Kranken mitwirken. Sie können lernen, die Elemente Feuer und Wasser oder die Luft mit ihren verschiedenartigen Strömungen und den Schwingungen zu beherrschen, die durch sie gehen. Sie können auch Farbenkomposition studieren, die im Leben auf der Erde eine sehr wichtige Rolle spielt und beim Vergrößern auf den höheren Ebenen.

Auf der Erde hat jeder Gegenstand seine eigene Farbe. Hast du dich je gefragt, woher sie kommt? Ein Beispiel siehst du im Regenbogen: Die Atmosphäre ist voller Farben, aber du kannst sie nur sehen, wenn Sonnenstrahlen und Regentropfen zusammenkommen und dir einen Einblick vermitteln in das, was immer da ist. Jede Farbe wird von Spezialisten zu der Blume oder dem Blatt gelenkt, wo sie gebraucht wird. Ein Blatt könnte nicht leben, wenn ihm etwa Rot anstelle von Grün zugeleitet würde, und so trägt auch jede Blüte genau die Farbe, derer sie bedarf. Eine bestimmte Farbe zu tragen, ist ein Erlebnis, kein Zufall. Jede Blume muss mit jeder Farbe eine Erdenzeit verbringen. Es ist deshalb eine Einmischung in den Verlauf der Evolution, wenn du einer Pflanze Chemikalien gibst, die sie dazu bringen, etwa blau statt cremefarben zu werden. Selbst wenn die Pflanze eine Tönung hat, die deinem Auge nicht zusagt, gibt es einen Grund dafür; deshalb bemühe dich nicht, die natürliche Farbe zu verändern, denn wenn du dies tust, muss die Pflanze wieder und wieder auf der Erde geboren werden, bis jemand ihr gestattet, ihre wenigen Monate oder Jahre mit der ihr bestimmten Farbe zu leben. Wie hoch der Grad des Bewusstseins auch ist: Farbe ist immer ein wesentlicher Teil des Lebens, deshalb betrachte sie nicht als bloße Dekoration.

Nachdem der Elf sich für eine bestimmte Arbeit entschieden hat, die er zu studieren wünscht, besucht er eine Halle des Lernens. Hat er genügend Fertigkeiten erworben, arbeitet er auf der Astralebene, setzt seine Studien fort und gewinnt dabei neues Wissen und praktische Erfahrung zugleich. Oft vergehen mehrere tausend Jahre, bis der Elf den Wunsch hat, sich inmitten der schwierigen Bedingungen auf der Erde zu bewähren. Wie bei den Menschen, gibt es immer Elfenwesen, die darauf warten, auf die Erde zu kommen, und manchmal verstreichen mehrere Jahre, bis geeignete Umstände für eine bestimmte Wesenheit zu finden sind. Dann steigt der Elf zu einem Aufenthalt von hundert Jahren herab. Danach kehrt er zurück, bereichert durch die Erfahrung, die zum Schritt auf die nächste Stufe der Entwicklungsleiter befähigt. Oft wird er die Entscheidung treffen, ein Farris oder Lehrer zu sein, aber wenn er nicht das Verlangen hat, dies zu tun, wird er, was ihr auf der Erde einen Spezialisten nennt.

Ich habe bereits erzählt, dass Elfen mit den Elementen Feuer, Wasser und Luft arbeiten können. Anfangs arbeiten sie mit allen dreien, durchdringen sie mit Kraft und lenken sie. Nun aber können sie wählen, welches der drei Elemente sie studieren möchten, da die höheren Stufen der Elemente-Lehre alle ihre Energie und Intelligenz beanspruchen.

Die binnenländische Wasserelfe nennt man Undinis (weibl.) oder Wallinis (männl.) (Nymphen, Najaden). Gemessen an irdischen Vorstellungen, sind sie gewöhnlich sehr schön. Es gibt mehr Undines als Wallines, da auch hier die männlichen Elfen abenteuerlustiger sind und die erregende Arbeit mit dem Feuer, der Luft oder dem Meer bevorzugen. Wasserelfen leben annähernd zweihundert Jahre auf der Erde, danach kehren sie für etwa fünftausend Jahre auf die Astralebene zurück.

Feuerelfen sind bekannt als Farisilles (Salamander). Elfenmädchen übernehmen diese Arbeit nur selten; die es aber tun, werden Shallores genannt. Sie haben keine Erdenlebenszeit, sondern leben in der Nähe der Erde.

Die männlichen Luftelfen werden Wallotes, die weiblichen Arienes genannt.

Die nächste Stufe der Entwicklung ist gekommen, wenn sie Faralles oder Führer in ihrem jeweiligen, selbst gewählten Arbeitsbereich werden. Wenn sie diese Stufe erreicht haben, gibt es keine festen Arbeits- oder Aufenthaltsphasen mehr, da hier die Zeit, wie du sie kennst, aufhört zu existieren.

Über den Faralles sind die Aspirites; sie leiten die verschiedenen Abteilungen, d.h. Farben, Wasser, Heilung etc.

Über diesen stehen die Hiarus und einen Rang weiter die Ra-Arus.

Darüber ist ER, DEN wir alle anbeten.

* * * * *

Wir kehren jetzt zum Fuße der Leiter zurück, und ich werde dir die Arbeit der Wesenheiten detaillierter beschreiben, die ich dir bereits vorgestellt habe.

Die Rudimes arbeiten in Gruppen von vielen Tausend Wesenheiten. Sie haben eine Gestalt, wie du weißt, eine sehr winzige, und werden von den Elfen bekleidet, die auf der Astralebene mit

Gedankenformen arbeiten. Ich kann dir nicht viel Informationen über sie geben, denn ihr Bewusstsein ist zu klein für irgendeine erkennbare Intelligenz, die über das physische Verlangen nach ständiger Bewegung hinausgeht. Rudimes kennen Liebe, aber nicht zwischen den Geschlechtern, obwohl sie selbst männlich oder weiblich sind. Sie lieben alle anderen Angehörigen ihrer Gruppe und das Pflanzenleben, das sie anregen; da sie aber unfähig sind, eigenes Denken hervorzubringen, können sie keine individuelle Liebe erleben.

Die Unites sind bereits imstande, Einzelne aus ihrer Gruppe auszuwählen, denen sie ihre besondere Liebe geben und mit denen sie Kraft austauschen. Zur geschlechtlichen Liebe sind sie noch nicht in der Lage, und sie geben und empfangen die Kraft ohne Beachtung geschlechtlicher Unterschiede; es entspricht der gewöhnlichen Praxis für die Angehörigen einer Gruppe innerhalb der Gruppe, dass sie gemeinsam Kraft geben und empfangen. Nun, da sie eine individuelle Intelligenz besitzen, vermögen sie auch zu denken und damit selbständig für ihre Kleidung zu sorgen. Davon abgesehen, besteht das Leben der Unites aus dem ständigen Kraft-Geben an die Pflanzen – seltener an Artgenossen –, unterbrochen von Phasen der Ruhe.

Die Minutes sind den Unites in jeder Hinsicht ähnlich, doch sie verfügen über eine Fähigkeit zur geschlechtlichen Unterscheidung. Kraft geben und nehmen sie nur von bzw. an Angehörige des jeweils anderen Geschlechts. Sie sind auch intelligent genug, um der Führung jener Elfen bewusst zu folgen, die Macht über sie haben.

Die Nomenes (Gnome), mit deren Erscheinung ihr aufgrund eurer Märchen alle vertraut seid, sind erheblich höher entwickelt und haben nun genügend Kraft, um in Paaren zu arbeiten. In ihrer Erscheinung ähneln sie gewöhnlich kleinen alten Männern oder Frauen, die männlichen Gnome haben manchmal Bärte unterschiedlicher Länge. Aus eurer Sicht erscheinen sie vielleicht hässlich, komisch oder drollig, doch den Gnomen selbst und ihren Artgenossen ist ihr Aussehen angenehm. Sie erschaffen sich ihren Körper selbst durch Gedanken und übernehmen Erscheinung und Verhaltensweisen von anderen Gnomen in ihrem Umfeld.

Nur ein sehr kleiner Teil allen Bewusstseins ist gerade manifestiert, und die Gnome sind vergleichsweise junge Geister; werden sie provoziert, reagieren sie etwas rachsüchtig. Fällt ihr beispielsweise einen Baum, unter dessen Wurzeln sie wohnen und arbeiten, ist es recht wahrscheinlich, dass ihr sie damit verärgert. Gewiss wärst auch du nicht glücklich, wenn jemand dein Haus zerstören und dein Lebenswerk binnen einer kurzen Stunde zunichte machen würde. Die erzürnten Gnome könnten also darauf sinnen, wie sie euch Unbehagen oder sogar Schaden bereiten. So kannst du erleben, dass deine Gartengeräte und -werkzeuge zerspringen, wenn du mit ihnen arbeitest, dass dein Rasenmäher nicht gerade läuft oder die Schubkarre ihr Rad verliert. Natürlich wirst du diese kleinen Zwischenfälle nicht mit dem gefällten Baum in Verbindung bringen – aber damit hat es tatsächlich begonnen.

Es wird dir befremdlich vorkommen, dass zwar die Minutes und Gnome imstande sind, Liebe mit Angehörigen des anderen Geschlechts zu machen, Kobolde jedoch gewöhnlich auf dieses Glück verzichten müssen, da sie meist männlich sind. Diese Beschränkung soll ihnen helfen, Beherrschung zu lernen. Das Kraft-Geben und -Nehmen zwischen den Minutes und in einem bestimmten Umfang auch unter den Gnomen geschieht fast gänzlich ohne Vorausschau; in der Gegenwart eines Angehörigen des anderen Geschlechts geschieht es automatisch. Vielleicht denkst du nun, der erwähnte Mangel an weiblichen Wesen führte zu dem, was ihr Perversion nennen würdet, doch dem ist nicht so. Die Kobolde wissen, dass es ein universelles Gesetze gibt, demzufolge ein männliches Wesen nur einem weiblichen Kraft geben darf, um zur Ekstase zu gelangen, und universelle Gesetze kann man nicht brechen. Ihr Verlangen ist nur schwach, und da ihre Arbeit häufiges Kraftgeben mit sich bringt, leiden sie nicht irgendein körperliches Unbehagen. Zur Gesellschaft haben sie einander, und in der Regel herrscht innerhalb der Gruppen von Kobolden, die miteinander leben, eine sehr liebevolle Atmosphäre.

Ihre Kleidung ist, wie du weißt, gewöhnlich braun oder grün. Sie wirken jünger als die Gnome, und während sich Letztere zuweilen selbst eher untersetzte Körper erschaffen, sind Kobolde immer schlank. Sie sind freundlicher als die Gnome, aber voller Übermut, und es ist leicht möglich, hin und wieder Opfer ihrer Streiche zu werden. Bist du jemals über ein Feld gegangen und dabei ohne erkenntlichen Grund gestolpert? Vermutlich warst du ein klein wenig verletzt und etwas verärgert. Je größer dein Ärger wird, desto mehr haben die Kobolde zu lachen. Mit zunehmendem Alter werden sie etwas sanfter, und manchmal kannst du sogar erleben, dass du etwas Freundlichkeit von ihnen erhältst. Du gehst vielleicht einen schönen Weg entlang und nimmst plötzlich einen Flecken von Grün wahr, der von so lebhafter Färbung ist, wie du es gar nicht für möglich gehalten hättest. Die Kobolde senden ihre Strahlen darauf, um dir diese plötzliche, blitzartige Freude zu schenken; ihr Lohn sind dein Staunen und Verweilen auf dem Wege und das Lächeln, das dein Antlitz erhellt. An ihren einfachen Freuden und Späßen erkennst du, dass sie noch wie Kinder sind, und als solche sollten sie auch behandelt werden.

Ihre Arbeit ist unkompliziert, aber sie befinden sich am Beginn eines Weges, am Anfang des individuellen Bemühens. Sie kennen nun den Unterschied zwischen richtig und falsch; sie sind verantwortlich für ihr Handeln, und sie sind sich bewusst: Der Weg ist lang und die Gefahren sind zahlreich, aber letzten Endes werden sie zum Licht gelangen.

Wir wenden uns nun den Elfen zu, die alle höher entwickelt und damit auch komplexer sind. Sie erfüllen viele Aufgaben, und jede Bemühung bringt ihnen neue Erfahrung und weiteren Fortschritt.

Auf die Erde zu kommen und kalte Winde und durchnässenden Regen kennen zu lernen, ist für sie neu. Vorher, als Gnome und Elfen, hatten sie mehr Vergnügen; sie erlebten den Wind als sanfte Brise und den Regen als Erfrischung für ihre Schützlinge – sie selbst empfanden sie als feine, anregende Berührung, selten als Beeinträchtigung. Nun lernen sie die Jahreszeiten wie ihr Menschen kennen, denn sie sind zunächst außerstande, von ihrer Fähigkeit Gebrauch zu machen, ihrem Elend entgegenzuwirken; Kälte und Feuchtigkeit scheinen ihre neutralisierenden Kräfte zu lähmen. Sie leiden sehr und dadurch wachsen sie; ihre Wahrnehmungen werden geweckt und geschärft, und schließlich erleben sie ein viel größeres Glücksgefühl.

Zuerst sprechen wir über die Naturelfen, die ihr Leben im Freien verbringen. Sie arbeiten von der Morgendämmerung bis zur Dunkelheit im Winter, im Sommer bis zum späten Abend. Ihre Aufgaben sind zahlreich und verschiedenartig, doch im Mittelpunkt steht immer, den pflanzlichen Lebensformen in der Umgebung Kraft zu geben. Zuerst erledigen sie das selbst, doch dann lernen sie, die verschiedenen Wesenheiten in ihrer Obhut zu beherrschen. Sie können ihre eigene Kraft abschalten und es den jüngeren Arbeitern überlassen, ihre Aufgabe zu übernehmen, bis sie ihre Kraft wieder einmal anschalten und ihre Untergebenen zu einem anderen Gebiet führen, das einer Kraftauffrischung bedarf.

Manche Elfen fliegen, andere fliegen nicht, je nach ihrer Tätigkeit und Entwicklungsstufe. Wenn sie zu fliegen beginnen, lassen sie sich gewöhnlich selbst Flügel wachsen, wobei sie Bienen, Motten und Schmetterlinge als Vorbilder nehmen. Nach vielen Jahren ihres Einsatzes sind sie imstande, durch die Kraft ihrer Gedanken zu reisen; damit können sie, wenn sie dies wünschen, ihre Flügel ablegen.

Elfen verbringen einen großen Teil ihres Lebens ohne greifbare Form, wie du sie kennst. Sie gleichen Lichtern von je nach Entwicklungsstand wechselnder Helligkeit, und ihre Farbe harmoniert mit ihrer Aufgabe. Die männlichen Elfen sind gewöhnlich grün, rot, blau oder bernsteinfarben, die Mädchen sind malven- oder cremefarben, blau, rosa und blassgold. Diese relative Formlosigkeit setzt ihrer Erlebensfähigkeit jedoch Grenzen. Als ein Licht mögen sie sich zwar glücklich fühlen, aber sie können nicht lachen, sie mögen Trauer empfinden, doch sie können nicht weinen. Sie sind auch noch nicht hoch genug entwickelt, um beim Liebemachen die höchsten Formen spiritueller Ekstase wertzuschätzen, deshalb ziehen sie es vor, auf ihren Körper zurückzugreifen, um die Liebe so umfassend erleben zu können, wie es ihrem derzeitigen Entwicklungsstand entspricht. Ihre Ruhezeiten verbringen sie normalerweise in der Lichtform, oft arbeiten sie jedoch auch so, denn den Pflanzen Kraft zu geben, ist zwar eine mentale Freude, aber keine körperliche.

Ihren Körper erschaffen sie selbst mit ihrem Denken und nach dem Stand ihrer Entwicklung. Sie können sich nicht einen schöneren Körper geben als den, den sie verdient haben, aber sie können ihn sanft oder heiter, kühn oder anmutig ausgestalten, je nach ihrem individuellen Charakter und Verlangen. Innerhalb gewisser Grenzen können sie ihre Körpergröße frei wählen, aber in der Regel ziehen sie es vor, klein zu bleiben, bis sie das Privileg der Größe erworben haben, denn die höheren Elfengrade sind gewöhnlich viel größer als ihre Entsprechung im Menschenreich. Naturelfen haben im Allgemeinen eine Körpergröße zwischen fünfzehn und dreißig Zentimetern.

Außer dem Wetter gibt es noch weitere Schwierigkeiten, mit denen sie sich abfinden müssen. Insekten in ihren irdischen Körpern sind weitaus bösartiger und weniger leicht zu lenken als auf der Astralebene. Ihre physischen Hüllen sind undurchdringlich für die Macht, mit der die Elfen sich bemühen, sie zu beherrschen – aber diese geben nicht auf, denn von ihren Anstrengungen sind alle künftigen Resultate abhängig, und eines Tages werden die Elfen Herren über die Insekten sein, anstatt umgekehrt.

Es gibt auch Elementarwesen, die sie überwinden müssen. Auch diese Begegnungen sind neu für sie. Wenn nämlich ein Elementarwesen auf der Astralebene unbefugt in die Domäne der Elfen eindringt, findet dies mehrere Stufen über seinem normalen Lebensbereich statt, wodurch das Böse automatisch reduziert wird. Somit fällt es den Elfen leicht, ein Elementarwesen dorthin zurückzuschicken, woher es gekommen ist, sie brauchen nur ihre Kraft einzuschalten. Auf Erden ist die Situation jedoch anders. Das Elementarwesen ist hier zwar ebenfalls auf einer höheren Ebene als gewöhnlich, doch näher der Stufe seiner natürlichen Lebensbedingungen. Wenn die Elfen wachsam sind und die Annäherung eines Elementarwesens gewahren, können sie ihm mit der vollen Stärke ihrer Kraft entgegentreten und es zurückweisen, bevor es seine bösen Kräfte zum Einsatz gebracht hat. Werden sie jedoch von einem Eindringling überrascht, sieht die Geschichte ganz anders aus: Schon viele haben für Jahre ihr Bewusstsein verloren (und während dieser Zeit Kraft von anderen Elfen erhalten), bis das Böse schließlich besiegt und in seinen eigenen Bereich zurückgeschickt wurde.

Unter den weiteren Schwierigkeiten ist diejenige, zu verstehen, warum sie all ihr Missgeschick anscheinend allein zu überwinden haben. Das ist natürlich nicht wirklich so, denn es gibt immer Wesen, die sie beobachten und bereit sind, ihnen zu helfen, sollten ihre Schwierigkeiten sich als zu groß erweisen. Dies mag wie ein Widerspruch anmuten, doch wenn die Elfen nicht darum bitten, können wir ihnen – so sehr wir dies auch wünschten – nicht genügend Kraft geben, um ein Elementarwesen zu überwinden, sollte es die Elfe überrascht haben. Aber auch wenn sie versäumen, uns zu bitten, können wir ihnen genügend Kraft liefern, um ihnen Trost und Stärke für die Anstrengungen zu geben, die notwendig sind, um die Schwierigkeiten selbst zu überwinden. Auf der Astralebene ruft selbst ein winziges Notsignal Helfer und Hilfe herbei, die sie sehen können, doch auf der Erde sind unsere Arbeiter für sie unsichtbar. Obwohl die Elfen wissen, dass Helfer da sind – wie auch du wissen solltest, dass willige Helfer auch bei dir sind, sobald du ihre Hilfe suchst –, fällt es ihnen wie dir schwerer, ihre Anwesenheit wertzuschätzen, da sie sie nicht zu sehen vermögen.

Ich habe mich bisher überwiegend mit den Widrigkeiten im Leben der Elfen befasst. Natürlich sind diese über viele Jahre vor allem mit ihren Schwierigkeiten beschäftigt, doch sobald diese überwunden sind, lernen sie ungetrübteres Glück kennen, denn gegen Widrigkeiten und Verzagen gekämpft und gewonnen zu haben, schenkt weitaus größere Freude, als jene sie kennen, deren Pfad eben und ohne Fallstricke oder Hindernisse gewesen ist.

Jedes Elfenwesen kommt auf die Erde, nachdem es einen bestimmten Bereich der Arbeit mit der Natur gelernt hat. Es entscheidet, ob es mit Bäumen oder Blumen zu arbeiten wünscht, mit Pflanzen, die am Boden wachsen oder mit solchen, die sich dem Himmel entgegen strecken. Wieder einmal sind es gewöhnlich die männlichen Elfen, die die gewagteren Aufgaben an den Bäumen wählen, während die weiblichen oft lieber mit den Sträuchern arbeiten wollen. Sie verbringen etwa dreißig Jahre mit ihren speziellen Aufgaben in der Astralwelt, bevor sie für tüchtig genug gehalten werden, sie auf der Erde zu erfüllen. Zunächst leben sie fern von den Menschen in unbewohnten Gegenden. Nach etwa zwanzig Jahren werden sie in einen ländlichen Garten umgesiedelt, wo sie immer noch fern vom Lärm und Verkehr der Stadt sind, aber bereits die Nähe des Menschen erleben und lernen können, dessen Schwingungen entgegenzuwirken, sollten sie sich als unangenehm erweisen. Der nächste Schritt ist gewöhnlich ein Umzug in ein Dorf, wo Menschen wohnen und es geräuschvoller ist. Nach weiteren zwanzig Jahren werden die Elfen in ruhigere Teile einer Stadt geschickt, und wenn dies für klug erachtet wird, ziehen sie schließlich abermals um, um sich um kleine private Gärten oder die großen öffentlichen Parks mitten im Getriebe, Geschiebe und Rauch einer Großstadt zu kümmern.

Jede Veränderung führt zunächst zu neuen Ängsten und Unbehagen, doch sobald sich die Elfen den neuen Bedingungen angepasst haben, belohnt sie das Wissen, weitere Gefahren bewältigt zu haben, mit einem tieferen Glücksgefühl, und ihre Kraft wächst mit jeder neuen Erfahrung. Je mehr Kraft sie aber entwickeln, desto rascher kommen sie in jeder Hinsicht voran.

Kraft ist der Schlüssel, der alles Leben beherrscht, sein Wachstum, seine Farbe seine Form; je größer die Kraft ist, desto größer ist das Vorankommen sowohl des Gebenden als auch des Empfangenden. Mit zunehmender Kraft wächst auch die Fähigkeit zu geben, und mit jedem Schritt voran entfaltet sich die Sensitivität des Gebenden, der sich folglich jedes weiteren Erlebnisses mit vermehrtem Verständnis und Vergnügen erfreuen darf. Kraft ist das, was alles Geschehen überhaupt möglich macht, und ohne sie wäre das Leben bereits ausgestorben. Du meinst vielleicht, dass eine Pflanze alle Nahrung, derer sie bedarf, aus dem Boden bezieht, und in geringem

Umfange tut sie dies auch, denn auch in der Erde ist die Kraft des Lebens, und ohne diese individuelle Anstrengung könnten Pflanze oder Baum nicht weiter gelangen. Wir können etwas mehr als halben Weges entgegenkommen, aber jede Wesenheit oder jeder Teil eines Wesens, ob Mensch, Tier oder Pflanze, muss ebenfalls seinen Beitrag leisten. Gleichgültig, wie viel Kraft wir geben, kann nur sehr wenig davon durch die körperliche Hülle ihres Empfängers dringen, solange dieser sich nicht aus eigenem Bemühen öffnet, um sie zu empfangen. Wenn er in diesem Bemühen nachlässt oder es gänzlich unterlässt, stirbt er. In der Tat gewärtigt er erneutes Leben, aber wie es einem Menschen nicht erlaubt ist, sich das Leben zu nehmen, so ist es auch für eine Pflanze nicht gut zu sterben, weil sie aufgehört hat, sich zu bemühen. Denke also daran – ich bitte dich –, wenn du müde bist und den Wunsch hast aufzugeben: Wenn du entspannst und um Hilfe bittest, werden wir augenblicklich darauf ansprechen, denn durch deine Bitte hast du die Brücke gebaut, über die wir gehen müssen, um dir helfen zu können. Wir sind bereit und warten – nicht Meilen hoch oben im Himmel, sondern gleich an deiner Seite –, und jene einzige, einfache Anstrengung, mit uns Kontakt aufzunehmen, wird dir als Ansporn dienen, der dem fast entschlummernden Funken des Mutes in deinem Herzen neues Leben einhauchen wird.

Für die Elfen ist Kraft Arbeit, Nahrung, Trinken, Erholung und Liebemachen zugleich, und ihr ganzes Leben besteht aus Aufnehmen und Abgeben von Kraft in ihren verschiedenen Formen.

Beim Liebemachen gibt es viele Arten, Kraft auszutauschen. Die Elfen betrachten ihre Vereinigungen nicht auf die gleiche Weise wie ihr Menschen. Für euch ist die Ehe oft eine Sache der Bequemlichkeit: Der Mann sucht sexuelle Befriedigung und hat das Verlangen nach jemandem, der sich um sein Heim und seine Kinder kümmert. Die Frau sucht Sicherheit und Geborgenheit; dafür gibt sie oft ihre Freiheit auf, sich der Liebe hinzugeben, wo sie Liebe findet. In den Sphären oberhalb der Erde gibt es keinen dieser Gründe für eine Vereinigung. Alle sind frei, den Geliebten zu wählen, mit dem sie Kraft und Zuneigung austauschen, und dem zu dienen und den zu schützen sie sich eifrig bemühen. Da gibt es nichts, was zwei Wesen verbindet, außer der Liebe, und wenn diese stirbt, gehen beide getrennter Wege, bis sie neue Liebe finden.

Erfahrung zu sammeln, ist der Inhalt allen Lebens, doch es geht nicht darum, Erfahrungen wahllos zu sammeln. Deshalb lassen beide Beteiligten große Sorgfalt walten, um ihr Glück auf möglichst viele Jahre zu sichern. Manchmal, gerade bei jüngeren Wesenheiten, wird diese Achtsamkeit vernachlässigt, und es tritt in den Vordergrund, was du als heftige körperliche Anziehung zwischen einem Mann und einer Frau bezeichnen würdest. Dies geschieht also auch in den anderen Evolutionszweigen, und die Konsequenzen sind ähnlich – Gleichgültigkeit oder gar Hass –, die den Beteiligten viel Elend und Leid bringen. Wird ein ordentlicher Weg beschritten, kommt es zuerst zu einem Verschmelzen der Auren, dann wird die so genannte Liebesschwingung hinzugegeben; sie ist eine kleinere Kraft in jedem Wesen. Du weißt selbst, wie das Herz stärker schlägt, wenn der Geliebte näher kommt. Doch der Tatsache, dass du dabei eine Liebesschwingung verströmst, bist du dir vermutlich nicht gewahr. Der nächste Schritt ist das Austauschen von Kraft, was noch immer innerhalb der gegenseitigen Aura geschieht. In diesem Stadium kann man gewöhnlich entscheiden, nicht weiter zu gehen, denn wenn die Kraft nicht annähernd gleichartig ist, wird der Stärkere wenig Freude am Schwächeren haben. Wenn sie beschließen weiterzugehen, dann können sie – im Unterschied zu den Erdenbewohnern – willentlich ihre Körper verschmelzen, und später wird wieder Kraft gegeben. Selbst wenn es nur innerhalb der Aura stattfindet, bringt dieses Kraftgeben eine Ekstase mit sich, die alles übersteigt, was man auf Erden kennt, denn die Erfüllung erfasst den ganzen Körper, und grenzenlose Seligkeit nimmt von dem Paar Besitz. Für uns ist das Liebemachen ein Teil der Arbeit, Fortschritt für den einen, Verbesserung für den anderen.

Die Elfen, die in euren Häusern leben, sind den jungen Naturgeistern, die in Gärten und auf dem Lande arbeiten, ebenbürtig, manchmal auch überlegen. Natürlich unterscheidet sich ihr Entwicklungsstand je nach dem Verlangen und der Kapazität des Wesens, und ihre Aufgabe entspricht ihrer Begabung und Fähigkeit.

Wenn ein Elfenwesen beschlossen hat, unter den Menschen statt in der Natur zu arbeiten, lebt es viele Jahre lang in Häusern auf der Astralebene. Zuerst hält sich die Elfe vielleicht unter Menschen auf, die ihrer Anwesenheit gewahr sind, später jedoch lebt sie in den niederen Regionen der Astralebene unter Männern und Frauen, die sie nicht sehen können und sich ihrer Existenz vermutlich gar nicht bewusst sind. So wird sie darauf vorbereitet, ignoriert zu werden, wenn sie schließlich auf die Erde kommt, und nicht wahrgenommen zu werden, obwohl sie aktiv damit beschäftigt ist, den Menschen bei ihren täglichen Aufgaben zu helfen.

Wenn du ein Feuer entzündest – sei es im offenen Kamin mit knisternden Holzscheiten oder im Küchenherd –, ist immer ein Elfenwesen präsent; es ist seine Pflicht, dem Astralkörper des Brennstoffs Kraft zu geben und ihn damit anzuregen, zu deinem Vorteil heller zu brennen. Andere Wesen müssen dem Wasser in euren Rohrleitungen Kraft geben, andernfalls würde es alle seine der Gesundheit förderlichen Eigenschaften verlieren. Auch die Luft muss ständig revitalisiert werden, sonst würde euch das, was ihr in eure Lungen aufnehmt, eher ersticken als am Leben erhalten. Wie jene Elfenwesen, die in der Natur arbeiten, halten auch die Hauselfen Minutes und Unites zur Arbeit an, während sie selbst die Aufsicht übernehmen. Alle materiellen Gegenstände in deinem Heim, seien sie aus Stoff, Holz oder Metall, müssen Kraft erhalten, andernfalls würden sie in Stücke gehen und zerfallen. Kraft ist eine Notwendigkeit für jeden Astralkörper, sei es der des Menschen, eines Tieres oder eines unbelebten Gegenstandes; Kraft ist für den Astralkörper so notwendig wie Essen und Trinken für den physischen Körper im Tier- und sogar im Pflanzenreich.

Die weiter fortgeschrittenen Elfen beginnen jetzt eine überaus wertvolle Arbeit, welche an Bedeutung noch zunehmen wird, während sie sich weiter entwickeln und ihren Platz in den höheren Sphären einnehmen – die Arbeit durch Gedanken. Anfangs weben sie Formen, die ihnen als Material dienen; sie können sie sehen und berühren und somit auch verstehen. Im Laufe der weiteren Entwicklung werden die Formen weniger greifbar, doch ihre Farben und Muster sind immer wunderschön; ihre Wirkung wird dabei immer stärker, da auch die Kraft des Individuums oder der Elfengruppe wächst. Die Zusammensetzung der Formen, die immer aus den Gedanken von Menschen und Elfen bestehen, zeugt von großer Kunstfertigkeit. Wenn sie auf der Erde wirken – und nicht jemand in der Nähe ist, der von diesen Dingen etwas versteht; und dies ist leider nur allzu selten gegeben –, sind die Elfen auf Gebete angewiesen oder bei weniger wichtiger Arbeit auf die gewöhnlichen Gedanken der Hausbewohner. Mit fortschreitender Entwicklung und zunehmender Fertigkeit wird es ihnen dann auch möglich, die trüberen Reflexionen von Gedanken zu verwenden, die von weiter her gekommen sind.

Um diesen Punkt etwas genauer zu beleuchten, möchte ich mich bemühen, die Entwicklung etwas ausführlicher darzustellen. In der Regel sind Elfen unfähig, einen Gedankenaustausch mit den Menschen zu pflegen, und Gedanken, die vom Menschen ausgehen, müssen sich höher entwickeln, um greifbar genug für eine Nutzung zu werden. Es gibt keine feste Zeitspanne zwischen der Geburt eines Gedankens und dem Augenblick, wenn er reif genug ist, um in eine Gedankenform aufgenommen zu werden; doch im Durchschnitt dauert dieser Prozess etwa drei Tage. In dieser Zeit haben sich die Gedanken der Hausbewohner von ihrem Urheber entfernt und kehren im Bruchteil einer Sekunde zurück, verstärkt durch die Reflexionen ähnlicher Gedanken. Glückliche Gedanken ziehen glückliche Gedanken an, düstere Gedanken ziehen weitere düstere Gedanken an, die jeweils wiederum zum Froh- oder Trübsinn der Person beitragen, die den Gedanken hervorgebracht hat. Überall, wohin der ursprüngliche Gedanke auf seinem Weg gelangt, hinterlässt er so etwas wie eine photographische Kopie von sich selbst, die nicht nur seine Form, sondern auch seine Qualitäten birgt. Diese „Abdrücke" reifen ebenfalls weiter, bevor sie schließlich – im Unterschied zu dem ursprünglichen Gedanken, der für immer bleibt – verblassen und verschwinden. Die Elfen müssen deshalb diese Gedankenabdrücke finden und nutzen, wenn sie den Höhepunkt ihrer Reife erreicht haben, andernfalls ist ihre Kraft unbedeutend und vernachlässigbar. Zu diesen und den stärkeren Originalgedanken, die sich bereits im Hause befinden, fügen sie ihre eigenen hinzu, und aus dieser Kombination vermögen sie Formen zu gestalten, die die Kraft besitzen, Kranken oder Schwachen zu helfen und Einsame und Trauernde zu trösten. Solche Formen können große Macht und Schönheit erlangen. Wenn ihr also in Not seid, so bittet die Elfen in eurer Umgebung um Hilfe. Obwohl eure Gedanken sie nicht erreichen können wie die Bilder, zu denen sie reifen, werden eure Schwingungen ihnen mitteilen, dass ihr Hilfe benötigt. Wenn die Elfenwesen in eurem Umkreis nicht selbst Gestalter der Gedankenformen sind, werden sie ihre Freunde bitten, diese Aufgabe zu übernehmen. Zweifelt nicht an ihrer Kraft, euch zu helfen; ihre Leistungsfähigkeit beweist sich Tag für Tag viele tausend Male.

* * * * *

Es ist eine kaum bekannte Tatsache, dass Angehörige der Elfen-Evolution immer zugegen sind, wenn irgendein Akt des Heilens stattfindet. Wir sind im Sprechzimmer jedes Arztes anwesend, obwohl das mangelnde Wissen des Menschen um unsere Kräfte all unsere Bemühungen fast zunichte macht. Selbst heilende Medien, die stets geistige Hilfe anrufen, sind sich der Rolle, die wir beim Behandlungs- und Heilungsprozess spielen, gewöhnlich kaum bewusst. Unser Beitrag ist in jeder Hinsicht gleichwertig und übertrifft zuweilen sogar den Dienst, der von entkörperten Menschen gewährt wird. Wisst also, dass es unsere Kraft ist, auf die ihr euch jederzeit berufen könnt. Bittet, und wir werden bei euch sein, sobald der Gedanke, uns zu rufen, in eurem Geist Gestalt angenommen hat. Zweifelt nicht an unserer Präsenz, denn gerade dieser Zweifel kann und wird unser Wirken zunichte machen. Falls ihr euch dessen nicht bewusst seid: Wir setzen Strahlen zum Heilen ein, die ähnlich den euch bekannten ultravioletten und infraroten Strahlen, jedoch viel wirkungsvoller als diese sind. Diese genannten sind nur zwei unserer Strahlen, die eure Wissenschaftler dank unserer Inspiration entdeckt haben. Es gibt noch viele weitere, von denen die herkömmlichen Heilberufe keinen Gebrauch machen können, weil die Menschen noch keine

Maschine erfunden haben, durch die sie diese Strahlen leiten können. Damit sie ihre Aufgabe wirkungsvoll erfüllen können, bedarf es eines Mediums oder Heilers, denn in ihrem natürlichen Zustand sind die Strahlen zu fein, um die grobe Substanz des physischen Körpers zu durchdringen.

Medien haben die Fertigkeit, ihren Körper zu verfeinern. So können die höheren Strahlen durch sie geleitet und genügend vergröbert werden, um in den Körper des Leidenden einzudringen. Auch auf unserer Seite werden diese Strahlen durch eine Reihe von Medien und damit über eine Reihe von Abstufungen geleitet. Sie gehen also von ihrem Ursprung, durch eine Kette von allmählich immer gröber werdenden Körpern, bis sie einen Zustand erreicht haben, in dem sie irdische Krankheiten zu heilen vermögen. Jeder Strahl hat seine individuelle Qualität, die einzeln oder in Kombination mit anderen einzusetzen ist.

Es gibt keine Krankheit, keine Knochen-Fehlstellung, kein Gebrechen, das wir nicht absolut und vollkommen heilen können. Die Kraft ist da, und wir, die sie zu gebrauchen wissen, sind da, doch es mangelt uns an Medien der notwendigen Sensitivität, um mehr als nur einen beklagenswert geringen Teil jener zu heilen, die unsere Hilfe benötigen. Jeder hat diese Kraft in sich. Ich appelliere an euch alle, die ihr auch nur eine Stunde am Tag erübrigen könnt und fähig und willens seid, sie in den Dienste an den Leidenden zu stellen: Bittet um unsere Hilfe oder, besser, schließt euch einer Heilungsgruppe an, wo die wenige Kraft, die ihr anfänglich hervorbringen werdet, mit der Kraft jener vereint werden kann, die sich ein wenig weiter entwickelt haben. Dann kann sie sofort zur Nutzanwendung kommen, nicht erst nach mehreren Monaten oder gar Jahren individuellen Bemühens. Wenn es euch notwendig erscheint, euch allein zu entwickeln, so denkt bitte nicht, dass wir nicht eifrig bemüht sind, euch dabei zu helfen; mit Geduld werdet ihr zur rechten Zeit eine große Hilfe für uns sein.

Ich möchte dir nun ein wenig über die Rolle der Elfen im Heilungsprozess erzählen. Der Strahl ist durch die Hände des Mediums gegangen und tritt in den Körper des Leidenden ein. Ein Teil des Strahles tritt nicht durch die Hände, sondern durch die Hautporen des Heilers aus. Die Elfen nehmen ihre Positionen rund um die psychischen Zentren am Körper des Patienten ein, das sind: 1. die Hypophyse in der Mitte der Stirn; 2. die Kehle; 3. das Herz; 4. der Solarplexus, der zwischen der Brust und dem Magen liegt; 5. die Epiphyse im hinteren Teil des Kopfes; 6. die Milz, welche links und unterhalb des Herzens liegt, und 7. das Zentrum an der Basis der Wirbelsäule. Damit gelangt der Strahl nicht nur durch das Zentrum, auf das das Medium seine Hände gelegt hat, sondern auch durch alle anderen Zentren in den Körper des Leidenden. Heiler und Elfen vermitteln also gemeinsam den Strahl aus jeder Richtung in den Körper des Patienten, und so wird die ganze betroffene Region von den heilenden Eigenschaften erreicht.

Die Farrices sind in ihrer Entwicklung weiter fortgeschritten als die Elfen. Sie dienen auf unserer Seite als Medien. Sie üben viele Jahre lang, und aufgrund ihrer Gedanken und Ausrichtung werden die Strahlen zu den richtigen Teilen des Körpers gelenkt und das Übrige zur Quelle zurückgegeben. Dies gilt insbesondere für den grünen Strahl, einen Zerstörer, der in Fällen von Krebs und anderen Tumoren eingesetzt wird. Du wirst verstehen, dass dieser Strahl, wenn er nicht streng kontrolliert und akkurat gehandhabt wird, nicht nur unerwünschtes, sondern auch gesundes Gewebe zerstören könnte, sowohl des Patienten als auch des Heilers. Habe jedoch keine Furcht; die Farrices haben hundert Jahre damit verbracht, die absolute Kontrolle über die Strahlen zu erlernen, und bevor sie nicht vollendet sicher und zuverlässig damit umgehen können, wird ihnen nicht gestattet, an Erdenkörpern mit ihnen zu arbeiten. Bis sie die notwendige Tüchtigkeit erlangt haben, werden sie mit der Zerstörung und Auflösung überflüssiger Materie beschäftigt, die bei bestimmten Krankheiten oft anfällt. Die Eiterungen und Absonderungen nicht nur von Krebs, sondern auch von Wunden und kleineren Schürfungen würden unendlichen Schaden anrichten, wenn sie nicht sowohl in ihrer astralen als auch in der physischen Form vernichtet würden.

* * * * *

Wir wollen uns nun dem Element Wasser zuwenden. Die Elfen, die sich mit dem Wasser befassen, bemühen sich, es innerhalb der Bahnen zu lenken, die die Natur dafür vorbereitet hat. Wenn aber der Mensch Anstrengungen unternimmt, es zu seinem Vorteil umzuleiten, dann tun sie ihr Bestes, um ihn dabei zu unterstützen. Wie alles in der Natur, wird auch das Wasser mit Hilfe von Kraft gelenkt. Die Elfen geben ihre Kraft längs des Wasserweges, und die Minutes folgen ihr und ziehen das Wasser in die gewünschte Richtung.

Ich weiß nicht, ob du dir die unzähligen Millionen dieser kleinen Wesenheiten vorzustellen vermagst, die ununterbrochen am Werk sind. Ihre rastlose Aktivität geht von der Morgendämmerung bis zum Abend, dann treten andere an ihre Stelle und arbeiten bis zum Morgen. Sie decken jeden Zentimeter ab, nicht nur auf der Erde, sondern auch im ganzen Universum, ob zu Wasser, zu Lande oder in der Luft. Sie sind die Medien, welche die Verteilung der Kraft überhaupt möglich machen.

Es gibt natürlich Zeiten, in denen die Kraft der Elfen nicht ausreicht, um das Wasser zu beherrschen; hiermit meine ich Umstände, die ihr Überflutungen nennt. Wie du weißt, werden sie von schweren Regenfällen verursacht, durch die die Flüsse zu abnormen Proportionen anschwellen, sodass der vorbereitete Wasserlauf sie nicht mehr zu fassen vermag. Träfe der Mensch entsprechende Vorsorge, käme es allerdings nicht zu solchen Überflutungen. Schwere Regenfälle werden in erster Linie dadurch verursacht, dass der Mensch die Gesetze der Natur nicht versteht und kein harmonisches Zusammenwirken mit der Natur und allen ihren Gesetzmäßigkeiten anstrebt. Es wird euch zweifellos schwer fallen, dies zu glauben, aber ich kann euch versichern, dass es so ist. Auf der Astralebene, wo die Gesetze besser verstanden werden, gibt es keinen Regen, wenn er nicht der Befriedigung eines persönlichen Wunsches dient, gleichwohl ist der Boden immer feucht.

Unter normalen Bedingungen können die Elfen kleinere Schwierigkeiten verhüten, die andernfalls großes Ungemach mit sich brächten.

Die Undines und die Wallines sind die Anführer aller binnenländischen Wasserelfen. Sie lieben das Wasser und leben weitgehend in seinen Tiefen. Jedes dieser Elfenwesen ist für einen Bereich von bis zu etwa 120 Quadratkilometern verantwortlich. Wo es zahlreiche Gewässer gibt, ist ihnen natürlich ein kleinerer Abschnitt zugeteilt. Undines und Wallinen regieren über das Wasser von dessen Quelle, bis es das Meer erreicht; dann fällt es unter die Zuständigkeit der Nerenes und der Ensinnes (Nereiden). Deren Arbeit ist anstrengender als die der binnenländischen Wasserundinen, deshalb gibt es hier mehr männliche als weibliche Elfenwesen. Besonders bei rauer See sind starke Konzentrationskräfte notwendig, denn ohne deren Kontrolle würde sich das Meer gegen das Land werfen und so viel Schaden anrichten. Ist die See hingegen ruhig, können die Wachen ein wenig entspannen. Während dieser ruhigeren Zeiten geben sie sich einer vergnüglicheren Beschäftigung hin. Sie schließen sich den Elfen und den jüngeren Wesenheiten an, reiten wie sie auf den Wellen, geben Kraft, spielen und jagen einander durch den Gischt. Zu ihren Ruhezeiten begeben sie sich weit hinaus in die stillen Tiefen der See. Hier entspannen sie sich, während andere den Wachdienst übernehmen. Der Nerenis findet seine Liebste unter den Ensinnes, wenn er jedoch keine Geliebte hat, sucht er den Ausgleich im sanft wogenden Wasser, in dem er sich ausruht. Für ihn ist das Entspannen in der kühlen Meerestiefe so erquickend wie die Liebkosungen seiner Liebsten.

Diese Meerelfen erfüllen die schwierigste Aufgabe von allen Wasserelfen. Die in Binnengewässern arbeitenden Wesen führen eine vergleichsweise friedvolle Existenz, in der es immer wieder Phasen großer Aktivität gibt. Doch die ständigen und unberechenbaren Aufwallungen des Meeres verlangen nach ununterbrochener Wachsamkeit, der Fähigkeit, augenblicklich Entscheidungen zu treffen, und der Geschwindigkeit, große Entfernungen binnen Sekundenbruchteilen zu überwinden.

Diese Elfen sind immer darauf bedacht, dem Menschen und den Schiffen, die er durch die Wellen steuert, eine Hilfe zu sein. Würden die Seeleute sie im Sturm zu Hilfe rufen, wäre ihre Aufgabe leichter und manches Unglück abzuwenden. Die Meerelfen betrachten alle Seeleute als ihre Freunde und Mitarbeiter, ihre gemeinsame Liebe zum Meer verbindet sie. Auch wenn die Seeleute sich der Präsenz der Elfen nicht gewahr sind, erfüllen diese viele kleine Aufgaben, um ihnen zu helfen. Würden die Menschen das Dasein und Wirken der Elfenwesen anerkennen, wären diese sehr glücklich und arbeiteten vor Dankbarkeit noch eifriger, um dem Menschen in Zeiten der Not und Schwierigkeiten zu helfen.

* * * * *

Nun wollen wir die Luftelfen betrachten. Sie sind es, die den Wind beherrschen. Für euch Menschen ist ein Sturm möglicherweise ein erschreckender Schlag der Natur, der ohne Warnung kommt und oft so unerwartet wieder aufhört, wie er begann. Tatsächlich aber gibt es überhaupt nichts Zufälliges an einem starken Wind, ja er bedarf umfangreicher Vorbereitung. Die Luft wird von der Kraft getrieben, die die Wallotes und Arienes abgeben. Wie es Wasserwege gibt, die ihr sehen könnt, gibt es auch Luftkanäle, die für euch zwar unsichtbar, für jene Wesen aber durchaus greifbar sind. Manchmal, ebenfalls wie beim Wasser, gerät die Luft außer Kontrolle, und ein Sturm kommt auf, der für Menschen und Elfen gleichermaßen ein Durcheinander anrichtet. Wie die Elfe auf der Erde lernen muss, den Elementarwesen entgegenzuwirken, die danach trachten, ihre Arbeit zu zerstören, so müssen sich auch die Wasser- und Luftelfen bemühen, das böse Wirken anderer Elementarwesen zu überwinden. Ständige Wachsamkeit ist hier vonnöten, und sowie ein Fehler passiert, sind Böse stets präsent, um die Unterlassung der Elfen zu ihrem eigenen Vorteil zu wenden. Die Elfen gedeihen in einer freundlichen Atmosphäre, die Elementarwesen hingegen können nur in Angst und Schrecken, Elend und Zwietracht existieren. Auch sie verlangen zu leben, deshalb ist ein ständiger Kampf zwischen ihnen und den Naturelfen im Gange.

Luftelfen sind etwas größer als ein ausgewachsener Mensch, sie messen zwischen 2,10 und 2,40 m. Nach irdischen Maßstäben kann man sie als unglaublich schön bezeichnen, und ihre Bewegungen zeigen eine Anmut, die dem Menschen unbekannt ist. Ihre Liebsten suchen und finden sie unter ihren Artgenossen, und sie arbeiten als Paare Seite an Seite. Ihr Aufgabenbereich beginnt gleich an der Erdoberfläche und reicht viele Meilen hinauf. Sie erholen sich beim Luft-Tauchen, Sturzfliegen und Klettern – ähnlich wie Übungen aus der Flugakrobatik, die ihr mit euren Flugzeugen macht. Ihre Ruhezeiten verbringen sie in windstillen Zonen.

Die Luftelfen pflegen keinen engen Kontakt mit dem Menschen; wenn ihr euch aber bei starkem Wind mit bewusster Zielsetzung an sie wendet, könnt ihr ihnen die zusätzliche Kraft geben, die sie benötigen, um jene zu überwinden, die den Sieg über sie anstreben. Wenn er unter Kontrolle ist, ist der Wind eine Kraft zum Guten; er regt das Leben der Pflanzen an, er treibt die Wolken so, dass sie abregnen können, er trocknet das Land nach Zeiten der Überflutung. Könnte der Mensch nur lernen, ihn zu kontrollieren und konstant zu halten, könnte er ihn auf mancherlei Weise nutzen. Du kennst die gewaltige Macht eines Taifuns, der große Bäume zu entwurzeln und Häuser durch die Luft zu wirbeln vermag. Stelle dir vor, wie viel Nutzen diese Kraft bringen würde, wenn man sie zähmte und in geordnete Bahnen leitete.

* * * * *

Die Feuerelfen – Farisilles und Shallores –, sind möglicherweise sogar noch geschickter als jene, die mit den bereits besprochenen Elementen arbeiten. Ihr alle kennt die Behaglichkeit, die ein Feuer im offenen Kamin ausstrahlt, die Verbundenheit, die die sanft züngelnden Flammen vermitteln. Ihr kennt aber auch die schrecklichen Verwüstungen, die vom Feuer verursacht werden, wenn dieses außer Kontrolle gerät. Feuer ist das am schwierigsten zu lenkende Element. Es ist weniger einfach durch Kraft zu zügeln, weil deren Wirkung dazu neigt, die Aktivität des Feuers noch zu verstärken, wodurch dieses noch unbeherrschbarer wird als zuvor. Die Elfen nutzen deshalb den Wind und, wenn Menschen anwesend sind, das Wasser, um diesen bei ihren Aufgaben zu helfen. Die Luftelfen bemühen sich, den Wind so zu lenken, dass er das Feuer in sich selbst zurücktreibt, aber das übersteigt oft ihre Kräfte. Gleichzeitig bemühen sich die Feuerelfen, aus den Flammen so viel Kraft wie möglich freizusetzen, damit sie in der Luft verteilt wird und von den Luftelfen genutzt werden kann, um die Flammen zu ersticken, denen sie ursprünglich Kraft gegeben hatte.

Diese Feuerelfen erfüllen noch viele weitere Aufgaben, doch ich bin außerstande, euch diese zu beschreiben; der durchschnittliche Mensch weiß zu wenig über die Kraft und ihr Wirken, und auch die Inanspruchnahme der Schreiberin soll begrenzt bleiben. Der Blitz gehört ebenfalls in den Zuständigkeitsbereich der Feuerelfen, und bei Gewittern haben sie sehr viel zu tun. Ein Blitz kann beim Einschlag großen Schaden anrichten, und die Farisilles sind bemüht, ihn so zu lenken, dass er den geringstmöglichen Schaden verursacht. Manchmal ist der Blitz natürlich stärker als ihre Abwehr, dann wird ein Gebäude oder ein Baum zerstört.

Ihr erschreckt zuweilen, wenn ihr erfahrt, dass ein Mann oder eine Frau von einem Blitz erschlagen wurde. Ihr denkt, dies sei ein tragischer Zufall, doch um einen solchen handelt es sich nicht, denn keiner stirbt durch einen Zufall. Ein jeder stirbt nach Plan und nach seinem eigenen Wunsch, den er äußerte, bevor er auf die Erde kam. Ihr sollt also wissen: Wenn jemand vom Blitzschlag getroffen wird, ist die rechte Zeit zu sterben für ihn gekommen.

Es gibt weniger Shallores als Farisilles, da weibliche Elfenwesen kaum nach solch aufregender Arbeit verlangen; für jene aber, die das Abenteuer lieben, ist die Beherrschung des Feuers eine fesselnde und wichtige Aufgabe. Wie bereits bei den Luft- und Meerelfen, sind große Geschwindigkeit der Fortbewegung, die Fähigkeit zu sofortigen Entscheidungen sowie Besonnenheit und innere Ruhe unverzichtbare Voraussetzungen. Feuerelfen müssen ständig bereit sein, auf eine Störung des Feindes zu reagieren, der stets auf eine Gelegenheit wartet, ihre Abwehr zu unterlaufen.

Die Feuerelfen verbringen ihre Ruhepausen in der Essenz dessen, woraus Feuer gemacht ist. Sie ist nicht heiß, sondern voller Leben. Diese Quelle des Feuers ist beruhigend und stärkend, und aus ihr erlangen die Farisilles die notwendige Kraft, um das Feuer in seinen zuweilen gefährlichen Formen zu bekämpfen. In diesen Zeiten der Ruhe empfangen die Feuerelfen den Lohn für ihre Mühe, denn die Essenz, in der sie sich entspannen, besitzt die Macht, ihnen die Wahrheit zu offenbaren, die in den Regionen oberhalb derer bekannt ist, in denen sie normalerweise arbeiten. So erleben sie Erfüllung ohne die Notwendigkeit eines Liebsten, obwohl sie sie zuweilen mit jemandem suchen, den sie lieben; dann ist ihr Glück sogar noch größer.

Gelänge es dem Menschen, etwa bei einer Feuerbekämpfungsaktion, seine Arbeit mit den Elfen zu koordinieren, würde seine Aufgabe leichter, denn diese könnten ihren unermesslichen Einfluss auf das Feuer geltend machen und bewirken, dass es augenblicklich unter Kontrolle gebracht wird. In der Gegenwart gibt der Mensch den Flammen aufgrund seiner Unwissenheit oft größere Macht, anstatt sie einzudämmen, weil er es versäumt, der Kraft des Windes entgegenzuwirken.

Wo auch immer ein Feuer brennt, ob ein großes oder kleines, sind Feuer- und Luftelfen präsent, und sie tun alles, was in ihrer Macht steht, um jenen zu helfen, die die Flammen zu löschen versuchen. Wenn der Wind plötzlich dreht, dann wisst, dass dies zu einem Zweck geschieht. Auf den ersten Blick mag es erscheinen, als würde alle bereits geleistete Arbeit zunichte, doch wenn ihr rasch jede Brise zu nutzen wisst, werdet ihr bald den zugrunde liegenden Plan erkennen können; ihr solltet euch bemühen, ihm zu folgen.

Die Tätigkeit der Feuerelfen verlangt gewaltige Kraft und Vielseitigkeit; im Bruchteil einer Sekunde müssen sie fähig sein, den Einsatz ihrer Kraft vom Maximum auf ein Minimum zu ändern und umgekehrt. Ihr Wissen um die Gewohnheiten des Feuers ist gewaltig, da sie mehrere tausend Jahre damit verbracht haben, zu studieren, welche Maßnahmen dazu führen, dass das Volumen des Feuers zunimmt, und welche Mittel seine Macht eindämmen. Sie müssen auch die Maßnahmen verstehen, die in die Verantwortung des Menschen fallen, der sich bemüht, die Kontrolle über das Feuerelement zurückzugewinnen – was ihm entweder großes Vergnügen bereiten oder sein Haus oder Geschäft in Ruinen zusammenstürzen lassen kann.

Diese Wesen sind bestrebt, dem Feuer genau das Maß an Kraft zu geben, das es ermöglicht, vom Menschen in seinem Heim, in seinen Fabriken und für viele Formen des Transports genutzt zu werden. Sie helfen, euren Stahl zu härten, euer Brachland zur Kultivierung zu roden; sie bringen Wärme in die Kälte, und sie schaffen Behaglichkeit für Alt und Jung gleichermaßen.

Wenn ihr Schützling auch manchmal zerstört, so ist sein Wirken häufiger doch aufbauend. Das Feuer hat seine Aufgabe bei der Herstellung von Ziegeln, von Stahl, von Eisen, von Zinn und so vielen Baustoffen und Substanzen, die ihr heute bei der Errichtung von Häusern, Fabriken, Kirchen und Brücken verwendet. Die Feuerelfen arbeiten Tag und Nacht im Dienste von Mensch und Natur. Helft ihnen deshalb mit konstruktiven Gedanken, und ihr werdet feststellen, dass eure Feuer heller brennen werden, wenn ihr es wünscht, und ihre Kraft rascher verlieren, wenn sie außer Kontrolle geraten sind. Würden Menschen und Elfen zusammenarbeiten, wie sie sollten, könnte die Erde Früchte hervorbringen, wie sie der Mensch noch nie gesehen hat.

* * * * *

Für jeden Elfentypen, den ich erwähnt habe, gibt es Anführer. Diese lehren und leiten jene, für die sie zuständig sind, und sie übernehmen das Kommando, wenn eine wichtige Operation stattfinden soll. Eine der ersten Lektionen, die jedes Elfenwesen unabhängig von seinem Status lernt, ist unbedingter und sofortiger Gehorsam seinem Führer gegenüber. Nach langen Jahren des Erfahrungsammelns kann ein Elfenwesen ein Farallis oder ein Lehrender Führer werden, der andere Führer für verantwortungsvollere Aufgaben ausbildet. Elfen mit dem Verlangen, Faralles zu werden, werden, sobald sie die notwendige Tüchtigkeit als Führer erworben haben, zu den Hallen des Lernens gesandt, wo sie sich mit dem nächsten Bereich befassen, in dem sie dienen möchten. Sie bleiben als Lehrer für die Sektion, die sie verlassen haben, und nach etwa fünfzig Jahren werden sie Angehörige der nächsten Abteilung. Sie verbringen also viele Jahre mit dem Studieren und Erlernen der Theorie eines Themas, bevor ihnen gestattet wird, sich an der Arbeit zu beteiligen.

Die Aspirites sind die Organisatoren in jeder Sektion. Sie setzen die Pläne in die Praxis um, wenn es Schäden auszugleichen gilt, nachdem Feuer, Luft oder Wasser vorübergehend außer Kontrolle geraten sind. Die Aspirites übernehmen die allgemeine Krankheitsbekämpfung, einzelne Fälle überlassen sie ihren heilenden Farrices. Bereits die Arbeit der Farisilles, Wallotes und Nerenes verlangt ständige Wachsamkeit und die Fähigkeit, augenblicklich Entscheidungen zu treffen. Du kannst dir vorstellen, dass die Aspirites, in deren Zuständigkeitsbereich zahllose Stürme, Fluten und Brände nicht nur auf der Erde, sondern auch auf anderen Planeten fallen, alle diese Qualitäten und darüber hinaus eine gewaltige mentale Kraft besitzen müssen. Ihre Ruhezeiten verbringen sie mit der Entspannung in einer Kombination der Essenzen der Elemente und der spirituellen Kraft, mit der die Atmosphäre geladen ist, in der sie leben. Sie bedürfen keines anderen Wesens, um Ekstase erleben zu können, denn alles, was sie benötigen, tragen sie in sich. Ihre Arbeit und ihre Freizeit sind alles, was für ein Leben von intensivem Interesse und in größter Freude notwendig ist. Sie kennen ein wenig von der Erfüllung, die ihnen bestimmt ist, sobald sie ihrer würdig sind, und sie streben ständig danach, den notwendigen Grad an Güte zu erlangen, um den Beginn des Einsseins zu erfahren. Dessen unbeschreibliche Ekstase ist das Ziel eines jeden Angehörigen unserer Evolution, vom Gnom bis hinauf zum höchsten Deva, denn wir, die wir ein wenig wissen, streben immer danach, mehr zu wissen.

Die Hiarus sind die höhere Instanz. Sie erstellen die Pläne, die die Aspirites zur Ausführung bringen. Sie sind die Schöpfer aller großen Ideen, und es ist die Aufgabe der ihnen unterstellten Wesen, Methoden zu ersinnen, um die Pläne der Hiarus auszuführen.

Die Ra-Arus in der Elfen-Evolution sind vergleichbar den Erzengeln, die über dem Menschenreich wachen. Gemeinsam mit den Führern der anderen Evolutionswege regieren sie das Universum; jeder gibt dabei den anderen Kraft, und ohne die Inspiration aller könnte keiner seine Aufgabe erfüllen.

Kapitel II

1 - Ich begegne den Elfen

In unserem alten Haus unweit von Colchester begann ich mit meiner spirituellen Arbeit, doch obwohl ich sicher bin, dass in dem dazugehörigen, von einer Mauer umfriedeten Garten viele Elfenwesen am Werke waren, dachte ich nicht daran, mit ihnen Kontakt aufzunehmen, bis wir in unser jetziges Zuhause zogen.

Mein Interesse nahm jedoch ständig zu, und nicht lange nach unserer Ankunft fragte ich, erfüllt vom Heldenmut der Unwissenheit, Pater John, ob ich versuchen könnte, mit ihnen zu sprechen. Er begleitete mich in den kleinen Garten, und wirkte, soweit ich verstehen kann, als eine Art Medium zwischen den beiden Evolutionszweigen. Ich meine nicht, dass er dabei unsere Gedanken hin- und her übersetzte, doch seine Kraft bildete die Brücke, die uns eine Kommunikation ermöglichte. Bei dieser ersten Gelegenheit versuchte ich nicht, auf die Elfen zu lauschen, sondern ich sprach selbst zu ihnen, und Pater John versicherte mir, dass sie mich hören konnten. Am zweiten Tag versuchte ich, die Elfen zu hören, und stellte zu meinem großen Entzücken fest, dass ich das kleine Volk auf genau die gleiche Weise verstehen konnte, wie ich jedes andere entkörperte Wesen verstehe, und dass sie mir ihre Namen, ihren jeweiligen Arbeitsbereich in der Natur und etliche weitere Fakten über sich mitteilen konnten.

Hätte ich damals erkannt, dass ich damit in psychisch-medialer Hinsicht etwas Ungewöhnliches erreichte, wäre meine Freude sogar noch größer gewesen.

2 – Der Führer

Normus war der Erste, der sich vorstellte, und das ist natürlich und auch korrekt, denn er ist der Führer der Naturelfen-Gruppe, deren Territorium alle Gärten zwischen der Straße vor dem Haus und einer zweiten, die den Bereich hinter dem Haus umfasst, insgesamt eine rechteckige Fläche von etwa 1,2 Quadratkilometern.

Ich war geradezu entzückt über seinen Namen und versuchte später, ihm zu erklären, welches Missverhältnis er angesichts der tatsächlichen Größe seines Trägers barg. „Normus – Enormus", wiederholte ich mehrfach, aber offensichtlich sind derlei Wortspielerei durch Gedankenprojektion nicht zu übermitteln; Normus vermochte nicht nachzuvollziehen, was mich so erheiterte.

Bei jener ersten Gelegenheit stellte er mir Elfen paarweise vor, nicht nach einer erkennbaren Rangordnung, sondern wie sie zufällig gerade standen. In der Reihenfolge, in der ich ihre Bekanntschaft machte, erscheinen ihre Geschichten in diesem Buch.

Er teilte mir mit, sie seien fünf Burschen und fünf Mädchen, alle Pares (Paare aus Mann und Frau). „Hast du selbst keine Paris?", wollte ich wissen.

„Alle Mädchen sind meine Pares", antwortete er, und ich schmunzelte.

„Dann bist du gewiss ganz schön beschäftigt", vermutete ich.

„Ich habe sehr viel Mühe mit ihnen", informierte er mich.

„Und zweifellos haben sie mit dir eine Menge Ärger", konterte ich.

„Sie sind ein fauler Verein", stellte er fest, „und wenn ich nicht ständig hinter ihnen her bin, arbeiten sie überhaupt nicht." Ich nahm diese Aussage nicht nur cum grano salis, sondern mit einem Teelöffel Salz, da ich spürte, dass die Genannten sie ebenso als Scherz verstanden wie Normus.

In der Reihenfolge, in der die Elfen präsentiert wurden, kamen sie herbei, stellten sich auf mein Knie und nannten mir ihre Namen.

Der Erste, erfuhr ich mit Bezauberung, erfreute sich des Namens Gorjus; er arbeitete mit den Bäumen. Später entdeckte ich, dass es bei der Projektion des Namens Gorjus ein Wortspiel gab, wenn auch ein anderes als bei „Normus". Eines Tages waren die Elfen um mich versammelt und lobten einhellig Normus' gutes Aussehen. Da warf ich ein: „Ich hoffe doch, dass Gorjus seinen Namen nicht Lügen straft."

„O nein", widersprachen sie wie im Chor. „Gorjus ist wirklich toll!"[*]

Als Nächstes lernte ich Myrris, seine Partnerin (Paris), kennen und erfuhr, dass ihr spezieller Aufgabenbereich Zwiebelgewächse und Kormuspflanzen waren.

Das zweite Paar, das mir vorgestellt wurde, waren Movus und Mirilla. Später entdeckte ich, dass Movus Normus' größter Freund und die besonders schöne, goldhaarige Mirilla seine Lieblingspartnerin war, obwohl sie nicht so weit entwickelt war wie einige der anderen Elfen. Movus arbeitete mit den Sträuchern und Mirilla mit den hohen Blumen.

An diesem Punkt der Ereignisse gab es einen kleinen Rückschlag. Ich spürte, dass nicht alles so war, wie es sein sollte, und fragte, ob irgendetwas schief gegangen sei.

„Namsos ist sehr scheu", erklärte Normus, und ich empfing ein gedankliches Bild von einer kleinen Gestalt, die den Kopf hängen ließ und nervös an einem Finger lutschte. „Das macht doch nichts",

_____

[*] engl. gorgeous, (Anm.d.Ü.)

sagte ich rasch. „Dränge ihn nicht. Namsos, mein Lieber", fügte ich Richtung Erdboden hinzu, „würdest du mir gerne etwas über deine Arbeit erzählen?" Doch es gab keine Antwort.

„Da geht es um Würmer und Insekten", erklärte Normus.

„Er mag selbst Würmer?", fragte ich zurück.

„Ja, er liebt sie sogar", versicherte mir Normus.

„Nun, ich denke, das ist wirklich wunderbar", sagte ich. „Ich weiß natürlich, dass wir alle Geschöpfe lieben sollten, aber das ist nicht immer einfach."

Sirilla, seine Partnerin, war alles andere als versucht, sich zurückzuziehen und erzählte mir, worin ihre Arbeit bestand. Doch leider konnte ich es nicht verstehen. „Was ich sehe, scheint ein Baum zu sein", meinte ich zweifelnd, „aber Gorjus arbeitet ja mit Bäumen."

„Ja, ja", bestätigte sie. „Es ist ein Baum, aber ein besonderer Teil davon." Da empfing ich ein Bild vom Stamm eines Baumes, an dem sich auf halber Höhe eine kleine Gestalt zu schaffen machte. „Die Rinde", sagte ich triumphierend. „Ja, ja, die Rinde!", echoten sie entzückt.

Als Nächstes lernte ich Nuvic, den Rosenspezialisten, und seine Partnerin Merella kennen, die mit Samen arbeitet. Auf der Erde würde man Merella als ein schamloses Flittchen betrachten, denn sie gibt und nimmt jedem Elfenwesen Kraft, wann immer sich eine Gelegenheit dazu bietet; doch in ihrer Einstellung zur Sache unterscheidet sie sich grundlegend von der Abenteuerin auf Erden. Sie betrachtet jedes Erlebnis als ein wissenschaftliches Experiment und gewinnt durch ihr Liebemachen immer größere Klugheit mit dem Ergebnis, dass sie für eine Elfe ihrer Klasse außergewöhnlich hoch entwickelt ist. Ich pflegte sie wegen ihres gewohnheitsmäßigen Flirtens zu necken, doch sie freute sich immer darauf, mir verständlich machen zu können, auf welche Weise ihre Experimente ihr geholfen haben.

Schließlich kamen wir zu Nixus und Lyssis, die sich um das Gras beziehungsweise die nieder wachsenden Blumen kümmern. So hatten wir einen großen Anfang gemacht, und ich brannte vor Interesse, mehr über diesen neuen Bereich zu erfahren, der mein Leben zu bereichern versprach.

3 – Die Gnome

Einige Zeit später lernte ich die Gnome kennen. Dies war deshalb noch nicht früher geschehen, weil ich Normus missverstanden hatte, als ich ihn einmal fragte, ob es Kobolde oder Gnome im Garten gäbe. Ich hatte gemeint, er habe mir auf beide Fragen eine negative Antwort gegeben, während er sich in Wirklichkeit nur auf die Kobolde bezog.

Ich habe es mir schon immer so vorgestellt: Wenn ich Gnome hätte, würden sie unter dem großen Baum in der hinteren Ecke des Gartens wohnen. Als ich entdeckte, dass sie genau dort ihr Zuhause haben, war ich entzückt. Sie nannten mir ihre Namen – Tanchon und Persion – und teilten mir mit, dass sie beide Bärte und winzige Zipfelmützen trugen.

Ich fragte die beiden Gnome, ob sie irgendetwas damit zu tun gehabt hätten, dass es einem jungen Burschen, den ich als Gartenhilfe angestellt hatte, auf recht außergewöhnliche Weise gelungen war, fast alle meine Werkzeuge kaputt zu machen: Köpfe sprangen vom Stiel, Griffe zerbrachen, und der Rasenmäher ging entzwei. Ich konnte sehen, wie sie miteinander sprachen und gestikulierten. „Ich werde nicht böse auf euch sein", versprach ich ihnen. „Nun, genau genommen, haben wir die Sachen nicht zerbrochen", erklärten sie, „aber wir haben den Jungen ermutigt, sie recht grob zu behandeln."

Ich grinste. „Wenn ihr das wieder tut, werde ich eure Bärte flechten und mit einem Schleifchen zieren; dann werden alle Elfen über euch lachen", drohte ich.

„Oh, Daphne, das wirst du doch nicht tun, oder?", kicherten sie überaus amüsiert.

„Sagt mir noch etwas", fuhr ich fort. „Ahmt ihr meine Mutter und mich nach, wie wir unsere großen Einkaufskörbe tragen?"

„Ja", gaben sie zu, nicht ganz sicher, wie ich darauf reagieren würde.

„Und gewiss habt ihr euch auch einen blauen Strohhut mit roten Blumen wie den ihren gemacht."

„O ja", gaben sie mit wachsendem Vertrauen zu, „und wir setzen uns oft einen braunen Hut auf wie deinen mit dem Bogen vorn." Nun, ich trage diesen Hut recht gerne, aber die Vorstellung von einem bärtigen kleinen, von meinem schicken Modell gekrönten Gesicht erwies sich als stärker als mein Gefühl von Würde, und wir brachen alle in Gelächter aus.

4 – Der Vollmond

Manche Gärtner und alte Leute vom Lande halten sich an die Regel, Samen nach oben wachsender Pflanzen wie Blumen, grüne Erbsen oder Kohl achtundvierzig Stunden vor dem Vollmond, die Samen von Karotten und anderen Wurzelgemüsen, die nach unten wachsen sollen, hingegen achtundvierzig Stunden nach dem Vollmondzeitpunkt in die Erde zu legen. Unwissende tun diese Praxis im Allgemeinen als Ammenmärchen ab, doch Rudolf Steiner bewies in der Anthroposophie, dass es sehr gute Gründe gibt, auf die genannte Weise zu säen, weil der Boden sich tatsächlich in der fruchtbarsten Phase seines Rhythmus befindet und den ihm anvertrauten Samen die besten Wachstumsvoraussetzungen bietet.

Soweit mir jedoch bekannt ist, war auch Dr. Steiner sich nicht der Rolle bewusst, die die Elfenwesen im monatlichen Erneuerungszyklus des Bodens und bei der Energetisierung alles dessen spielen, was in dieser bestimmten Phase in der Erde wächst.

Mairus, einer der Hauselfen, berichtete mir am Tage nach einem Vollmond Folgendes:

„Wir begaben uns früh zur Ruhe und standen um halb acht Uhr auf, als die Festlichkeiten begannen. Wir gingen die Stufen hinunter, die in den Garten führten, und fanden auf der Wiese eine große Versammlung, denn in der vergangenen Nacht war hier der Treffpunkt für alle Elfen im Bezirk. Wir sausten umher, redeten miteinander und tauschten die Neuigkeiten des zurückliegenden Monats aus. Wir Elfen von diesem Haus und Garten waren sehr gefragt, weil unsere Arbeit mit Daphne für alle von großem Interesse ist. Kurz vor Mitternacht setzte die Musik ein. Wir hatten ein etwa zwanzigköpfiges Orchester, dessen Besetzung ständig wechselte, sodass auch die Musikanten der Reihe nach zum Tanzen kamen. Anfangs standen Maire, Herus und ich auf dem Hügel unter dem Kastanienbaum [Diese Ortsangabe bezieht sich auf meinen kleinen Steingarten.] und beobachteten das Geschehen. Zunächst waren die Bewegungen des Tanzes, der gerade gespielt wurde, vergleichsweise langsam und anmutig, doch allmählich nahm das Tempo zu; das war sehr aufregend, weil dabei sehr viel Kraft ausgeatmet wurde. Bald rannten wir den Hügel hinunter, schlossen uns den Lustbarkeiten an und gaben auch unsere Kraft zu der immer weiter zunehmenden Konzentration, die sich bereits bildete.

Nach einer Weile ruhten wir ein wenig aus und erfrischten uns – natürlich nicht aus der Kraftansammlung, zu der wir selbst so eifrig beigetragen hatten, sondern in der umgebenden Atmosphäre. Bald waren wir wieder ganz bei Kräften und bereit, uns von neuem in den Trubel zu stürzen. Dieses Mal spielte ich meine kleine Flöte, konnte dabei aber immer meinen Blick auf Maire halten, die sich am Tanz beteiligte. (Ich fragte ihn, ob er Acht geben wollte, ob sie mit den Jungen flirtete. „Nein", antwortete er recht ernst, „ich sehe ihr einfach gerne zu, das ist alles." – D.C.) Das Kraftgeben und -nehmen ging bis Mitternacht weiter, als der eigentliche Mittelpunkt der nächtlichen Aktivitäten begann.

Bis zu diesem Zeitpunkt hatten wir eine große Menge Kraft zusammengetragen, die für uns sichtbar ist und bewusst gehandhabt und verteilt werden kann. Sie wurde von allen Elfen eskortiert; manche trugen sie, andere schwebten über ihr, und wieder andere rannten auf der Erde unter ihr her, während das volle Orchester den Zug begleitete.

Die Kraft ist wie ein großes weißes Licht, das seine Strahlen in alle Richtungen wirft. Wir trugen sie über die Erdoberfläche, sodass ihre Strahlen in den Boden eindrangen und ihn bereicherten sowie den Samen und Wurzeln Energie gaben, die in ihn gepflanzt waren. Die Kraft floss durch jede Pflanze und jeden Baum, bis alle lebenden Wesen im Pflanzenreich ihre Leben spendende Energie empfangen hatten. Du musst wissen, dass wir innerhalb des Bruchteils einer Sekunde viele Meilen abdecken können, und so war unsere Arbeit bis halb ein Uhr vollendet, die Festlichkeiten jedoch dauerten bis in den Morgen fort. Wir Hauselfen sind nicht sehr glücklich, wenn wir uns (außer für wichtige Arbeiten) im Freien aufhalten, deshalb überließen wir die anderen ihrem frohen Treiben und zogen uns zum Ausruhen zurück, zufrieden in dem Wissen, dass wir nicht nur dem Menschen, sondern auch dem Naturreich geholfen hatten."

5 – Der Friedensstrahl

Als sich die britische Position im Korea-Krieg vor Weihnachten 1950 dramatisch verschlechterte, kam mir der Gedanke, dass ich versuchen sollte, einen Friedensstrahl auszusenden, der – so hoffte ich – hilfreicher sein würde als nur Gedanken.

Ich bat die Elfen um Unterstützung und konzentrierte mich zuerst auf die Vorstellung von Frieden; dabei kamen mir die traditionellen Symbole Taube und Zweig vom Ölbaum in den Sinn. Nach ein bis zwei Wochen war ich bei meiner Arbeit von einem außergewöhnlichen Gefühl von Frieden erfüllt, und schließlich wusste ich, dass tatsächlich eine Kraft durch mich strömte, denn ich konnte sie so deutlich spüren, als ob ich sie heilend oder helfend für die Erdgebundenen einsetzte.

Bereits nach wenigen Tagen war ich überzeugt, dass nicht nur mein Lehrer und die Elfen bei mir waren, und als ich danach fragte, erhielt ich die Information, dass in der Tat viele Wesen präsent waren.

Denken Sie an die zahllosen Toten der zahlreichen Kriege, die allein in den vergangenen hundert Jahren überall auf der Welt stattgefunden haben. Selbst wenn wir leicht dazu neigen, sie zu vergessen: Die Toten vergessen uns nicht. Hinter ihnen stehen Tausende höher entwickelter Seelen, die sich unermüdlich für die Sache des Friedens einsetzen. Vielleicht meinen Sie, dass sie damit nicht sehr erfolgreich gewesen sind, andererseits wissen wir nicht, wie viel schlimmer die Zustände ohne ihre Hilfe hätten sein können.

Ein konzentrierter Gedanke von jemandem in einem physischen Körper gibt ihrem Einsatz zusätzliche Kraft. Ich verstehe nicht, warum dies so ist, aber ich weiß, dass alle ihre Arbeit wichtige Unterstützung erfährt durch unsere Gedanken und unseren innigen

Wunsch, ihnen zu helfen. Wenn jemand unter Ihnen auch nur eine Minute am Tag dafür geben möchte, die Sache des Friedens zu fördern, dann stellen Sie sich nicht vor, dass Ihr kleines, unerfahrenes Denken sich auf einen einsamen Kampf gegen die Macht der rücksichtslosen Kriegstreiber einlassen wird. Wissen sie vielmehr: Sobald Sie in die Stille gehen, und sei es auch nur für kurze Zeit, versammeln sich Menschen, Elfen und Angehörige der anderen Evolutionen um Sie und tragen das Ihre dazu bei, dass Ihre einzelnen Gedanken in eine echte Kraft zum Guten verwandelt werden.

Bitte denken Sie nicht, ich sei eine Pazifistin oder propagierte, Gewehren mit positiven Gedanken entgegenzutreten, denn dies ist meiner Absicht fern. Doch zu viele Menschen riskieren die Chancen zum Frieden, indem sie immer wieder an die Schrecken des Krieges denken. Angst ist eines der größten Geschenke für die Mächte des Bösen, und wenn Sie in Zeiten des Friedens – zu denen man auch unsere Zeit rechnet –, konstruktiv denken, können Sie viel dazutun, um jenen zu helfen, deren aufrichtigstes Verlangen es ist, die Lasten aller zu erleichtern, die in die Materie eingetaucht sind.

6 – Elfen-Besucher

Eines Tages erzählte mir Normus, wie glücklich alle in seiner Elfengruppe waren, und ich sagte zu ihm: „Ihr leistet sehr viel, um der Natur und dem Menschen zu helfen; könntet ihr nicht ein Übriges tun, indem ihr euer Glück mit Angehörigen eurer eigenen Evolution teilt? Du hast mir erzählt, wie verzweifelt elend du dich mehrere Jahre lang fühltest, nachdem du auf die Erde herabgekommen warst; könnte man nicht einigen Neuankömmlingen unter den Elfen beistehen, die jetzt unglücklich sind?"

Ich weiß, dass sie während der Arbeitswoche alle in einem Gemeinschaftshaus wohnen, dass aber jedes Elfenpaar so etwas wie ein Wochenendhäuschen hat. Ich fuhr fort: „An den Wochenenden muss das große Haus ja praktisch leer sein; könnte man da nicht einige traurige kleine Elfen einladen und ihnen die Zeit etwas verschönern?"

Wie über alle meine kleinen Vorschläge, war Normus auch über diesen entzückt. Ich habe bei vielen Gelegenheiten bemerkt, dass Elfen nicht die Fähigkeit zu besitzen scheinen, sich recht gewöhnliche kleine Pläne selbst auszudenken. Sobald ich ihnen aber eine Idee gegeben hatte, machten sie Pläne und führten diese weit besser aus, als ich es selbst hätte tun können. Ich stelle mir vor, dass das Denken der Elfen irgendwie anders ist als unseres, und gebe ihnen menschliche Ideen, die sie stabilisieren und zur guten Nutzanwendung bringen können.

Jedenfalls treffen am Samstagnachmittag jedes Wochenendes traurige kleine Leute ein. Alle meine Elfenfreunde sind schon seit vielen Jahren auf der Erde und haben damit eine beträchtliche Menge an Kraft entwickelt. Ein wenig von dieser Kraft geht auch ohne besondere Anstrengung von ihnen aus, wenn sie gerade nicht arbeiten, und diese Kraft wirkt wie ein beruhigender Balsam. Bewusst können die Elfen die Schwingungen von Menschen, Kraftfahrzeugen und anderen Geräuschen eliminieren, die jene kleinen Wesenheiten beunruhigen würden, die erst fünf von ihren 100 Jahren Erdenzeit absolviert haben.

Am Samstagnachmittag herrscht hier viel Aktivität, und zahlreiche entkörperte Wesen unterschiedlicher Nationalitäten kommen und helfen uns bei der Arbeit, die ich hier nicht zu beschreiben brauche. Diese gewaltige Ansammlung von Kraft und die Anwesenheit von Angehörigen unterschiedlicher Rassen mit ihren fröhlichbunten Kleidungen und Hautfarben verschiedener Tönungen sind eine nicht enden wollende Quelle der Aufregung für meine eigenen Elfen, die bei solchen Gelegenheiten natürlich immer zugegen sind. Für die kleinen Besucher ist es wie ein großes Wunder, das sie aus ihrem Unglück herausreißt und auf die Ausgelassenheit der Kraft-Party am Abend vorbereitet.

7 – Die Elfen-Party

Ich fragte Normus einmal, was Elfen tun, wenn sie Gäste unterhalten möchten. Ich erklärte ihm, dass Essen und Trinken die beiden wichtigsten Dinge sind, durch die wir unsere Gastfreundschaft zeigen, und da Elfen weder essen noch trinken, interessierte es mich, was bei ihren Einladungen und Gesellschaften auf dem Programm stand. Hier ist die Antwort von Normus:

„Zu Beginn treffen wir uns alle an einem vorher vereinbarten Platz und geben Kraft, bis eine Konzentration erreicht ist, die einer großen Kugel in unserer Mitte gleicht. Wir machen diese Kugel so wunderschön, wie wir nur können; dabei gibt jeder von seiner eigenen Farbe und Schwingung ab, sodass die Kraftkonzentration alle Farben des Regenbogens birgt und voller Leben und Bewegung ist.

Im Laufe der Party treten wir in die Kugel ein, sei es allein, mit mehreren Freunden oder mit einem Angehörigen des anderen Geschlechts. Wir nehmen die Kraft auf, und wenn wir wieder herauskommen, fühlen wir uns wunderbar. Doch wir versuchen, nicht allzu häufig in die Kugel zu steigen, denn wenn wir zu viel Kraft aufnehmen, haben wir nicht mehr die Kontrolle über unsere Bewegungen. Elfen, die sonst nicht fliegen können, schweben dann zum Beispiel über den Blumen oder sogar Sträuchern, und wir, die wir fliegen können, kommen vielleicht in einer Wolke wieder zum Bewusstsein. Ich habe so etwas einmal gemacht und kann dir versichern, dass es bei weitem nicht so attraktiv war, sich in einer Wolke zu befinden, als es vom Boden aus vielleicht den Anschein hat. Ich wurde sehr nass, und die Kraft fing an, aus mir zu sickern. Ich stellte fest, dass ich nicht richtig denken konnte und erschrak sehr, als mir klar wurde, wie hoch hinauf ich geraten war. Ich begann, viel schneller zu fallen, als mir lieb war, aber es gelang mir, mich zusammenzureißen, und wenige Meter über den Baumwipfeln schien ich die Kontrolle wiederzuerlangen – und alles war gut. Ich schwor, dass ich dies nie wieder tun würde, aber ich habe es … nicht sehr oft … ach, du kannst dir einfach nicht vorstellen, wie unwiderstehlich die Kraftkugel ist."

8 – Feindliche Elemente

Ich kann mich noch gut an den Tag erinnern, an dem George seine erste Elfe sah, das heißt abgesehen von Normus. Alle meine astralen Freunde haben zuerst einen Elfenführer wahrgenommen, bevor sie irgendein anderes Elfenwesen sehen konnten. Der Grund ist, wie ich annehme, dass ein Führer die meiste Kraft hat, doch bei jener Gelegenheit gelang es George, einen oder auch mehr von den anderen Elfen zu sehen, und schließlich begegnete er Gorjus zum ersten Mal.

Ich hatte alle Elfen gebeten, auf Georges Knie zu sitzen oder zu stehen, sodass er wusste, wo sie gegebenenfalls zu sehen wären, doch dann merkte ich, dass Normus immer noch auf meinem Schoß saß. Ich fragte ihn, was er vorhatte, und er antwortete: „Oh, ich bleibe einfach hier und sehe zu."

„Aber wirst du nicht irgendetwas unternehmen, um zu helfen?",
fragte ich weiter.

„Nein, ich schaue nur zu", erwiderte er.

„Normus", ermahnte ich ihn, „du bist ein fauler, nichtsnutziger
Schlingel. Wenn du im letzten Krieg ein Mensch gewesen wärst,
dann gewiss als Schieber, Schmarotzer und Schwarzhändler." Ich
hatte keine Ahnung, wie diese Begriffe für ihn übersetzt wurden,
aber ich merkte, dass ich etwas äußerst Unangenehmes gesagt hatte,
als er mit ernster Miene fragte: „O Daphne, das glaubst du doch
nicht wirklich von mir, oder? So schlecht bin ich wirklich nicht."
Ich beeilte mich, ihm zu versichern, dass ich ihn nur neckte, denn
natürlich wusste ich, was für ein guter kleiner Arbeiter er tatsächlich
war, und er schien sich wieder zu beruhigen.

Doch damit schien diese Angelegenheit noch lange nicht vom
Tisch zu sein, und so begann ich mich nach einer Weile zu fragen,
wie in der Elfensprache hieß, was ich ihn genannt und was ihn offenbar so bestürzt hatte. Ich fragte ihn eines Tages, ob er mir ein
Bild von einem Elfen-Schieber übermitteln könne, und er blitzte
mir eine Gedankenform zu, die mir wie ein winziger kleiner Krake
vorkam. „Das ist etwas ganz Schreckliches", erklärte er feierlich. „Es
saugt das Gute aus der Erde und allem, was es in seine Gewalt bekommen kann."

„Hat es einen Namen?", wollte ich wissen.

„Ja, es ist ein Monserros", antwortete er.

„Könnt ihr sie sehen?", fragte ich weiter.

„In der Regel nicht, wenn wir nicht speziell auf sie eingestimmt
sind, aber aufgrund der bösen Schwingungen können wir ihre Anwesenheit spüren."

„Bekämpft ihr sie?", fragte ich, und vor meinem inneren Auge

78

zeigten sich Bilder wie aus Kinderbüchern, Bilder von Elfen, die mit Nadeln bewaffnet gegen Miniatur-Drachen kämpften.

„Wir besiegen sie mit Gedanken und Kraft", kommentierte Normus. „Wir bilden einen schützenden Kreis um ein Gebiet und vertreiben sie daraus, wobei wir die Elfen im angrenzenden Territorium warnen für den Fall, dass sie entkommen."

„Aber wohin vertreibt ihr sie, denn ihr könnt sie ja nicht einfach in den Bereich eines anderen schicken?"

„Wir treiben sie in ihr eigenes Land zurück", sagte er.

„Und wo ist das?", fragte ich.

„Das sind die *dunklen Orte*", antwortete er.

Ich war mit dieser Erklärung nicht restlos zufrieden, und so wandte ich mich damit an meinen Lehrer, dem ich berichtete, dass Normus mir mental eine Kreatur ähnlich einem Kraken gezeigt hatte und dass ich mich fragte, ob die Monserros immer so aussähen. Er teilte mir mit, dass sie eine Gestalt nach Belieben annehmen könnten. Da wollte ich wissen, welcher Natur diese Geschöpfe eigentlich sind.

„Das Böse verlangt ebenso nach Ausdruck wie das Gute", antwortete er, „und wenn es stark genug wird, nimmt es Gestalt an." Ich fragte weiter, ob die Monserros die Kraft der Pflanzen und der Erde anzapfen, wie ich es von Normus verstanden hatte.

„Liebe Tochter", war die Antwort, „du hast selbst schon Erfahrung mit ihrem Wirken. Erinnerst du dich nicht an jene beiden Pflanzen...?" Augenblicklich kam mir eine große, kräftige Aster mit mehreren schönen Trieben in den Sinn, die über Nacht verwelkt war, und ich erinnerte mich an eine robuste Verbena, die wenige Tage später erblühte und dann ganz plötzlich abstarb. Ich hatte Normus seinerzeit gefragt, warum dies geschah. „Ich denke, Insekten haben sie getötet", hatte er gesagt. Doch ich konnte kein Anzeichen von angefressenen Blättern oder von Mehltau sehen, und so grub ich die Pflanzen aus und untersuchte die Wurzeln, doch auch diese waren unversehrt und allem Anschein nach kräftig… „Das war das Werk eines Monserros", fuhr mein Lehrer fort. Ich war zuriefst beunruhigt und fragte, ob es dagegen ein Mittel gebe.

„Mehr Wachsamkeit", bemerkte er.

An jenem Morgen rief ich die Elfen zusammen und teilte ihnen mit, dass ich etwas mit ihnen besprechen wolle. Ich erinnerte sie an die beiden toten Blumen und gab ihnen die Hintergründe bekannt. „Jener Teil einer Seele, der sich in einer dieser Pflanzen manifestierte, ist vom Bösen buchstäblich verschlungen worden. Bis die Zeit kommt – möglicherweise in einer Million Jahren –, wenn das Gute jenes bestimmte Böse besiegt, wie dies immer geschieht, wird die ganze Seele aufgrund des Verlustes jenes Teils in ihrer Evolution zurückbleiben. Es ist nur ein kleiner Teil, doch ist es gleichwohl ein Teil von ihr." Ich konnte die Spannung und den Kummer der Elfen fühlen. „Ich denke, dass wir manchmal ein wenig zu vertrauensvoll sind und dabei vielleicht etwas unaufmerksam werden", fuhr ich fort. „Nun wissen wir alle, dass diese Pflanzen aus einem bestimmten Grund gestorben sind, dabei hatten wir angenommen, sie seien auf ganz normale Weise eingegangen. Hier liegt unser Fehler – in unserer Annahme. Wir hätten weitere Nachfragen anstellen und uns an euren Oberführer wenden sollen; er hätte gewiss den wahren Grund geahnt. Doch es ist nicht allein unser Fehler, denn mir wurde auch mitgeteilt, dass es in diesen Blumen-Teilseelen eine fundamentale Schwäche gegeben haben muss, die erst ermöglichte, dass der Monserros sie aufzehrte. Es gab viele kleinere und offensichtlich schwächere Pflanzen im Garten, und ich bezweifelte entschieden, dass der Monserros bereits gesättigt war; doch aus irgendeinem Grunde waren es gerade diese beiden Pflanzen, die ihm zum Opfer fallen sollten. Nun, meine Lieben", schloss ich, „ihr dürft euch nicht zu sehr betrüben; denn ihr gebt euren Kummer an eure übrigen Schützlinge weiter, und das ist nicht gut für sie. Wir müssen dankbar sein, dass nur zwei von ihnen verloren gingen, und wir müssen sicherstellen, dass ihnen keine folgen werden. Nur aus der Erfahrung lernen wir wirklich, deshalb lasst uns aus dieser Erfahrung Nutzen ziehen, auf dass sie den anderen Pflanzen ebenfalls nützen wird. Ihr wisst viel mehr über diese Dinge als ich, und ich bin zuversichtlich, dass ihr alles unternehmen werdet, was in eurer Macht steht, um dieses Übel zu bekämpfen." Ich konnte sehen, wie sie sehr ernst miteinander sprachen, dann dankte mir Normus und versicherte mir, dass sie auf der Stelle Pläne schmieden würden, um die Monserros fern zu halten.

„Ihr wisst, dass ich alles tun werde, was ich tun kann", sagte ich, bevor ich sie verließ, „aber denkt daran, was ich gesagt habe: Keine Trübsal blasen."

Am nächsten Tage teilte mir Normus mit, wie viel Aufregung meine Neuigkeiten ausgelöst hatten. Doch die Elfen hatten einen Verteidigungsplan ersonnen, welchen sie bereits in die Tat umsetzten; allerdings wünschten sie, die Angelegenheit mit mir weiter zu besprechen. Leider war ich gerade besonders beschäftigt, und so kam es, dass wir uns erst nach fünf Tagen wieder treffen konnten. Als erste Vorsichtsmaßnahme hatte man um Hüter gebeten, die das Land und die Pflanzen schützen sollten, wann immer sich die Elfen meiner Arbeit widmeten. Die Hüter sollten nicht etwa ihre Aufgaben übernehmen, sondern eine Kontrollfunktion erfüllen. Beim ersten Anzeichen von Gefahr sollten sie Alarm geben und damit Verstärkung herbeirufen. Auf diese Weise würden die Elfen selbst nicht gestört, wenn sie gerade mit Heilen oder anderen Aufgaben beschäftigt waren.

Die zweite Maßnahme war die Bewachung ihrer Schützlinge in

der Nacht. Während die Elfen ruhen, treten normalerweise andere an ihre Stelle, doch jene, die diese Aufgabe nachts übernehmen, bleiben nicht auf der Erde, sondern kehren tagsüber auf die Astralebene zurück. Sie sind nicht für ein bestimmtes Territorium zuständig, sondern können in jeden Teil des Landes geschickt werden. Ich nehme an, dass ihre nächtliche Aktivität eine Art von Vorbereitung auf ihre künftige hundertjährige Erdenzeit ist; die Elfen unterwerfen sich nicht wie andere ganz den Bedingungen auf der Erde und tragen auch nicht die Verantwortung, auf das Wohlbefinden bestimmter Pflanzen zu achten. Sie können also nicht das gleiche Interesse dafür haben wie die Tagelfen, deren Pflegebefohlene ganz ihrer Verantwortung unterstehen. Die Elfen übernahmen deshalb selbst abwechselnd die Nachtwachen; dazu verließen sie nicht wirklich ihr Heim, sondern achteten wachsam auf warnende Schwingungen. Ich fragte Normus, ob ihre reduzierte Ruhezeit ihre tägliche Arbeit beeinträchtige, und er gestand, dass sich die zusätzlichen Wachzeiten leider als große Belastung erwiesen.

„Geh zu deinem Führer und erzähle ihm, was du getan hast und welche Wirkung es auf dich hat", wies ich ihn an. „Alle Elfen haben ihre Aufgaben, und ich bin sicher, dass niemand seiner Ruhepausen beraubt sein sollte. Es muss ein Gerät geben, das Lichtblitze abgibt oder eine Schwingung erzeugt, die dich bei herannahender Gefahr weckt. Frage danach, und wenn so etwas nicht bereits existiert, wird es bestimmt bald hergestellt werden können."

Er schilderte mir dann, wie jeder im Laufe des Tages alle paar Minuten für einen Sekundenbruchteil innehielt und entspannte; wenn also irgendein böser Einfluss drohte, würden sie ihn entdecken.

Als ich ihm zu diesen Maßnahmen gratulierte, fragte er mich, ob ich irgendwelche Vorschläge hätte. Ich dachte an meine eigenen

Begegnungen mit dem Bösen zurück. „Das Kreuz", dachte ich, „das Zeichen des Kreuzes". Aber würde ein Monserros die Bedeutung des Kreuzes verstehen? Ich wandte mich mit dieser Frage an meinen Lehrer, der antwortete: „Die Macht des Kreuzes existiert, ob verstanden oder nicht." – „Normus", sagte ich, „du solltest mit Kraft gefüllte Kreuze in Abständen rund um dein Territorium stellen, und vielleicht ein großes Kreuz in seine Mitte ... Warte einen Moment", unterbrach ich mich. „Das Kreuz ist das einzige Symbol, das ich verstehe, aber du kennst noch viele andere und ihre Bedeutung. Mache davon Gebrauch. Sie werden natürlich Wiederaufladung benötigen, aber ich bin sicher, dass Jack, Peter und die anderen für diesen Zweck Kraft geben werden, und ich werde dies natürlich auch tun." Die Männer zeigten sich nur allzu bereit, ihren kleinen Freunden zu helfen, und so kam es, dass Mensch und Elfen einander halfen, einen gemeinsamen Feind in Schach zu halten.

Doch dies war immer noch nicht das Ende des Zwischenfalls. Nachdem mehrere Monate ins Land gegangen waren, fragte ich, ob es keine Möglichkeit gäbe, die verlorenen Teilseelen zurückzugewinnen, die der Monserros aufgrund unserer Unachtsamkeit genommen hatte.

„Ich werde dich zu ihm führen", sagte mein Lehrer, „und die Elfen werden ihn besiegen."

Schließlich war der Tag für dieses Wagnis gekommen, und wir machten uns auf. Bald waren wir in einem tiefschwarzen Land, die Erde unter uns war glucksender Schlamm. Nichts wuchs da, doch gewann ich den Eindruck von einem einsamen Baum, der dem eintönigen Himmel zwei kahle Äste entgegenstreckte.

Was nun folgt, ist Normus' Schilderung der Ereignisse, da ich nur einen Teil des Weges mit ihnen gehen konnte und erst später genau erfuhr, was unterirdisch geschah.

Normus: „Schon geraume Zeit sind wir sehr bekümmert über den Verlust von zweien unserer Schützlinge an einen Monserros. Wir haben mehrere Vorsichtsmaßnahmen getroffen, unsere Wachsamkeit erhöht und alles getan, was in unseren Kräften steht, um weiteren Problemen dieser Art vorzubeugen.

Dann teilte uns Daphne eines Tages endlich mit, dass wir mit ihrem Lehrer gehen und den Monserros zwingen sollten, zurückzugeben, was er genommen hatte. Wir machten uns auf und befanden uns augenblicklich in pechschwarzer Finsternis. Zuerst konnten wir nichts sehen, doch wir hielten uns dicht bei Daphne, die den Weg zu kennen schien. [Ich selbst wurde natürlich geführt. – D.C.] Schließlich gelangten wir zu einem Loch im schlammigen Untergrund, und Daphne teilte uns mit, dass der Monserros sich darin befinde. Wir sollten hineingehen und ihn herausholen. Ich führte die anderen in die Erde hinab, und je tiefer wir kamen, desto dichter wurde die Atmosphäre. Wir hatten vorsorglich unsere Kraftfelder abgeschirmt, bevor wir die Erde verließen, und so ging es uns noch recht erträglich. Schließlich fanden wir ihn – eine langsam vibrierende, schwarze, schwammige Masse. Wir umstellten ihn, öffneten unsere Kraftfelder, und die Kraft, die wir in uns gespeichert trugen, begann zu fließen. Der Monserros bebte und versuchte, sich weiter in die Tiefe des Loches zurückzuziehen, aber wir hatten ihn umzingelt und ließen nur den Weg zum Ausgang frei. Einige Zeit konnten wir ihn nicht dazu bringen, sich zu bewegen, und so befahl ich den Elfen, auf ihn zu steigen, damit wir ihm die Kraft direkt zu spüren geben konnten. Es war ein schreckliches Erlebnis, da wir in die schwarze Masse einzusinken schienen, und wenn wir nicht alle unsere Willenskraft aufgewendet hätten, hätte der Monserros auch uns verschlungen. Schließlich konnte er unserer Belagerung nicht länger standhalten und glitt langsam, dem unterirdischen Gang folgend, nach oben. Wir fühlten uns zunehmend erschöpft, und unsere Kraft war fast aufgebraucht. Als wir das Ende des Ganges erreichten, hatten tatsächlich nur Merella, Movus und ich noch Kraft zur Verfügung. Sobald wir ins Freie gelangten, schaltete Daphne ihre Kraft an, und wir konnten die unsere wieder auffüllen. Wir bildeten einen Kreis um den Monserros und versperrten den Eingang zum Loch nach unten, was sehr wichtig war, weil der zutage Geholte alles anstellte, um wieder nach unten zu entkommen. Schließlich konnte er nicht länger standhalten. Er sah aus, als stünde er in Flammen, und das Leben in ihm brannte buchstäblich aus. Wir sammelten die Fetzen, die wir zu Hause im Garten verstreuten, damit sie von der Erde aufgenommen werden konnten. Damit gelangten die Teilseelen, die wir verloren hatten, wieder in den Kreislauf des Lebens – zwar auf einer tieferen Stufe, das ist wohl wahr, aber viel höher, als wenn sie bei ihrem schrecklichen Kerkerknecht im Jammertal der Finsternis geblieben wären."

9 – Weihnachten

Wenige Tage vor Weihnachten erhielt ich einen Brief von einem Mädchen in Vancouver mit der Neuigkeit, dass ein uns beiden befreundetes Medium eine „Party für astrale Kinder" gab. Die Schreiberin sollte dabei helfen, den Baum mit Ballons und kleinen Geschenken zu schmücken, mit denen die Kinder irgendwie spielen könnten.

Die Idee sprach mich an, und ich begann in Betracht zu ziehen, selbst eine Party zu geben, doch weil ich ein so jämmerlich kleines Bäumchen hatte, dachte ich mir, dass die Kinder auf der Astralebene vermutlich viel mehr Freude haben würden.

Plötzlich durchzuckte mich ein Gedanke: „Du Närrin", sagte ich zu mir selbst, „errichte doch einen riesigen astralen Weihnachtsbaum, an dem astrale Geschenke hängen." (An dieser Stelle muss ich erklären, dass ich schon seit einiger Zeit fähig war, mir meine Umgebung für die Arbeit selbst zu erschaffen, zum Beispiel wenn ich Blumen haben wollte oder wenn ich das Lied eines Vogels verwendete, das die Düsternis durchdrang, um einen Erdgebundenen aufzuheitern, dem zu helfen ich mich bemühte. Kaum hatte ich den Gedanken, die Vorstellung in meinem Geist geformt, kamen schon die Blumen oder das Lied ins Dasein. Ich denke nicht, dass ich sie selbst erschaffen kann, aber mein Denken bildet den Kern oder Samen für jene, die diese Arbeit vollbringen und die Dinge ins Dasein rufen, um die ich gebeten habe.)

Für die Party jedenfalls, so beschloss ich, wollte ich mich nicht auf meine eigenen Kräfte stützen, da ich den Kindern vermutlich viel zu schwere Kost und wohl auch ungeeignete Geschenke geben würde. Ich sprach mit Pater John, der dafür sorgen wollte, dass am Weihnachtstag um 15 Uhr eine Frau kommen und die notwendigen Vorbereitungen treffen würde. Genau zur vereinbarten Zeit spürte ich ihre Anwesenheit und erfuhr, dass sie Hermine hieß. Auf meine Frage hin informierte sie mich auch, dass sie seit vierzig Jahren auf der anderen Seite gewesen sei und ihre Arbeit daraus bestehe, Erdenmenschen aufzuziehen, die als Kinder gestorben waren und drüben noch keine Eltern hatten. Hermine war für eine Schule mit Kinderheim verantwortlich, wo junge Leute lebten und unter idealen Bedingungen aufwuchsen. Ich erfuhr auch, dass Kinder in der Astralwelt einer strengen Disziplin unterworfen waren. Privilegien wie Pony-Ausritte und Pflegepatenschaften für Tiere sind durch gewissenhafte Arbeit zu verdienen; das Essen ist (außer bei Festlichkeiten) schlicht, die Mahlzeiten sind regelmäßig. Die jungen Leute sind immer von Liebe und Verständnis umgeben, diese beiden Faktoren gewährleisten die weitere Entwicklung und das Glück der jungen Menschen. Wie mir erklärt wurde, lernen sie viel rascher als junge Menschen auf der Erde, und auch ihre Interessen sind breiter gefächert. Bei späteren Besuchen erzählte ich zum Beispiel Einzelheiten aus meiner Arbeit mit Kranken und Erdgebundenen, und die jungen Leute waren von meinen Ausführungen so gefesselt und fasziniert, dass sie sogar vergaßen, ihren Tee einzunehmen. Mit Hermines Erlaubnis erzählte ich ihnen auch von meinen Besuchen an den sehr dunkeln Orten, die auf der Erde gewöhnlich als Hölle bezeichnet werden. Für „nicht besonders kindgerecht" werden Sie diese Themen jetzt wohl halten – aber dies gilt, wie ich meine, nicht weniger für die Geschichte von König Blaubart oder andere grausame Märchen.

Bei dieser ersten Gelegenheit hielt ich mich weitgehend im Hintergrund, weil ich wusste, dass alle diese Kinder – zwei irische, zwei indische, zwei arabische und zwei afrikanische – traurige Erdenleben hinter sich hatten, und fürchtete, dass meine Schwingungen sie an ihr früheres Unglück erinnern könnten. In der Zwischenzeit – sie besuchen mich etwa einmal im Monat – sind wir feste Freunde geworden, und von Hermine erfuhr ich, dass es als Privileg gilt, neben mir sitzen zu dürfen. Doch obwohl sie mich mit solch großer Begeisterung besuchen, weiß ich, dass die Elfen die Hauptattraktion sind und nicht ich.

Weihnachten
Die Kinderparty (Beobachter: Normus)

„Schon seit vielen Wochen hatten wir uns auf Weihnachten gefreut, doch als es endlich kam, war das Fest noch viel schöner, als wir zu hoffen gewagt hatten.

Alle Elfen lieben Kinder, und als Daphne uns erzählte, dass sie eine Party geben würde, waren wir sehr aufgeregt; als wir hörten, dass später noch unsere menschlichen Freunde von der Astralebene kommen würden, waren wir voll freudiger Erwartung.

Als wir ankamen, sahen wir, dass Daphne eine astrale Umgebung herabgerufen hatte, denn zuerst haben wir ihr Zimmer gar nicht wiedererkannt. Alles war bedeckt mit Blättern und Blumen, die Möbelstücke und Wände waren verborgen, und im Fenster war nicht, wie wir erwartet hatten, das kleine Bäumchen, das zu schmücken wir am vorigen Abend noch geholfen hatten, sondern ein mächtiger Baum, der bis zur Decke hinauf reichte. Daphne erzählte uns lächelnd, dass wir ein Teil der Dekoration sein würden, und so flogen wir, kletterten und halfen einander hinauf, bis wir alle auf einem Zweig oder auf einer der glitzernden Dekorationen standen oder saßen; manche hatten die Form eines Vogels, auf dessen Rücken wir thronen konnten.

Dann kamen die Kinder herein. Zu unserem Erstaunen schienen sie recht verängstigt, aber sie waren auf der Erde alle sehr schlecht behandelt worden, und die notwendige Senkung ihrer Schwingungen hatte ihnen die schlimmen Erinnerungen daran zurückgebracht. Daphne ist immer so liebevoll zu uns, dass wir uns vorgestellt hatten, sie würde mit ausgebreiteten Armen auf die Kinder zugehen, aber sie blieb in ihrem Sessel sitzen und hieß die Gäste lächelnd willkommen. Sie kamen in Begleitung einer liebevollen Dame namens Hermine und eines jungen Mädchens, das ihnen zu essen und zu trinken gab. Der große, mit Kerzen bedeckte und mit einem Weihnachtsmann geschmückte Kuchen in der Mitte des Tisches zog sie für eine Weile in seinen Bann, doch dann taten all die köstlichen essbaren Dinge das Ihre, um letzte Zweifel und Befangenheit zu zerstreuen.

Der Baum war die ganze Zeit vor ihren Blicken verborgen, doch das hinderte uns natürlich nicht daran, die Kinder zu beobachten. Dann kam der große Augenblick. Mit einem Gedanken wurde der Sichtschutz entfernt, und die Kinder waren sprachlos vor Staunen.

„Seht nur, die Lichter!", rief eines

„Und schaut doch, die Geschenke!", ein anderes.

„Und all die Ballons!", schrie ein Drittes.

Aber niemand sagte: „Seht nur, die Elfen!"

Da erkannten wir, dass sie uns nicht sehen konnten, und wir waren enttäuscht, weil wir uns so darauf gefreut hatten, mit ihnen zu spielen.

„Können die Kinder die Elfen nicht sehen?", fragte Daphne Hermine.

„Ich fürchte, nein", antwortete diese.

„Dann müssen wir sie sehen machen", sagte Daphne entschlossen, und wir wussten, das ihr das gelingen würde.

Sie beleuchtete uns, und plötzlich begann der kleine indische Junge zu tanzen und in heller Aufregung auf mich zu deuten. Er konnte vor Überwältigung nicht einmal sprechen, und irgendwie schien sein Gestikulieren den anderen die Augen zu öffnen, und schließlich konnte jedes Kind mindestens einen von uns sehen.

Als sie ihre Geschenke geöffnet hatten, kamen wir herab und spielten mit den Kindern; ich vermag nicht zu sagen, was für sie

aufregender war. Dann sagte Daphne: „Ist nun jede Elfe von jemanden gesehen worden?" Ich fürchte, wir waren von unserem eigenen
Erfolg so begeistert, dass wir den armen Herus gar nicht bemerkt
haben, der untröstlich alleine stand. Obwohl Daphne selbst nicht
sehen kann, scheint sie doch immer zu 'wissen', und sie ging geradewegs auf das kleine schwarze Mädchen zu, das offenbar recht glücklich mit seinem Spielzeug hantierte. „Schau, meine Liebe", sagte sie,
„da ist ein einsamer kleiner Elfenjunge, er ist fast ebenso schüchtern
wie du. Möchtest du nicht versuchen, ihn zu sehen?" Das Kind blickte
mit großen, ängstlichen Augen zu ihr auf, aber Daphne hatte bereits
ihre Kraft eingeschaltet, und das Mädchen tat, was es geheißen war.
Und schon begann sie zu lachen, und sie lachte, bis ihr Tränen die
Wangen hinab kullerten, und wir wussten, dass Herus eine Freundin fürs Leben gewonnen hatte."

Weihnachten 1950
(Beobachter: Ludwig)

„Es ist für uns immer ein großes Vergnügen, Daphne auf der Erde
zu besuchen, und als sie uns zu ihrem Kinderfest an Weihnachten
einlud, waren wir natürlich entzückt. Einige der anderen gestanden,
dass solche Unterhaltung kaum nach ihrem Geschmack sei, doch sie
würden um keinen Preis Daphnes Gefühle verletzen. Wie es sich
später zeigte, hätte jeder von uns sehr viel versäumt, der nicht am
Weihnachtsfest teilgenommen hätte.

Als wir eintrafen, hatten die Kinder bereits ihre Mahlzeit genossen und waren eifrig beschäftigt mit ihrem Spielzeug und mit den
Elfen. Wir wussten nicht genau, welche Rolle wir spielen sollten,
doch nachdem sie uns willkommen geheißen hatte, forderte Daph-

ne uns auf, auf dem Boden Platz zu nehmen, da nun die Dekorationen beleuchtet werden sollten. Ihr Zimmer war in eine Laube voller Blumen und Grün verwandelt worden, und sie selbst saß inmitten einer Vielzahl von Sternhyazinthen, die die Luft mit ihrem Duft erfüllten. Das Licht wurde allmählich schwächer und ging aus, nur um den Platz, wo Daphne saß, war noch ein heller Schein. Sie erschien wie von einem Nebel aus blauen Juwelen umgeben, dabei nahm sie selbst offenbar gar nicht wahr, dass hier etwas Außergewöhnliches vorging. Ein mächtiger weißer Strahl schien von oben herab und beleuchtete die ganze Szene, doch diese hatte sich verändert, denn die vier geschmückten Wände waren verschwunden, und vor unseren erstaunten Augen erschien eine vom Mondschein durchflutete Waldlichtung. Die Kinder kreischten vor Entzücken auf, als sie zahllose Kaninchenbabys sahen, die zwischen den Bäumen spielten. Eine sanfte Brise raschelte in den Blättern, die eine Botschaft der Hoffnung für die Welt zu flüstern schienen. Dann zogen die Elfen ein, und ich habe selten einen bezaubernderen Anblick gesehen. Sanft und anmutig glitten sie zwischen den Bäumen hervor und zogen Girlanden aus ätherischen Blumen und feinsten Lichtfäden hinter sich her, die funkelnden Spinnweben zu gleichen schienen. Nach einer Weile gab es ein Seufzen, die Blätter begannen zu fallen, die Kaninchenbabys kehrten in ihre Höhlen zurück und die Elfen sanken zu Boden, als wollten sie schlafen gehen; die ganze Szenerie verschwand hinter einem Vorhang aus fallendem Laub. Wir klatschten begeistert in die Hände und dachten, die Schau sei vorüber, doch es war nur ein Szenenwechsel.

Nun befanden wir uns auf einem orientalischen Markt, es gab eine Fülle von Farben ringsumher, und die Sonne verwandelte die Straßen in pures Gold. Die Aktivität der zahlreichen Käufer und Verkäufer bildete einen starken Kontrast zum friedlichen Idyll auf der Waldlichtung. Musik lag in der Luft, die unseren westlichen Ohren fremdartig anmutete, und exotische Düfte bedrängten unsere Nasen.

Blecherner Beckenschall leitete eine Serie poetischer indischer Tänze ein, bei denen jede Geste eine spirituelle Bedeutung hatte. Keiner von uns hatte sich mit diesem faszinierenden Gebiet jemals näher befasst, und doch war uns alles klar. Wir verstanden die Tragödie, die hinter dem jüngsten Kriege in jenem unglücklichen Land stand, in dem Menschen zur Verherrlichung Gottes ihre Nachbarn ermordet hatten. Das Unerwartete wurde verständlich, die Geheimnisse der Mystiker wurden einfach, und wir wussten, dass wir nun einen weiteren Schritt in die Richtung der höchsten Wahrheit unternommen hatten. Für die Kinder, denke ich, war der Tanz vor allem eine Darbietung von Schönheit und Anmut; in späteren Jahren würden sie ohne Zweifel seine wahre Bedeutung erkennen.

Die Szene löste sich in einem ansteigenden Crescendo von indischen Flötentönen auf, die in der Ferne allmählich verklangen. An ihre Stelle trat eine einzelne Note – eine Note, die damals neu für uns war, auf die wir uns inzwischen aber eingestellt haben. Es ist die Note, die immer zu einer neuen Erfahrung führt, die mantrische Note unserer Evolution. Als wir sie damals zum ersten Mal hörten, wussten wir das nicht – und wir wussten es doch. Unsere Herzen standen für einen Moment still, und ein Frieden, der mit Worten nicht zu beschreiben ist, senkte sich über uns herab. Der Ton schwoll zu einem mächtigen Solo an, und drei gewaltige, lichterfüllte Bögen kamen in unser Blickfeld; sie sahen aus, als bestünden sie aus Buntglas, wie man es in herrlichen Kirchenfenstern finden kann. Die Geschichten, die sie erzählten, waren lebendig, sie bewegten und veränderten sich ständig. Ein mächtiger Lichtstrahl leuchtete durch sie, und auf den Strahlen glitten die Elfen herab, ihren verzückten

Blick nach oben gewandt. Als sie den Boden erreichten, drehten sie sich um, und wir gewahrten durch den mittleren Bogen in der Ferne ein Licht, das alle anderen überstrahlte. Wir erhoben uns und knieten nieder, auch die Kinder. Das Licht kam näher, bis alle die Häupter neigen mussten. So verharrten wir, bis sich die überwältigende Kraft etwas abschwächte. Jetzt erst konnten wir unsere Blicke wieder heben und zusehen, wie der Strahl langsam verblasste, bis nichts mehr von ihm übrig war – das heißt nichts Sichtbares, denn wer von diesem Licht einmal berührt wurde und seine strahlende Kraft gespürt hat, der kann nicht ruhen, bis er es wieder findet."

Kapitel III

Der Elfen-Kongress

Ich bin glücklich, sagen zu können, dass meine Arbeit mit Erdgebundenen nicht auf die englischen oder überhaupt auf weiße Menschen beschränkt ist; Schwarzen, Indern, Birmesen und Arabern als Angehörigen von Rassen anderer Hautfarben durfte ich schon als Instrument zur Hilfe dienen. Sprachschwierigkeiten entstehen dabei nicht, da meine Aufgabe zurzeit darin besteht, diese vorübergehend verlorenen Seelen zu finden, die die Bereiche des Bewusstseins gewöhnlich weit hinter sich gelassen haben.

Meine Arbeit hat mich mit den Geistführern vieler Nationalitäten in Kontakt gebracht, die immer mit den Elfen reden, wenn sie ihnen vorgestellt werden. Es ist eine große Ehre für das kleine Volk, jemandem zu begegnen, der als Führer sehr weit entwickelt ist. Eines Tages, als Maroni, ein Schwarzer, bei uns gewesen war, fragte ich Normus, ob es auch schwarze Elfen gebe. Er hatte über diese Möglichkeit offenbar noch nicht nachgedacht, und so fragten wir Pater John.

„Natürlich gibt es solche", antwortete er. „Es gibt Elfen für jede Nationalität unter der Sonne. Du weißt, dass sie ihren eigenen Körper mit Gedankenkraft bilden, und so ist es nur natürlich, dass sie ihn ähnlich den Menschen schaffen, unter denen sie arbeiten."

Ich fragte ihn weiter, ob es möglich sei, die verschiedenen Rassen zusammenzubringen, etwa zu einem Kongress, an dem eine Abordnung aus jedem Lande teilnähme. Sie könnten Ideen austauschen, über ihre unterschiedlichen Arbeitsmethoden diskutieren und feststellen, wie Elfen aus anderen Ländern aussähen. Pater John gefiel diese Vorstellung, und als Normus seinen Führer fragte und dieser eine noch höhere Autorität konsultierte, wurde die Erlaubnis zur Abhaltung eines Elfen-Kongresses gegeben.

Im Laufe des folgenden Sommers fragte ich Normus mehrere Male, ob er irgendwelche Neuigkeiten zu dem Thema erhalten habe, doch seine Antwort war immer negativ. Anfang September jedoch konnte er mir mitteilen, dass der Kongress an den drei Tagen ab der Monatsmitte stattfinden solle.

Als mir die Idee zum ersten Mal in den Sinn gekommen war, hatte ich mir vorgestellt, dass zwei oder drei Elfen aus jedem Land hier zusammenkommen, sich miteinander austauschen und einige Feierlichkeiten erleben könnten, doch nun erfuhr ich, dass dreitausend Delegierte aus der ganzen Welt und verschiedenen Teilen Englands anwesend sein würden.

Zu meinem großen Kummer wusste ich natürlich, dass ich selbst nichts von allem Geschehen sehen könnte, denn eine große Vielfalt von Schwingungen pflegt das geringe Sehvermögen zu verwirren, dessen ich mich erfreuen darf. Doch Pater John erklärte sich freudig bereit, als Beobachter zu dienen. Er „übernahm" den Kongress jeden Augenblick des Tages und der Nacht. Jack und meine anderen astralen Freunde kamen sowohl am Samstag- als auch am Sonntagnachmittag, um die Veranstaltung selbst zu beobachten. Ich bat sie, alle Informationen zu sammeln, die sie aufnähmen, und sie übertrugen Ludwig die Aufgabe, ihre einzelnen Berichte zu einem Ganzen zusammenzufügen.

Der Elfen-Kongress
Beobachter: Pater John
Der erste Tag

„Ich traf kurz vor der Morgendämmerung ein und fand die Elfen in fieberhafter Erregung, da ihre Gäste mit den ersten Strahlen der Sonne ankommen sollten. Sie waren in einer für diesen Anlass etwas ungewöhnlichen Gewandung, da sie allen Besuchern ihren Respekt erweisen wollten. Da Teilnehmer vieler Nationalitäten an unserem Wochenend-Treffen teilnehmen sollten, war den Elfen klar, dass die Männer und Frauen gerade der anderen Rassen eine Vielfalt von Kleidungsarten und -stilen tragen würden, doch ich muss gestehen, dass selbst ich erstaunt war über die Unvereinbarkeit der Stücke, in die manche von ihnen sich hüllten.

Die Kongress-Kleidung

Normus trug sein gewöhnliches grünes Lederwams und Strumpf-hosen, doch anstelle seiner gefiederten Kappe den Kopfputz eines Indianerhäuptlings. Movus' dunkles Haar war gänzlich unter einem Turban verschwunden, was als großes Zugeständnis gelten muss, da er sonst stets barhäuptig ist. Nuvic trug ein Paar Sandalen und einen reich geschmückten chinesischen Kimono; Namsos steckte von Kopf bis Fuß in einem Arabergewand; Gorjus prangte in einer indischen Tunika und einem chinesischen Kuli-Hut, und Nixus trug Cow-boy-Stiefel und den kleinen schwarzen Hut eines Mandarins.

Die Mädchen zeigten sich nicht minder originell und sahen alle wunderschön aus. Ihre Augen strahlten und blitzten in der Vorfreu-de auf die Bewunderung, derer sie sich schon jetzt sicher sein konn-ten. Merellas normalerweise offen getragenes, schwarzes Haar war stramm geflochten und unter einem großen Schleiertuch verborgen – aber da hörte der spanische Einfluss auch schon wieder auf, denn Merella trug ihr gewöhnliches langes Kleid, unter dem ein Paar Holzschuhe hervorlugten. Mirillas goldene Locken waren durch einen Jaschmak[*] verborgen, und ihre blauen Augen blinzelten verlockend durch den schmalen Schlitz. Myrris' anmutige Gestalt war so geschickt enthüllt wie zugleich sittsam verhüllt durch teilweise transparente türkische Hosen. Sirilla begnügte sich damit, ihre gewöhnliche Kleidung zu tragen, die sie jedoch mit einem enormen Strandhut krönte, dessen Vorbild sie Daphne im Garten tragen gesehen hatte. Lyssis war halb Spanierin mit einem weit wehenden, tiefroten Rock und halb Negerin mit einem bunten Band, mit dem sie sich wie ein schwarzes Kindermädchen das Haar aufgebunden hatte.

Der Einzug der Delegierten

Ich gratulierte ihnen zu ihrer reizvollen Erscheinung, und schon trafen die ersten Delegierten ein. Die Intention war gewesen, dass die gastgebenden Elfen sich auf der Wiese in einer Reihe aufstellten und die Besucher als Gruppe begrüßten, aber sobald sie andere Elfenwesen sahen, die in ähnlicher Gewandung gekommen waren wie sie selbst, waren alle sorgfältig durchdachten Pläne vergessen, und sie rannten freudig lachend zu ihrem jeweiligen Gegenüber. Schon bald gab es anstelle einer mehr oder weniger zeremoniellen Begrüßung ein heilloses, aber glückliches Durcheinander. Die Elfen sprangen und kreischten, sie klopften einander auf Rücken und Schultern und sausten mit ihren neu gefundenen Freunden davon, um ihnen

---

[*] lt. Wtb. „Schleier der mohammedanischen Frauen"

ihr Zuhause, ihre Schützlinge oder Daphne zu zeigen, die noch im Bett lag und schlief, anstatt die vereinbarte Stunde im späteren Verlauf des Morgens abzuwarten.

Ich blieb auf der Wiese und tat dort mein Bestes, um die rasch nacheinander eintreffenden Gäste willkommen zu heißen. Zum Glück hatten die Verantwortlichen die Möglichkeit, dass die ursprünglichen Pläne durchkreuzt wurden, vorausgesehen, und so kam bald eine Gruppe von weiter fortgeschrittenen Elfen aus der Astralebene, und die Ordnung wurde wiederhergestellt.

Das Morgenritual

Als sich die erste Aufregung gelegt hatte, erinnerten sich die gastgebenden Elfen an ihre Pflichten, und das muntere Treiben wurde dem ursprünglich vorgesehenen Programm etwas ähnlicher. Später als vorgesehen, fand das gewöhnliche Morgenritual statt, und Elfen aus vielen Ländern trafen sich zum Gottesdienst, je nach ihren Gebräuchen. In gewissem Umfang ahmten sie die Gebetshaltung und die Gepflogenheiten der Menschen in den Ländern nach, aus denen sie kamen. Manche hatten Gebetsteppiche, andere zogen ihre Schuhe aus, wieder andere nahmen ihre Kopfbedeckung ab; manche wandten sich Richtung Mekka, andere tanzten beim Beten, aber alle waren sie aufrichtig in ihrer Danksagung für diese wundervolle Gelegenheit, ihre Nachbarn kennen zu lernen.

Es war etwas schwierig, den Bewegungen unserer eigenen Elfen zu folgen, da diese ständig ihre Farben und Kostüme wechselten. Doch ihre Schwingungen waren immer da und erkennbar, und sie verrieten mir, dass der grinsende Negerjunge in Wirklichkeit Normus war und die schlitzäugige chinesische Sirene Merella hieß.

Die Elfen-Dörfer

Als Nächstes wurden die Besucher zu den Quartieren gebracht, die für sie im Laufe der vorausgegangenen Wochen vorbereitet worden waren. Zwei ganze Dörfer waren gebaut worden, eines auf der Wiese in diesem Garten, und ein weiteres auf einem ungenutzten Bauplatz in der Nähe. Die Häuser waren wunderschön entworfen und boten jedem Besucher oder Besucherpaar einen Ruhe- und einen Ankleideraum. Es gab auch einen Gemeinschafts-Empfangsraum und einen Kraft- oder Erfrischungs-Raum.

Ein Farris wurde im größten Haus jedes Dorfes untergebracht, und jegliche Schwierigkeiten konnten ihm direkt vorgetragen werden. Die Innenraum-Elfen wohnten alle in den umgebenden Häusern, die durch die notwendigen Suiten ergänzt worden waren. Ich hatte zuvor alle Gebäude inspiziert und den Elfen bei den durch Gedanken bewerkstelligten Bauarbeiten zugesehen. Manchmal ging die Begeisterung für die große Aufgabe etwas mit ihnen durch, und so fand sich auf einem der Häuser anstelle eines Daches ein Kirchturm einschließlich Glocken aufgesetzt. Überhaupt gab es im Design der Bauten viel Abwechslung, da man die Mitwirkung von Elfen aus der Nachbarschaft gesucht hatte. Praktisch jede Art von Gebäude war hier vertreten, von der strohgedeckten Scheune bis hin zu einem streng rechtwinkligen Fabrikbau. Selbst wo man auf Vorbilder in der örtlichen Bauweise zurückgriff, gab es da einige Attraktionen, denn die Elfen sehen von Natur aus die Astralkörper von allem in ihrer Umgebung.

Im Innern der Unterkünfte verwirklichten die Elfen ihre eigenen Vorstellungen von Komfort, welche sich von euren menschlichen sehr unterscheiden. Für die Stunden der Entspannung, die sie je nach ihrem augenblicklichen Bedürfnis auch einmal kopfüber oder in der Luft schwebend verbringen, sind Licht und Farbe weitaus wichtiger als gut gefüllte Matratzen. Es gab Schreie des Entzückens, als die Delegierten ihre Quartiere gezeigt bekamen – manche hatten solchen Luxus noch nie zuvor gesehen. Du erinnerst dich, dass sie ihre Häuser ähnlich den menschlichen Behausungen in der Umgebung gestalten, und Elfen, die sonst in einem dampfenden Dschungel lebten, kannten bisher wahrscheinlich nur eine Zudecke aus Blättern, die sie vor dem tropischen Regen schützte. Sie probierten alles aus, hängten sich in ungewöhnlichen Winkeln und Stellungen und waren so überwältigt von der Herrlichkeit, dass sie kaum wussten, was sie als Nächstes tun sollten.

Als die erste Aufregung ein wenig nachließ, stellte sich heraus, dass die festgesetzte Zeit, zu der Daphne eine Ansprache vor den Delegierten halten sollte, bereits vorüber war, doch zum Glück war dieser wichtige Termin auch der Festrednerin entfallen. Erschreckt erinnerte sie sich genau in dem Augenblick ihrer Pflicht, als die Elfen eintrafen, und so verlief wieder alles nach Plan. Daphne hatte keine Ansprache vorbereitet, aber die Elfen waren sehr angetan von den schlichten Willkommensworten, die sie zu ihnen sprach. Anschließend eilten alle in die umgebende Landschaft, bis jede Pflanze untersucht, der Boden geprüft und minutiöse Vergleiche angestellt worden waren. Du kannst dir vielleicht vorstellen, mit welcher Freude arabische Elfen die Blumen begrüßten, an die sie sich aus ihrer Zeit auf der Astralebene noch wohl erinnerten. Für dich ist eine tropische Pflanze ein Quell des Entzückens, doch für jene, die täglich durch ihre Arbeit mit ihr zu tun haben, ist ein schlichtes Gänseblümchen ein faszinierendes Thema, und die Erinnerung an dieses bescheidene Pflänzchen wird noch lange als Kostbarkeit im Elfenherzen gehegt.

Nach dieser Inspektion im Freien gab es eine Phase der Ruhe, bis zum großen Ereignis des Tages, das am Nachmittag stattfinden sollte.

Die Transformation

Dieses Werk, an dem wir alle mitarbeiten, bezeichnet man als eine Transformation. Wir suchen und finden eine verlorene Seele, deren Astralkörper und physischer Körper gestorben ist, sodass für normale, astrale Augen keine sichtbare Spur zurückbleibt. Doch dass ihr eine 'tote' Person aufgrund ihrer höheren Schwingungsfrequenz nicht sehen könnt, bedeutet nicht, dass sie keinen Körper hat, den sie selbst als durchaus fest wahrnimmt. Dies gilt auch für jene, deren Schwingungsfrequenz im Laufe der Jahre so weit abgenommen hat, dass nur noch die Großen wissen, wo sie leben. Obwohl wir sie nicht sehen können, finden wir diese Leute aufgrund ihrer Schwingungen, so langsam sie auch sein mögen, und wenn wir sie erreichen, markieren wir ihren Ort und lenken Strahlen der Kraft und Liebe zu ihnen, bis ihre Schwingungen weit genug angehoben sind, dass ihr Körper für unsere Augen sichtbar wird. Bis zu dieser Stufe gelingt die Transformation im Rahmen unserer Arbeitszeit am Samstag oder Sonntag, doch es bedarf bei jenen Personen der Zuführung von weitaus mehr Kraft, bis sie zum vollen Bewusstsein zurück gelangen.

Damit auch nur der erste Teil der Transformation bewerkstelligt wird, müssen sich Hunderte von Leuten von der Astralebene zusammenschließen. Indem sie Kraft durch ihre Körper weitergeben, wird diese ausreichend vergröbert, um schließlich auf der Ebene der sehr langsam schwingenden Materie von Nutzen zu sein. An dieser Stelle ist Daphne sehr wichtig für uns, denn ihr physischer Körper schwingt langsamer als unsere astralen Körper, und die Kraft, die durch sie geleitet wird, vergröbert das Ganze. Wenn du nicht hellsichtig bist, hast du die Kraft noch nicht gesehen und kannst deshalb auch nichts von der Größe, dem Umfang und der Intensität des Lichtes wissen. Elfen können die Kraft von Natur aus sehen, denn sie zu verteilen, ist ihre Lebensaufgabe; gewöhnlich kennen sie aber nur die Menge, die sie in ihrer eigenen Gruppe gemeinsam erzeugen können. Unsere eigenen Elfen, die uns immer helfen, staunen stets von neuem über den unversiegbaren Nachschub, so sind wir gespannt zu sehen, wie er auf die Delegierten beim Kongress wirken wird.

Reaktionen der Delegierten

Als die Kraft das erste Mal eingeschaltet wurde, um die Schwingungen der 'Verlorenen', zu heben, bedeckten alle Delegierten die Augen. Unsere eigenen Elfen waren verpflichtet, dies zu tun, als sie zum ersten Mal an solchen Sitzungen teilnahmen, doch inzwischen können sie nicht nur der Kraft standhalten, sondern sogar noch ihre eigene hinzugeben. Allmählich gewöhnten sich die Besucher jedoch an die Stärke des Kraftstrahls, und einer nach dem anderen hob den Kopf und blickte ehrfurchtsvoll nach oben. Manche standen mit geöffnetem Mund, andere tanzten und gestikulierten aufgeregt, wieder andere gaben selbst etwas von ihrer Kraft dazu.

Mit vielen von ihnen sprach ich anschließend; hier folgen ein oder zwei Eindrücke, die euch interessieren könnten:

Ein Schwarzer aus Südafrika: Ich habe in meinem ganzen Leben noch nie eine derartige Menge von Kraft gesehen, und ich war froh zu wissen, dass sie genutzt werden sollte, um den Menschen zu helfen, mit denen ich arbeite. Ihr Los ist oft schwer, und zumeist sind sie erst junge Geister, deren Abstieg in die Materie sie einfach überfordert. Doch jene, die sich über ihre fast tierischen Lebensbedingungen erheben können, finden oft zu einem Glücksgefühl, das jenen Völkern unbekannt ist, die ein weniger einfaches Leben führen.

Ein amerikanischer Weißer: Die Macht, die wir heute erleben durften, unterscheidet sich beträchtlich von dem, was auf der Erde ebenso genannt wird! Der Mensch strebt immer nach Macht, um seine Nächsten zu besiegen, um seinen Besitz zu mehren oder um sie über noch mehr Menschen auszuüben. Heute hatten wir das Vorrecht, die Essenz dessen zu erleben, auf das alle diese unbedeutenden, falschen Begriffe und Vorstellungen von Macht und Kraft sich beziehen. Doch diese echte Kraft vollbrachte in ihrer reinen Ausrichtung auf ein Ziel etwas so Wunderbares, dass es die Menschen, wenn sie davon erführen, nicht glauben würden. Wenn doch jene, die danach streben, sie zu missbrauchen, verständen, welche Bedingungen sie umgeben werden, wenn ihre lächerlichen, aufgeblasenen physischen Körper einst nicht mehr sind, würden sie die Kraft vielleicht nutzen, um andere zu erbauen, statt sie niederzudrücken, um andere zu trösten, statt sie auszubeuten. In dem Glück, das sie dabei schließlich kennen lernten, würden sie den Schlüssel zu einer besseren Welt finden.

Ein chinesisches Elfenmädchen: Ich bin von der anderen Seite der Erde gekommen, und ich habe Medien in meinem Heimatland arbeiten sehen, aber ich war noch niemals vorher an dieser Art von Arbeit beteiligt, die wir heute erlebt haben. Es ist ein Jammer, dass nicht mehr Begabte ihre Kraft nutzen, um denen zu helfen, die normale Hilfe nicht mehr erreicht. In China, wo zuweilen schon Kindern beigebracht wird, ihre Nachbarn zu hassen, wenn sie nicht so denken, wie sie sollen, sterben viele in einem Chaos des Hasses und finden sich dann in Bedingungen wieder, die schlimmer sind als ihre frühere, grausame irdische Umgebung. Es ist kaum ein Wunder, dass sie auch wegen ihrer Liebe zu verbotenen Drogen so rasch und weit absinken. Bitte, bittet euren Schützling, jenen in dem Lande zu helfen, aus dem ich komme; sie wird Liebe und Dankbarkeit von allen Elfen erhalten, die auch ohne Medium versuchen, ein klein wenig die entsetzliche Not so vieler zu lindern, die sich vom Licht abgewandt haben.

Ein Inder: Meine Hoffnungen auf eine friedliche Welt, in der alle Menschen einander lieben, haben kürzlich einen fast tödlichen Schlag erlitten – eine Folge der Ereignisse in dem Land, das ich liebe und dem zu dienen ich trachte.*) Wenn der Mensch seinen besten Freund peinigen und seiner derzeitigen Inkarnation berauben will, nur weil er Gott auf eine Weise anbetet, die sich von der seinen etwas unterscheidet – wo ist dann der Fortschritt, den eines Tages zu erlangen wir alle bemüht sind? Ich verstehe, dass der Mensch sehr stolz auf das ist, was er Zivilisation nennt, aber alles, was sie der Welt gebracht zu haben scheint, ist ein verstärktes Verlangen nach materiellen Freuden. Sie ist weit davon entfernt, ihn der Wahrheit näher zu bringen, und fast alle seine innere Sehnsucht nach Verständnis scheint sie ihm ausgetrieben zu haben. Doch ich hoffe weiter, denn oft geschieht es, dass nach einem solchen Kampf die Bedingungen in Erscheinung treten, die für ein spirituelles Erwachen notwendig sind, und viele, die man verloren glaubte, waren, wie sich herausstellte, auf dem Pfade gewesen, nur mit Verspätung.

Die Versammlung, die ich heute miterlebte, hat mir neuen Mut gegeben, denn ich habe gesehen, wie die Menschen aller Nationen zusammengekommen sind, um jenen zu helfen, die nach himmlischen, wenn nicht nach irdischen Maßstäben versagt haben. Ich empfinde es als ein großes Privileg, dass mir erlaubt war, für einen solchen Zweck von meiner Kraft zu geben; ich werde das niemals vergessen. Ich werde eine unauslöschliche Erinnerung zurück nach Indien mitnehmen, die ich mit allen teilen kann, denen ich begeg-

---

*) Diese Botschaft wurde kurz nach der Teilung Indiens empfangen.

ne, damit auch ihre Herzen erhoben werden mögen mit Hoffnung
für die Zukunft der Menschheit, der zu dienen wir allezeit bestrebt
sind.

Die Wohnung

Anschließend mischten sich die Delegierten unter die Menschen-
menge, und später wurden sie durch die Wohnung geführt. Für den
beiläufigen Betrachter handelt es sich hierbei nur um ein gut einge-
richtetes Haus ohne Besonderheiten für Elfen, doch ich kann dir
versichern, dass es zahlreiche Dinge birgt, die für dich wohl unsichtbar, für die kleinen Besucher jedoch überaus wichtig sind.

Gedankenformen

Als Beispiel möge uns der Saal dienen, in dem die Hauselfen ihre
Gedankenformen hervorbringen. Für dich ist ein Gedanke vermutlich etwas, das sich in deinem Gehirn befindet, wo es entweder buchstäblich zu Tode verarbeitet wird oder fast sofort nach seiner Entste-
hung in Vergessenheit gerät. Für uns ist ein Gedanke etwas, das wir
sehen können, wenn wir dies wünschen. Zudem besitzt er mehr
oder weniger Stärke oder Schwäche, er hat Farbe und Gestalt und ist
weit davon entfernt zu verschwinden, wenn man ihn vergessen hat.
Er bleibt für alle Ewigkeit mit unserer Aura verbunden. Es mag dir
als eine etwas erschreckende Vorstellung erscheinen, dass unsere ge-
danklichen Sünden so real sind wie die physischen. Heißt es nicht
in der Bibel: „Du sollst nicht deines Nächsten Frau begehren, noch
seinen Knecht noch seine Magd noch seinen Ochsen noch seinen
Esel noch irgendetwas anderes, das sein ist?" Es heißt nicht, dass du
die Dinge nicht stehlen, sondern dass du sie auch nicht begehren

darfst. Mit anderen Worten, es ist der Gedanke, welcher falsch ist, ob er zur Tat führt oder nicht.

Deine niederen Gedanken behindern also dein Weiterkommen, doch deine Gedanken höherer, edlerer Natur – die oft in Vergessenheit geraten – helfen dir auf dem Pfade nach oben. Gerade diese glücklicheren Ideen können die Elfen gebrauchen, wenn sie jenen helfen, die in Not sind. Die guten Gedanken werden zu Mustern von großer Schönheit und Kraft zusammengefügt und verwoben und dann zu jenen geschickt, die ihrer bedürfen. Natürlich sind manche Elfen begabter beim Zusammenstellen und Erschaffen solcher Formationen als andere. Die Hauselfen sind aufgrund ihrer Stellung weiter fortgeschritten in dieser Form der Arbeit, und Ausrufe der Begeisterung und Bewunderung begrüßten die Ausstellung, die sie schon seit einigen Tagen vorbereitet hatten.

Nach all den Wundern, die sie erleben konnten, wurden die Besucher allmählich ein wenig müde, und sie schlenderten in ihre Quartiere zurück, um zu ruhen.

An diesem Abend war Vollmond – ein Termin, an dem alle Elfen besonders aktiv sind –, und so war eine große Versammlung vorgesehen, die mit einem offiziellen Empfang beginnen sollte, bei dem alle ihre zeremoniellen Gewänder tragen und streng in der Reihenfolge ihres Ranges dem Farris vorgestellt würden, der den Vorsitz hatte.

Zeremonielle Gewänder

Diese Roben sind nicht einfach mit Hilfe von Gedanken herzustellen, wie ein Ballkleid, das jede Frau auswählen und bestellen kann, die es sich leisten will. Jede Blatt- oder Blumen-Dekoration muss verdient sein, wie Orden und Ehrenzeichen auf der Erde.

Ich beobachtete, wie die Delegierten ankamen, und ich habe selten etwas Herrlicheres gesehen. Bei ähnlichen Versammlungen in meinem Evolutionszweig herrscht Ausgelassenheit, und alle haben ein Vergnügen daran, möglichst gut auszusehen; doch dieses kleine Volk war fast außer sich vor Aufregung, und die Augen funkelten und blitzten nicht weniger als ihr Schmuck.

Da es sich um einen zeremoniellen Anlass handelte, war es den Heimelfen nicht gestattet, sich in Gewänder zu hüllen und zu verkleiden, die einem anderen gehörten. Wenn bei uns Männer und Frauen zusammenkommen, um Kraft zu geben, so tragen sie nicht ihre besten Kleider, und deshalb hatten die Elfen die wunderbaren Materialien und Farben zu sehen bekommen, die die Besucher aus dem Osten bei jeder wichtigen Gelegenheit zu tragen pflegten.

Individuelle Gewänder

Von einem italienischen Elfenmädchen, das in die Epoche des Reifrocks und der juwelenbesetzten Maske zurückgekehrt war, fühlte ich mich gleich angezogen. Ihr Fächer bestand aus Federn von der Farbe einer Bougainvillea und paßte vollendet zu ihrer Maske. Im zunehmenden Gedränge verlor ich die Schöne bald aus dem Blick. Das nächste Mal leuchteten meine Augen auf angesichts eines Eskimos, dessen pelzähnliche Robe glänzte und funkelte, als wäre jedes einzelne Haar ein von Morgentau funkelnder Spinnwebfaden. Ich war so fasziniert, dass ich ihm winkte und ihn fragte, ob ich ihn berühren dürfe. Das Material schien mir so empfindlich, dass ich nach seiner bereitwilligen Aufforderung nur die Spitze meines kleinen Fingers ausstreckte. Der Eskimo lachte und strich mit der Hand über den pelzähnlichen Stoff, als streichelte er ein Tier. „Das ist meine eigene Erfindung", bemerkte er mit einem humorvollen Zwinkern. „Ich wollte etwas wirklich Besonderes. Als ich es zum ersten Mal trug, machte ich es aus Eis, und nach kurzer Zeit war ich so glatt wie ein Robbenfell. Aber durch Ausprobieren habe ich nun diese Beschaffenheit erreicht, doch ich bin noch nicht ganz zufrieden, ich will jedes einzelne Haar auch noch mit Licht füllen." Ein Freund kam und nahm ihn mit fort, und ich begann mich nach weiteren ungewöhnlichen Gewandungen umzusehen. Es dauerte nicht lange, bis ich einen Schwarzen beobachtete, dessen makellos weiße Kleidung ihn recht auffällig erscheinen ließ. Er trug nur ein Hemd, das ihm bis zu den Knien reichte, und einen weichen, weißen Filzhut. Für dich klingt das vermutlich sehr amüsant und als eher ungeeignete Bekleidung für einen offiziellen Empfang, aber für ihn war es das Eleganteste, was er je gesehen hatte. Das Hut war mit weißen Brillanten besetzt, das Hemd von feinstem Satin. Er trug auch einen enormen Brillantring, der durch seine Dimensionen bewies, dass er der Anführer einer großen Elfengruppe war. Er selbst fand seine Erscheinung wunderschön, und den anderen Elfen gefiel er ebenfalls. Er war so voller Würde und Zufriedenheit, dass er anderen viel Vergnügen bereitete. Ich hatte nicht mehr Berechtigung, seine Gewandung grotesk zu finden, als er, meine weiße Kutte und meinen geschorenen Kopf wunderlich zu nennen. An meinem Haarkranz zeigte er übrigens großes Interesse, ja er spielte mit dem Gedanken, ihn zu kopieren, doch dann entschied er, dass seine eigenen wolligen Locken für seine Frisur am besten paßten.

Nachdem er aus meinem Blickfeld verschwunden war, begnügte ich mich einige Zeit damit, die wogende Menge vor mir zu betrachten. Bei einem irdischen Empfang hätte es Leute gegeben, die auf einem Balkon über einem standen, die eine weiße Treppen hinauf stiegen und einen auf der eigenen Ebene umgaben, aber bei dieser Elfenversammlung waren sie überall, von der Erde bis hinauf zwischen den Baumwipfeln. Die Luft war von Musik erfüllt, die Farben von 3000 Roben blitzten und reflektierten kreuz und quer, und hätte ich mich nicht für diese Gelegenheit einem sehr speziellen Training unterzogen, wäre mir bestimmt schwindelig geworden, bevor der eigentliche Empfang auch nur begonnen hätte.

Ganz plötzlich hörte die Musik auf, und an ihre Stelle trat ein einzelner, flötenähnlicher Ton. Dies war das Signal, das Ordnung gebot, und trotz der fast zügellosen Aufregung wurde es augenblicklich beachtet.

Die hiesigen Elfen nahmen ihre Plätze hinter dem vorsitzenden Farris ein, und die Vorstellungen begannen. Die Delegierten traten entsprechend ihrem Rang in Gruppen vor, und wenn sie sich auf den Farris zu bewegten, bildeten sie symbolische Muster, die ihrer Freude Ausdruck verliehen über diese Ehre, die ihnen zuteil wurde.

Pünktlich und schnell wie ein Blitz war der Empfang vorüber, denn Tun und Denken der Elfen lassen sich nicht nach Stunden messen. Doch in diesem kurzen Moment hatte der Farris eine formelle Ansprache gehalten, in der er die Delegierten willkommen hieß. Jede Gruppe hatte darauf geantwortet, und jedes einzelne Mitglied wurde gewürdigt, sein Rang zur Kenntnis genommen, und zahllose Schwingungen der Wertschätzung sowie Botschaften, die engere Kontakte befürworteten, wurden blitzartig ausgetauscht.

Der Tanz

Nun wurde die Party zwangloser, Musik ertönte von neuem, und da Elfen bei jeder sich bietenden Gelegenheit zu tanzen beginnen, gab es da bald ein Wirbeln, Springen, Hüpfen und Rotieren, und die Fülle rasch wechselnder Farben bewegte sich mit zunehmender Geschwindigkeit von einem Ende unseres Territoriums zum anderen. Wenige der ernster gestimmten Delegierten zogen sich zu den Appartements zurück, die für die Abhaltung eines Kongresses im Kongress bereitstanden. Zu meiner großen Überraschung waren die meisten der Hauselfen unter ihnen, und mit großer Freude bemerkte ich, dass ihre Liebe zur Arbeit nun offenbar an erster Stelle stand, sogar noch vor ihrer mächtigen Leidenschaft für Lustbarkeiten und das Austauschen von Kraft.

Der Kongress im Kongress

Viele Projekte und Themen wurden diskutiert, das allerwichtigste war die Notwendigkeit einer gemeinsamen Anstrengung zur Bewahrung des Friedens. Es mag dich überraschen, wenn du nun hörst, dass Elfen, die man im Allgemeinen als ein sorgloses kleines Völkchen betrachtet, das seine Zeit damit verbringt, im Mondschein zu tanzen und vor dem Kamin zu schlafen, sich über etwas sorgt, das, wie man sich vorstellen könnte, sie gar nicht berühren sollte. Doch diese Annahme ist weit gefehlt, wie du bereits an den Worten der indischen und chinesischen Elfen erkannt haben wirst. Die Elfen empfinden eine tiefe Sorge um das Wohl der Völker des Landes, in dem sie leben, und vom Krieg herrührende Schwingungen der Angst und des Hasses können eine Elfe ebenso verletzen wie den Menschen, den sie treffen.

Es wurde auch allgemein bemerkt, dass Elfen auf der Erde mehr Kraft entwickeln könnten. Gewöhnlich sind sie damit zufrieden, wenn sie genügend Kraft haben, um sie ihren Schützlingen zu geben, doch nun wurde übereinstimmend festgestellt, dass es die feierliche Pflicht eines jeden ist, so viel Kraft wie möglich zu entwickeln, damit der Überschuss eingesetzt werden könnte, um den Frieden zu unterstützen, Kranke zu heilen und Notleidende zu trösten.

Als Nächstes sprach man über das Thema Heilen. Man stimmte

mit Bedauern darin überein, dass nicht annähernd genug Elfen Interesse für dieses Werk des Mitgefühls zeigen. „Wenn die Medien nur von unserer Präsenz wüssten und unsere Bemühungen mit Liebe begrüßten, wäre dies vielleicht für manche ein Anreiz, ihre Kraft zu geben", schlug jemand vor.

„Man sollte nicht für Lohn arbeiten", sagte ein Delegierter, der bereits auf das Ende seiner Erdenzeit zuging.

„Es ist schwierig, den Jungen verständlich zu machen, dass Dienen völlig selbstlos geschehen sollte."

„Gewiss wäre doch ein wenig Liebe nicht zu viel verlangt?", meinte ein Dritter.

„Aber wie können die Menschen uns lieben, wenn sie nicht einmal wissen, dass wir da sind?"

„Sie werden es erfahren", sagte Normus bestimmt.

Alle Blicke richteten sich auf ihn. „Wie kannst du das sagen, nachdem wir seit Jahrhunderten von allen bis auf wenige Ausnahmen ignoriert worden sind?"

„Wir haben einen Fürsprecher", erklärte Normus. „Eine überaus wichtige Persönlichkeit. Wir haben ihn kennen gelernt, und seine Liebe zu uns ist stark."

„Er hat mit dir gesprochen und dir gesagt, was er tun würde?"

„Er versuchte es, aber wir konnten es nicht hören." Erwartungsvolle Mienen wichen enttäuschten Gesichtern. Normus konnte natürlich der Versuchung nicht widerstehen, die Situation zu dramatisieren. Er genoss die Aufmerksamkeit und war entschlossen, die Hoffnungen seiner Zuhörer zu wecken und zu zerschlagen, um sie wieder von neuem zu beleben.

„Aber das ist noch nicht alles", sagte er. „Daphne fungierte als Dolmetscherin. Sie schreibt ein Buch über uns, welches zum ersten Mal unsere Arbeit darstellen wird, auch unseren Wunsch, dem Menschen zu helfen, und die Tatsache, dass wir viel mehr tun könnten, wenn man uns nur ein wenig Verständnis entgegenbrächte."

Diese Neuigkeiten wurden mit großer Erregung aufgenommen. Wer war jener Mann? Könnten sie ihn kennen lernen? Es gab so viele Dinge, die er erfahren müsste.

Normus schüttelte den Kopf. „Seine irdischen Angelegenheiten halten ihn sehr beschäftigt; nur bei seltenen Gelegenheiten kann er sich frei machen und kommen, um uns zu besuchen."

„Könnten wir ihm eine Botschaft senden?", schlug eine höher entwickelte Elfe vor. Diese Idee wurde stürmisch begrüßt, und viele Gedankenformen wurden gebildet, vernichtet, wieder geformt, verknüpft und schließlich verabschiedet. Hier ist der Text der Gedankenbilder, aus denen der Appell bestand:

„Mächtiger Krieger. Wir öffnen dir unsere Herzen voll des Dankes für die Liebe und das Interesse, derer du uns in deiner Großzügigkeit für würdig erachtet hast. Wir bedauern zutiefst, dass wir außerstande sind, uns bescheiden grüßend vor dir zu verneigen, doch dieses Glück ist uns gegenwärtig nicht beschieden. Wir möchten dir deshalb unser feierliches Gelöbnis übermitteln, dass wir uns fortan bemühen werden – indem wir unsere Schwingungen senken und jene lieben, in deren Nähe wir arbeiten –, alles in unserer Macht Stehende zu tun, um die Kommunikation zwischen den beiden Evolutionszweigen einfacher zu gestalten, als sie bis dato gewesen ist. Es mag sein, dass wir in unserer Haltung bisher selbstsüchtig gewesen sind – dass wir uns nicht genug angestrengt haben, die Kluft zu überbrücken, die fast unüberwindlich erschien –, doch nun, da wir wissen, dass ihr Abgrund nur eine Illusion ist, die im Laufe der Jahrhunderte von Menschen und Elfen gleichermaßen genährt wurde, ist unser brennendes Verlangen, dass der Mensch erfährt, dass wir ihm in jedem Werk der Barmherzigkeit zur Seite stehen, für das er sich einsetzt.

Wir wünschten, wir könnten dir persönlich Dank sagen für die große Tapferkeit, mit der du der Welt von unserer Existenz Kunde gegeben hast. Es erscheint uns befremdlich, dass Mut notwendig sein sollte, um etwas auszusagen, das für uns recht offensichtlich ist, aber von Daphne wurde uns durch Vermittlung von Normus erklärt, dass jene, die offen aussprechen, dass wir existieren, für geisteskrank gehalten werden. Dies ist für uns um so befremdlicher, als wir wissen, dass Kinder uns oft sehen können, gelegentlich auch Erwachsene. Woher kommt also die Geheimniskrämerei? Wir haben nichts, dessen wir uns zu schämen brauchen, denn wir leben und wirken, um dem Menschen zu helfen, gleichgültig ob wir Natur- oder Hauselfen sind, als Heiler tätig oder mit Aufgaben betraut werden, von denen er nichts weiß. Wir möchten dich bitten, uns zu helfen, euch zu helfen, denn wenn der Mensch von unseren Aktivitäten für ihn weiß, erleichtert sein Gewahrsein uns die Aufgabe, schenkt unseren Herzen Freude und festigt in uns das Verlangen, ihm weiter zu dienen.

Wir grüßen dich, großer und freundlicher Herr. Unsere Gebete mit überaus aufrichtigen Bitten um dein Glück senden wir himmelwärts. Wir wissen, dass jetzt schon viel Segen über dich kommt von jenen, denen du in ihrem Kummer geholfen hast; so wollen wir nun den Segen unserer großen Devas für dich erbitten, die allezeit wachen, selbst über jene jungen Geister, die wir selbst sind. Auch wenn unsere Kraft nicht stark ist, hoffen wir, dass unsere überaus aufrichtigen Wünsche für dein Wohlbefinden den allerschönsten Segen über dein Haupt rufen mögen, den unsere Evolution zu gewähren imstande ist."

Dann endete das Treffen mit dem Beschluss, dass es die Pflicht der höher entwickelten Delegierten sei, im Geiste der geringeren Mitglieder der Gemeinschaft die Tatsache zu verankern, dass die vornehmliche Funktion des Kongresses darin bestand, den guten Willen zwischen allen Elfen, zwischen Menschen und Elfen und zwischen Elfen und den anderen Evolutionszweigen zu fördern.

Die beteiligten Elfen mischten sich unter die übrige Festgesellschaft; manche schlossen sich für kurze Zeit dem Tanze an, während andere begannen, erregte Teilnehmer aus Streitigkeiten zu locken, um mit ihnen über ernstere Angelegenheiten zu sprechen. Manche hörten ihnen eifrig zu, sobald sie außerhalb der Aura des Kraftbereiches waren, doch andere, stellte ich fest, waren nur mit einem Bruchteil ihrer Aufmerksamkeit dabei, während sich die Übrigen danach sehnten, in die Ausgelassenheit des Tanzes zurückzukehren. Ich mache ihnen dies nicht zum Vorwurf. Sie hatten in ihrem jungen Leben vermutlich noch niemals eine derart stark konzentrierte Kraft erlebt. Die Ermahnungen, sich zu bemühen, die eigene Kraft zu entfalten, müssen ihnen als überflüssiger Ratschlag erschienen sein – denn waren sie nicht bereits die kraftvollsten Elfenwesen, die man je erlebt hatte? (Das ist die Wirkung dieser mystischen Kraft, wenn sie in geringfügig zu großen Mengen aufgenommen wird.) Doch obwohl manchen der Teilnehmer zuweilen nahe gelegt wurde, sich zurückzuhalten, traten stets andere an ihre Stelle, und der Tanz ging weiter als eine wilde, ausgelassen heitere, ununterbrochene Bewegung; so erschien er mir jedenfalls, als ich in einer Ecke des Gartens saß und zusah. Gewöhnlich folgen die Elfentänze einem Muster, aber dieser Tanz war längst außer Kontrolle geraten, und es zählte nur noch, dass jedes beteiligte Elfenwesen bei möglichst schnellem Tempo in Bewegung blieb und eine möglichst große Distanz zurücklegte, bevor es sich zu einer kurzen Ruhepause zurückzog;

selbst während dieser Unterbrechungen gaben und nahmen sie einander Kraft, fast ohne Atem zu holen.

Die Wirkung der Kraft

Für einen Uneingeweihten mag dies wie die Schilderung einer Orgie klingen, doch ich kann euch versichern, dass dies bei weitem nicht so ist. Kraft zu geben und zu empfangen, ist ein wunderschönes Erlebnis und immer mit Spiritualität verbunden. Sogar – und gerade – da, wo die Erregung groß ist, bleibt doch immer das Verlangen, höher und immer höher zu streben. Je mehr Kraft aufgenommen wird, desto klüger werden sowohl Gebende als auch Empfangende, und aufgrund dieser größeren Weisheit wissen beide Seiten, dass sie ersetzen müssen, was sie angenommen haben, und deshalb wird die Kraft auch wieder abgegeben.

Die Kraft im Einsatz

Die besondere Gelegenheit hierzu war die Vollmondnacht, in der die Erde und alles, was in ihr wächst, mit neuer Kraft gefüllt wird. Jedes der anwesenden Elfenwesen war fest entschlossen, zur mächtigsten Kraftkonzentration beizutragen, die man je gesehen hatte – und selbst wenn sie dieses ehrgeizige Ziel nicht erreichten, brachten sie angesichts ihrer eigenen Größe doch zweifellos ein gewaltiges Maß an Kraft hervor.

Es schlug Mitternacht, der Tanz hörte auf und die Elfen geleiteten die Kraftkonzentration zu Tausenden. Abgesehen von der Tatsache, dass sie nun arbeiteten, waren kaum Veränderungen in ihren äußeren Tätigkeiten festzustellen, außer dass keiner von ihnen den Bereich der Kraftkonzentration betrat; Bewegungen und Kraftabgabe wurden von außerhalb fortgesetzt. Auf diese Weise wurde die Kraftsammlung ständig weiter vergrößert, während Strahlen aus ihrem Inneren in alle Richtungen ausgingen und ihre energiespendenden Missionen erfüllten. Ich folgte ihnen unmittelbar, gab dabei auch von meiner Kraft dazu, und kann ehrlich sagen, dass ich nicht glaube, dass irgendeine Pflanze oder ein Baum übersehen wurde oder zu kurz kam. Die Kraftstrahlen gingen nicht nur, wie gewöhnlich, einfach vom einen Ende des Territoriums zum anderen und wieder zurück, vielmehr wurde die Kraftkonzentration in dieser Nacht über eine Stunde aufrechterhalten, und es ergossen sich zahllose Strahlen in alle Richtungen. Am Ende war alles aufgebraucht, und die Elfen zogen sich zur Ruhe in ihre Quartiere zurück. Auch ich hatte eine Ruhezeit nötig und kehrte auf die Astralebene zurück, um einige Stunden zu schlafen.

Der zweite Tag

Mit der Morgendämmerung war ich wieder auf meinem Posten, ja es war kurz vor den ersten Anzeichen der aufgehenden Sonne, als ich herabstieg und die Elfendörfer noch in tiefem Schlummer vorfand. Aber es dauerte nicht lange, bis die ersten Finger des rosa Morgenlichtes zu den Fenstern hinein krochen und augenblickliche Reaktionen auslösten. Die Straßen füllten sich mit kleinen Gestalten, und die Aktivität des zweiten Tages begann. Das Ritual fand zur korrekten Zeit statt, und erneut sah ich dreitausend Köpfe, die sich dem Himmel zuwandten, und danach dreitausend Verbeugungen beim Empfangen des himmlischen Segens.

Obwohl die Elfen am Tag zuvor bereits alles besichtigt hatten, äußerten sie den Wunsch, alles noch einmal betrachten zu dürfen. Die Häuser der Heimelfen waren zur Besichtigung geöffnet, und den verschiedenen Schätzen, die sie bargen, wurde großes Interesse entgegengebracht. Da sie jedoch in einem späteren Teil dieses Buches noch beschrieben werden, möchte ich euch jetzt nichts darüber sagen. Alle Elfen zeigten ein lebhaftes Interesse an ihren Wohnstätten, sie machten viele Notizen und fertigten Zeichnungen an, um später darauf zurückzukommen.

Am Vormittag fand eine große religiöse Versammlung statt, zu der viele Elfen aus der Nachbarschaft eingeladen wurden. Ein Farris von der Astralebene sprach zu den Besuchern, und ein Vortrag über das Heilen folgte.

Am Nachmittag stand eine weitere 'Transformation' auf dem Programm, danach hatten die Elfen Zeit für eigene Pläne und Ideen. Die weniger hoch Entwickelten unter ihnen machten Spiele, lachten, sangen und genossen die Gesellschaft ihrer Nachbarn. Die Ernsteren bildeten kleine Gesprächsgruppen, trugen Ideen zusammen und begannen einen Plan auszuarbeiten, mit dessen Hilfe Kraft und Zeit gespart werden sollten. Bis zum Tage dieses Kongresses war vielen Elfen noch gar nicht klar, dass überhaupt eine Notwendigkeit bestand, ihre Kraft zu entfalten, und da sich Elfen in so mancher Hinsicht recht menschlich verhielten, begann erst die Wiederholung jener Tatsache eine Wirkung zu zeigen und in ihnen ein Interesse an möglichen Wegen und Mitteln zu wecken.

Die Gruppenmeditation

Welchen Vorteil es hat, mehr Kraft zur Verfügung zu haben, als für die Arbeit notwendig ist, zeigte sich am Abend, als alle an einer Gruppenmeditation teilnahmen.

Es gibt zahlreiche Methoden der Meditation; die meisten bedürfen vieler Jahre der Übung, bevor sie einem irgendeine Befriedigung bringen. Ständig kämpft man gegen unkontrollierte Gedanken an, und in der ersten Zeit gewinnt das eigensinnige, unberechenbare, selbstständige Denken jedes Mal die Oberhand.

Eine Meditationsmethode: Elfen und Menschen, die sich mit verschiedenen Wegen befasst haben, Kontakt mit ihrem höheren Selbst aufzunehmen (denn das ist, kurz gefasst, das Hauptziel der Meditation), folgen gewöhnlich der einfachen Technik, ihre Gedanken auf eine möglichst hohe Ebene zu heben und ihnen dann zu folgen. Solange man noch in einem physischen Körper lebt, muss man zuerst lernen, seinen Astralkörper aus der grobstofflichen Hülle zu ziehen, damit dies gelingt. Elfen haben diese zusätzliche Erschwernis natürlich nicht, deshalb können sie eine Sphäre erreichen, die so hoch ist, wie ihr Geist sich aufzuschwingen vermag.

Spirituelles Licht

Licht ist der ursächliche Faktor für jede Veränderung in allen Wesenheiten und in allen existierenden Dingen. Ich meine damit nicht solches Licht, das man nach Belieben ein- und ausschalten kann, sondern geistiges Licht, zu dem wir alle streben, obwohl sich viele dessen gar nicht bewusst sind. Licht ist eine Lebensnotwendigkeit, und deshalb müssen wir es haben, denn ohne Licht würden wir unter die Heerscharen der Verlorenen sinken, die in der Aura des Bösen wohnen – denn von Leben kann hier nicht mehr die Rede sein. Alle, die diese Worte lesen, haben vor Millionen von Jahren dort gewohnt, denn es ist ein Zustand, durch den alle (bis auf wenige der ganz Großen) gehen müssen. Es ist eine Phase der Pein, die unser derzeitiger Geist zum Glück nicht mehr erreichen kann, und es ist eine Zeit der Abhärtung: Wie sogar Stahl durch die heißesten Feuer gehen muss, bevor er geformt werden kann, so müssen auch wir leiden, um auf eine bessere, edlere Weise stark und glänzend zu werden.

Dieses Licht zu finden, danach streben alle Meditierenden, und auf den Anfangsstufen wählt der Suchende oft ein Symbol des Lichtes aus seiner erfahrbaren Umwelt, zum Beispiel einen Stern oder die Sonne, um seine Gedanken darauf zu richten. Später denkt er vielleicht an Qualitäten, die er zwar benennen, aber zeit seines Erdenlebens nicht sehen kann, wie etwa Liebe, Christus oder Heiligkeit. Ich sage damit nicht, dass man auf diese Weise zu den Bereichen gelangt, wo die Quelle der Liebe, der Christus-Geist und das Ganzsein oder Einssein-mit-dem-Vater sind, doch sollte man stets nach dem höchsten Punkt innerhalb seines begrenzten Bewusstseins streben, denn so nähert man sich einem feineren Aspekt als dem, den man bereits kennt.

Während der Gruppenmeditation wurden alle an den gleichen Ort versetzt, doch zahlreich und unterschiedlich waren die Schilderungen, die ich später darüber erhalten habe. Alle stimmten darin überein, dass die Szenerie schöner war als jede, die sie je zuvor gesehen hatten. Doch während die weniger hoch entwickelten Delegierten nur den Astralkörper der Bäume, der Berge und des Himmels gesehen hatten, konnten andere deren mentalen und einen oder zwei ihrer Erfahrungskörper wahrnehmen. Was sie schauten, hing davon ab, ob das einzelne Elfenwesen mental nur mit seinem astralen Sinn verbunden war oder ob es bereits die höhere Funktionsstufe erreicht hatte und zum Bewusstsein der dritten oder vierten Ebene fähig war. Dies mag für jene sehr kompliziert klingen, die sich mit der Thematik noch nicht eingehend befasst haben, deshalb werde ich dir die Fakten so einfach erklären, wie ich kann.

Die sieben Selbste

Jede Wesenheit – ob Mensch, Elfenwesen oder Angehöriger eines anderen Evolutionszweiges – hat sieben separate Selbste. Das siebte, sechste und fünfte Selbst sind zu hoch entwickelt, um mit jenen auf der Erde zu kommunizieren, deshalb wissen wir nur wenig über sie.

Das vierte Selbst hat die Stufe erreicht, auf der es fast ausschließlich durch Gedanken arbeiten kann.

Das dritte Selbst arbeitet teils durch Denken und teils mit seinem Körper, den jene wahrnehmen können, denen zu helfen es sich bemüht.

Auf der astralen Ebene arbeiten wir mit unserem Körper und beginnen, die Kraft des Denkens zu lernen.

Auf der Erde arbeitet ihr fast gänzlich mit eurem Körper und Gehirn, dabei bemühen sich nur wenige, einen Kontakt mit ihrem höheren Selbst herzustellen. Jene, denen dies gelingt, gelten als inspiriert. Euer physischer Geist, dessen sich die meisten von euch allein bewusst sind, weiß in der Regel nichts von den höheren Körpern und Entsprechungen, aber eure anderen Geistanteile sind sich des Tuns und Denkens jedes unter ihnen lebenden Selbstes durchaus bewusst. Mit anderen Worten: Euer höchstes Selbst weiß vom Tun und Denken aller niederen Selbste, die es zu kontrollieren bestrebt ist. Das sechste Selbst ist zuweilen in Kontakt mit dem siebten, ständig jedoch mit dem fünften, vierten usw. Wenn ihr eine mentale Verbindung zu irgendeinem eurer höheren Selbste aufnehmen könnt, öffnet ihr euren Geist für Bereiche des Wissens, die durchaus jenseits des Fassungsvermögens eures physischen Gehirns unter alltäglichen Bedingungen liegen.

Die vierte Ebene – Erfahrungsbewusstsein

In jener Elfenschar waren nur einige wenige zum bewussten Handeln in und mit ihren Erfahrungskörpern in der Lage, doch diese Fähigkeit ermöglichte ihnen, Kontakt mit dem Erfahrungsbewusstsein der vierten Ebene anderer anwesender Elfen aufzunehmen und hier die bestehenden Probleme des Kongresses mit ihnen zu diskutieren, während die niederen Aspekte der nämlichen Elfen kaum gewahrten, dass überhaupt eine Kommunikation stattfand. Als sie über Antworten auf bestimmte Probleme informiert wurden, die sie selbst geliefert hatten, vermochten sie dies nicht zu glauben und trauten ihrer eigenen unbewussten Weisheit nicht.

Das Ergebnis

Auf dem Wege und dank der Möglichkeiten der Massenmeditation wurden Entscheidungen erreicht und Pläne gemacht, die die mentale Kapazität der beteiligten Elfen unter normalen Bedingungen bei weitem überstiegen. Dies ist der eigentliche Grund zu aller Meditation –Wissen aufzunehmen, das normalerweise nicht zugänglich ist. Solches Verständnis geht oft mit spiritueller Ekstase und sichtbarer Schönheit einher, doch nach Wahrheit zu streben, ist das höchste Ziel unserer Zeiten der Stille, in denen wir ein Bewusstsein zu erlangen suchen, das über unsere gewöhnliche Kapazität hinausreicht.

Da jeder, der so meditiert, in Trance geht, verließ ich das kleine

Volk, nachdem ich es auf den höheren Bewusstseinsebenen gesehen hatte, und zog mich zur Ruhe zurück.

Die Erkenntnisse des Kongresses

Am Nachmittag des dritten Tages sollte es eine gemeinsame Konferenz der Natur- und der Hauselfen geben, bei der die Erkenntnisse des Kongresses insgesamt festgestellt werden sollten. Ich hatte mich voll Interesse auf dieses Ereignis gefreut, um festzustellen, ob etwas Greifbareres als die Begeisterung und guten Absichten als Frucht der verschiedenen Zusammenkünfte zu nennen wäre.

Ein Farris war anwesend, doch anscheinend nur um diesem Programmpunkt Glanz zu verleihen, da die Elfen ihre Ideale selbst formulieren und abstimmen sowie Arrangements für die künftige Zusammenarbeit treffen sollten, wenn sie dies für wünschenswert hielten.

Mit Freude nahm ich zur Kenntnis, dass zwar der ursprüngliche Enthusiasmus noch spürbar, inzwischen aber so etwas wie Kontrolle entstanden war, die die etwas chaotischen Zustände der ersten paar Stunden in geordnetere Bahnen lenkte.

Hilfe für die Erdgebundenen

Der herausragende Zug war das fast einmütige Verlangen, den Erdgebundenen zu helfen. Die Erlebnisse, die ihnen von unseren astralen Freunden geschildert worden waren, hatten ihre Herzen tiefer als irgendein anderer Aspekt des Kongresses berührt. Die Elfen waren sowohl von Scheu ergriffen als auch von den zwei Transformationen fasziniert; aus diesen hatten sie gelernt, dass Hoffnung niemals vergeblich zu sein braucht. Sie hatten eigene Pläne geschmiedet, wie sie jenen Leuten helfen könnten, und ich war froh, dass sie alle darin übereinstimmten, um die Hilfe eines menschlichen Mediums von der Astralebene zu bitten, wenn kein Vermittler von der Erde zur Verfügung stand. Den Elfen war klar, dass sie die Arbeit in Angriff nehmen mussten, wenn möglich bereits im Augenblick des Todes, um ihre Kräfte zum Tragen zu bringen und versuchen zu können, die Person daran zu hindern, tiefer zu sinken als auf die Stufe, zu der sie sich durch ihre Sünden auf Erden selbst verdammt hatte. Ihre Aufgabe wird schwer sein, denn sie können die Erdgebundenen nicht (wie wir) mit Worten erreichen. Ihre Gedanken und ihre Liebe werden die einzigen Mittel sein, doch ich zweifle nicht daran, dass sie Erfolg haben werden, wenn ihre Entschlossenheit so stark bleibt wie während des Kongresses.

Alle waren sich einig, dass mehr Kraft benötigt wurde, und sie waren fest entschlossen, die Hallen des Lernens aufzusuchen und durch bewussten Einsatz ihres Willens künftig mindestens fünfzig Prozent mehr Kraft hervorzubringen.

Heilen

Die Stadtbewohner unter den Elfen sollten Heiler aufsuchen und jenen ihre Dienste anbieten, die für die Operationen zuständig waren. Wenn sie angenommen werden, lernen sie von ihnen die Grundlagen des Heilens und die Technik, die notwendig ist, um den verschiedenen Strahlen – anstatt nur der reinen Kraft – zu ermöglichen, durch sie zu fließen.

Die fortgeschrittenen Mitglieder wiesen die jüngeren darauf hin, dass dies voraussetzte, dass sie weniger Zeit mit Spielen verbrachten.

Normus spricht aus seiner Erfahrung

Dann sprach Normus, und er teilte ihnen mit, dass dies nur für die ersten wenigen Monate notwendig wäre: Seine Elfengruppe hatte festgestellt, dass ihre Kraft in einem solchen Maße zunahm, dass nicht nur reichlich davon für die neuen wie für ihre herkömmlichen Aufgaben zur Verfügung stand, sondern dass sie für Letztere nun weniger Mühe aufwenden mussten und somit mehr Zeit hatten, ihren eigenen Plänen zu folgen.

Ich bemerkte, dass viele kleine Gesichter aufleuchteten. Es ist leicht, sich danach zu sehnen, große Taten des Mitgefühles zu vollbringen, doch der Augen Glanz wird etwas trüber, wenn kostbare Zeiten der Ruhe und Entspannung davon bedroht werden. Ich habe jedoch keinen Zweifel, dass die meisten von ihnen, wenn es notwendig geworden wäre, ihre Freizeit geopfert hätten für das befriedigende Wissen, den eigenen Einsatz im Dienst zu steigern. In vielen kleinen Herzen ist ein Funke entzündet worden, der nicht einfach wieder verlöschen wird. Von Zeit zu Zeit mag sein Licht schwanken oder flackern, und wenn die Schwingungen derer, die weiter fortgeschritten sind als sie, wieder abgezogen sind, mag es sogar schwächer werden. Nachdem sich manche wohl nur für ihre unmittelbaren Schützlinge und das Wohlbefinden ihrer eigenen kleinen Gruppe interessiert hatten, dürfte es keine Übertreibung sein, wenn ich sage, dass nun alle einen Eindruck gewonnen hatten von der enormen Bandbreite an Betätigungsfeldern für ihre unterschiedlichen Talente. Wo zuvor nur eine begrenzte Sicht vorherrschte, hatten sich nun neue, weite Horizonte aufgetan, und ungenutzte, schlummernde, unbewusste Möglichkeiten und Talente waren ans Licht gekommen.

Verschiedene weitere Themen wurden noch diskutiert, und man gelangte zu überraschend vernünftigen Erkenntnissen. Viele erzählten mir später, dass sie im Laufe dieser drei Tage mehr gewachsen seien als in den zwanzig Jahren davor.

Der Abschiedsempfang

An diesem, dem letzten Abend, war ein weiterer Empfang vorgesehen, eine Veranstaltung mit Musik, Tanz und vollständige Bewegungs- und Gesprächsfreiheit. Wer daran nicht teilzunehmen wünschte, brauchte nicht aus Gründen der Höflichkeit zu kommen; es war ausdrücklich erwünscht, dass sich jeder nach Belieben vergnügte.

Ich sah zu, wie die Elfen am Versammlungsort ankamen, und bemerkte eine neue Würde, die sie umgab; sie waren ruhiger, weniger aufgeregt, aber an die Stelle dessen, was sie an Überschwänglichkeit vielleicht verloren hatten, war das innere Glück getreten, das sie im Bewusstsein ihrer neu gefundenen Verantwortlichkeiten erfüllte.

Du magst es fast bedauern, dass sie gar ihre sorglose Haltung verloren hätten, doch dies zu glauben, wäre weit gefehlt. Wir nehmen nichts, was nicht frohen Herzens gegeben ist, und wenn wir es tun, wird es dem Geber hundertfältig vergolten durch die Vertiefung seines Gewahrseins von allem, was um ihn herum vorgeht.

An dieser Stelle werden wir sie nun verlassen, denn jedes Lebewohl ist etwas Trauriges. Ihre kleinen Herzen waren erfüllt von großen Hoffnungen für die Zukunft der Menschen und für all jene, die ihr zu dienen suchten. Doch auch den Elfen sollte gedient werden; vergesst das nicht. Dienen ist ein Geben und Empfangen, das ist ein universelles Gesetz. Solange wir diese ewige Wahrheit nicht verstehen, werden wir nicht viel weiter gelangen."

Der Kongress
Beobachter: Ludwig
Samstag

Wir waren alle voller Vorfreude auf unsere Tee-Party, die am Wochenende des Elfen-Kongresses in Daphnes Garten stattfinden sollte. Und wir wurden nicht enttäuscht, denn selten hat sich meinen Blicken ein herrlicheres Bild geboten als bei unserer Ankunft. Die Wiese war zum Standort eines ganzen Dorfes geworden, dessen Straßen von gestikulierenden Menschen im Kleinformat gefüllt waren, die in Gruppen herumstanden und anscheinend die Angelegenheiten ihrer jeweiligen Nationen regelten.

Die Luft schwirrte von Gedankenformen, die nicht immer ganz der Wahrheit entsprachen, wenn man zum Beispiel die gewaltige Größe der Blumen betrachtete, die einer der Besucher, wie er seinem Publikum versicherte, in seinem Dschungelgarten persönlich gezogen hatte. Mir ist bewusst, dass Tropenpflanzen enorme Dimensionen annehmen können, aber jenes Exemplar war angeblich so hoch wie Daphnes Haus, dessen Außenwand der Gärtner als Hintergrund hernahm. Einen weiteren Anlass zum Zweifeln hatten wir angesichts des Gedankenbildes von einem Menschenaffen, den ein anderer Besucher als seinen Freund pries, und der jener Blume an Größe nicht nachstand. Man hätte gedacht, dass eine Elfen-Übertreibung in ihren Proportionen doch der Größe ihres Urhebers entspräche, doch dies trifft offensichtlich überhaupt nicht zu.

Während wir unseren Tee tranken, genossen wir es, einfach die farbenprächtige Menge zu betrachten, die sich aufteilte und immer wieder neu gruppierte. Zuerst schienen die Elfen unsere Anwesenheit nicht wahrzunehmen, und wir fragten uns, ob wir vielleicht gar nicht zu ihnen sprechen könnten, da wir uns nicht stundenlang darauf konzentriert hatten, die Einstimmung auf diese besonderen kleinen Leute zu lernen und zu üben. Doch wir mussten uns keine Sorgen machen, denn sobald unsere Freunde eintrafen, schien ein unsichtbarer Vorhang zu verschwinden, der uns vorher umgeben hatte – und wir wurden für die erstaunten Blicke der Menge sichtbar.

Normus klatschte gebieterisch in die Hände. Obwohl dabei für unsere Ohren natürlich keinen Geräusch entstand, muss es eine entsprechende Schwingung gegeben haben, denn die Elfen folgten ihm, als er in der Runde flog und sich auf dem Kopf eines jeden von uns niederließ, um uns der rasch wachsenden Menge vorzustellen. Die Elfen standen überall auf dem Tisch, sie flogen um unsere Gesichter, um einen besseren Blick zu erhaschen, und sie kletterten unsere Beine herauf, um strategisch günstige Positionen für spätere Gelegenheiten zu ergattern. Normus teilte ihnen nicht nur unsere Namen mit, sondern auch gleich das meiste aus unserer Vergangenheit und Gegenwart. Normus ließ sich von seiner Begeisterung und Eloquenz so beflügeln, dass wir uns nur wunderten, dass er versäumte, auch unsere Zukunft zu enthüllen. Die Besucher schüttelten traurig die Köpfe, als er erzählte, dass die meisten von uns Erdgebundene gewesen wären, doch sie begannen vor Freude zu lächeln, als sie begriffen, dass wir Nutzen und Erkenntnis aus unserem Elend gezogen hatten und aufgrund der gewonnenen Erfahrung nun imstande waren, anderen zu helfen, die sich an Orten aufhielten, wo es so dunkel war wie da, wo wir einst wohnten.

Sobald Normus geendet hatte, blitzten tausend Gedankenformen auf, da alle zugleich ihre Fragen stellen wollten. Mir ist es kürzlich gelungen, diese Elfen-Projektionen zu sehen, anstatt sie nur mental zu empfangen, doch dieses wilde Durcheinander von leuchtenden Farben erwies sich als zu viel für meine armen Sinne, und hatte ich damit begonnen, gab ich auf, es erfassen zu wollen.

Da keiner von uns verstehen konnte, was sie sagten, und da sie deshalb keine Antworten von uns erhielten, hätte man vernünftigerweise annehmen können, dass das Sperrfeuer von Gedankenblitzen bald aufhören würde. Vielleicht erwarten Elfen gar keine Antworten auf ihre Fragen; möglicherweise sind sie auch von der Schönheit ihrer eigenen Projektionen derart fasziniert, dass sie sofort nach dem Verlöschen eines Gedankenbildes bereits vergessen haben, was sie ursprünglich zu wissen begehrten. In diesem besonderen Falle jedenfalls vergingen etwa fünf Minuten, bevor irgendjemand zu erkennen schien, dass wir alle schwiegen.

„Warum antwortet ihr ihnen nicht?", fragte Normus etwas gekränkt. Ich fasste nach seiner Hand. „Es gibt nichts, das wir lieber tun würden, aber wir wissen nicht, was sie sagen und fragen. Sie sprechen mit normaler Elfen-Geschwindigkeit, und das übersteigt unsere Möglichkeiten."

„Natürlich", bestätigte Normus, „wie töricht von mir! Ich habe vergessen, es ihnen zu sagen. Ihr müsst langsam sprechen", sagte er zu ihnen. „Nicht schneller als so", und er blitzte ein halbes Dutzend Bilder in die Luft, langsam genug, dass selbst ich sie lesen konnte.

Die Elfen staunten. Dann bahnte sich ein Chinese seinen Weg durch die Menge zum Tisch, verbeugte sich vor mir und projizierte die Botschaft: „Sei gegrüßt." Ich blitzte zurück: „Sei gegrüßt, ehrenwerter Herr." Er lächelte und sagte: „Wir bitten um Entschuldigung. Wir sind es nicht gewohnt, mit den Menschen zu sprechen, seit unser Aufenthalt auf der Erde begann. Wenn ihr geduldig seid, haben wir viele Fragen, die wir gerne stellen möchten." Während sein Satz länger wurde, wurden auch die Projektionen schneller, aber es gelang uns gemeinsam, ihren Sinn auszumachen.

„Eine nach der anderen, bitte schön", sagte ich, und augenblicklich erfüllten fünfhundert Blitze die Luft.

„Ich meine immer nur eine Frage von einem Elfenwesen", verdeutlichte ich, „aber ihr könnt jeden von uns etwas fragen." Schließlich schienen sie unsere Schwierigkeiten zu begreifen, und mehr oder weniger Ordnung war wieder hergestellt. Die Fragen waren so unterschiedlich und manche kamen so unerwartet, dass sie uns wiederholt verblüfften, aber ich denke, dass wir insgesamt zufrieden sein konnten. Einige wenige Fragen habe ich ausgewählt, die euch interessieren oder amüsieren dürften.

„Wie viele Pares (Frauen) hast du?"

„Wissen die Erdgebundenen, denen du hilfst, dass die Elfen ebenfalls versuchen, ihnen zu helfen?"

„Das Trinken scheint den Menschen Übellaunigkeit und Unglück zu bringen; warum tun sie es dann?"

„Wenn zwei Menschen auf der Erde verheiratet sind, warum sollen sie dann nicht auch mit anderen Leuten Liebe machen?"

„Elfen helfen einander stets bei ihrer Arbeit. Warum versucht der Mensch so oft, seinen Nächsten zu behindern oder ihn sogar seiner Verdienste zu berauben?"

„Wir haben gehört, dass der Mensch die Kraft nicht sehen kann. Warum aber vermag er nicht, ihre Bedeutung in Bezug auf sein tägliches Leben zu begreifen? Alle wissen, wie eine Person mit bösen Gedanken und Worten hundert zufriedene und friedliche Menschen umstimmen kann, wenn man ihr nur genügend Zeit dafür lässt. Es würde auch umgekehrt funktionieren, wenn ein Mensch den Mut hätte, zu versuchen, hundert Böses Denkende zu bekämpfen."

„Bei diesem Kongress haben wir – was manche überraschen könnte – festgestellt, dass Elfen von anderer Farbe als unserer eigenen grundsätzlich gleichartige Wesen sind. Wir interessieren uns für die gleichen Themen, unsere Arbeit ist unterschiedlich, aber das Wohl von Mensch und Natur ist uns als Aufgabe gemeinsam. Wir alle streben in unserer Meditation nach Höherem, und wir sind bemüht, den Jüngeren unter uns zu helfen, bessere Bedingungen zu erreichen. Wenn wir mit Verständnis für die Gebräuche der anderen, für unsere unterschiedlichen Meinungen und die Art und Weise, wie wir arbeiten und leben, zusammenkommen – warum kann der Mensch dies nicht auch?"

Schließlich kamen die Fragen etwas langsamer, und wir hatten Zeit, wieder Luft zu holen. Dann waren wir an der Reihe, und wir erfuhren viel über die Elfengemeinschaften in anderen Ländern. Ihre Interessen empfanden wir so unterschiedlich wie unsere eigenen, und keinesfalls auf ihre Arbeit und Aufgaben beschränkt.

Musik scheint eine fast brennende Leidenschaft zu sein, besonders für jene, die in fernen Kreisen leben. Manche hatten ihre Instrumente mitgebracht, die eifrig von einem zum anderen weitergereicht wurden, da wir sie mit großer Aufmerksamkeit genau untersuchten. Die meisten schienen Blasinstrumente verschiedenster Formen und Größen zu sein; manche wurden in wechselnden Winkeln gehalten, sodass der Wind durch sie blasen und verschiedene Töne zum Klingen bringen konnte; andere wurden von den Elfen selbst geblasen. Einige Instrumente sahen Dudelsäcken ähnlich, aber darauf beschränkte sich die Ähnlichkeit bereits, denn sie brachten die lieblichsten Töne hervor. Ein anderes Instrument erschien uns ganz neuartig, ein Eskimo hatte es mitgebracht. Die Musik, so erklärte er, werde durch die bittere Kälte erzeugt, die etwas zum Klingen brachte, das uns wie feine Eisfäden erschien, doch als wir diese berührten, zerbrachen sie nicht.

In ihrer Freizeit übten viele Elfen Gedankenbildungen zur Dekoration – vergleichbar Menschen, die zur Entspannung malen. Mehrere zeigten mir Beispiele ihrer Kunst, und es war höchst interessant, die Einflüsse des Landes zu erkennen, in dem sie lebten. Ich meine damit nicht nur, dass Elfen aus den Tropen die kräftigen Farben der dortigen Blumen einsetzten oder die Elfen von den italienischen Seen irgendwie ihren Formationen den Anschein von langsam bewegtem Wasser gegeben hätten; aber in gewisser Weise hatten sie ein Merkmal ihres Landes ins Bild und zum Ausdruck gebracht, sei es die Heiterkeit oder das Durcheinander, die Würde oder die Großartigkeit.

Doch nicht nur das Land war hier porträtiert, sondern auch der Charakter des jeweiligen Gedankenbildners. Natürlich sind die Elfen bei ihrer Arbeit nicht durch zwei Dimensionen oder eine bestimmte Auswahl von Materialien beschränkt. Sie können mit ihrem Denken die tatsächliche Beschaffenheit eines Blütenblattes erzeugen, die sie jedoch vielleicht einem Sonnenuntergang zuteilen. Sie können den Klang von plätscherndem Wasser einfangen und ihn in Farbe übersetzen. Ich habe viele Monate geduldiger und liebevoller Arbeit gebraucht, bis ich dazu fähig war, solche Bilder zu sehen, und ganz allmählich wächst in mir das Verständnis für ihre eigentliche Bedeutung. Ein Maler von Ölbildern will dir seine Vorstellung von einem Gegenstand vermitteln; wie viel weiter ist doch das künstlerische Betätigungsfeld der Elfen – und in der Tat auch das des Malers, wenn er den physischen Körper und das begrenzte Sehvermögen, das mit ihm verbunden ist, erst einmal abgelegt hat!

Es gibt noch eine weitere Form der Entspannung, die offensichtlich vergleichbar mit unserem Lesen ist: Durch das Medium zahlreicher Gedankenformationen wird eine Geschichte erzählt, und der Leser oder Betrachter tritt tatsächlich in sie hinein und wird ein Teil der Geschichte. Damit kann der Abenteuerlustige in Gesellschaft von Elfen-Piraten über die Meere segeln oder sich aufmachen, ihre Feinde zu besiegen, sei es auf eigene Faust oder in Gesellschaft der guten Elfen, die allzeit bereit sind, jenen zu Hilfe zu eilen, die den Wunsch haben, das Böse zu bekämpfen. Die Sanften können ihre Freizeit damit verbringen, friedlich mit den Luftströmungen zu treiben in Gebilden, die ich nur als fliegende Gondeln beschreiben kann, oder mit den Wasserelfen in den unerforschten Tiefen eines imaginären Ozeans zu tauchen. Die Belustigung Suchenden können sich der Gesellschaft fortgeschrittener praktischer Scherzbolde anschließen, die Paläste der Erheiterung ersinnen voller Vorrichtungen, die sich ausdehnen und schrumpfen, sich aufblasen und die Körper der spaßsuchenden Elfen aus dem Gleichgewicht bringen. Er begegnet den teuflischen Formen der entsetzlichen Elementarwesen, die mit einem lauten Knall zerspringen, wenn sie sich ihrem gründlich erschreckten Opfer auf geringe Distanz genähert haben. Hinreißende Elfen des anderen Geschlechts umarmen sie, um sich im engen Kontakt aufzulösen und dabei pechschwarze Nässe zurücklassen. Die Elfen gaben uns zahllose Beispiele für überraschende Situationen, in die sie selbst bereits geraten waren, und ihr heiteres Lachen und Augenzwinkern bestätigten, wie viel Seligkeit sie in derlei unbehaglichen Situationen erlebt hatten.

Ein weiterer beliebter Typ von „Buch" bildet wahre Geschichten der anderen Evolutionszweige ab. Auf diese Weise können sich die Elfen mit vielen Formen des Lebens vertraut machen, zu denen sie sonst keinen Zugang haben. Sie können durch Lesen sowohl lernen als auch Vergnügen haben, obwohl in der Regel nur die höher Entwickelten Interesse an letzterer Art von Literatur zeigen.

Fast alle Elfen lieben die Schauspielerei, wie die meisten Kinder sich eben gerne verkleiden. Sie haben den zusätzlichen Vorteil, nicht durch die Kleider und Requisiten aus dem eigenen und dem Fundus ihrer Freunde beschränkt zu sein, da ihrer überaus fruchtbaren Vorstellungskraft keinerlei Grenzen gesetzt sind. Einen Gegenstand, den sie einmal gesehen haben, vergessen sie nie wieder, und sie können ihn jederzeit nach Belieben aus der Erinnerung nachbilden.

Eines Tages hatte ich das Glück, ein großes Publikum zu repräsentieren, als die Elfen ein Schauspiel aufführten. Ich war der Ansicht, dass die verwendeten Kostüme nur wenig mit den dargestellten Rollen gemein zu haben schienen. Merella (die Heldin) trug eine überaus grausige Maske – halb Vogel, halb Mensch –, und Gorjus (ihr Liebhaber) verbarg sein gutes Aussehen hinter einem scharlachroten Kapuzenmantel mit Löchern für Augen, Nase und Mund. Der Chor, der die Darstellung kommentierte, hatte Tierköpfe oder -schwänze, Klauen statt Füßen oder große Stiefel, wie sie Kanalarbeiter oder Angler tragen. Während sich die Geschichte vor mir entfaltete, staunte ich zusehends über den Geschmack, mit dem sie die schrecklichen Situationen darstellten. Mirilla, die ich für die Personifizierung von Charme und Anmut halte, kratzte ihre Rivalin, bis deren Blut in Strömen auf die Bühne spritzte; sie zog Merella an den Haaren und stampfte sie in den Staub. Dann warf sie sich mit schamloser Wildheit auf Gorjus. Doch dessen Herz war gebrochen. Das weiß ich mit Sicherheit, denn ich konnte es sehen, wie es als abstoßende, klebrige Masse an seinem Jackett hinunter tropfte. Merella mag wohl am Boden gewesen sein, doch am Boden zerstört war sie keinesfalls. Schweigend kam sie wieder auf die Füße, und als Mirilla ihre eigenen Tugenden pries, fertigte sie eine tödliche Waffe, die aus einer Schar kleiner Dämonen bestand, die in ihre Rivalin eindringen und sie zu ihrer Vernichtung treiben würden. Ich sah, wie die kleinen schwarzen Kreaturen meine wunderschöne Mirilla umkreisten und fürchtete fast, dass Merella in ihrer Begeisterung echte Dämonen aus den Orten des Dunkels aufgerufen hatte. Plötzlich stießen sie herab und verschwanden, und Mirilla warf sich wie von Sinnen vor und zurück, wobei sie ihren lieblichen Kopf mit dem Gesicht gegen Sträucher und Steine schlug, bis er nur noch eine zerrissene und blutende Masse war. Merella, die strahlende Siegerin, trug einen noch abstoßenderen Kopfputz, als sie mit Gorjus, dessen Herz nun wiederhergestellt und ganz am rechten Fleck war, triumphierend um die Bühne marschierte, während der Chor die Tugenden der Liebe besang, die das Böse besiegte.

[Ich war sehr interessiert, auch amüsiert, angesichts des doch eher unelfenhaften Themas dieses Schauspiels. Ich fragte Normus später, ob sie meistens derart unerfreuliche Stücke aufführten. „O ja", antwortete er fröhlich. „Früher oder später ist die Bühne immer voller Blut." Zuerst erschien es mir seltsam, dass dieses kleine Volk offensichtlich so fasziniert sein sollte von etwas, das sie gar nicht besitzen, doch entsann ich mich des vermutlichen Grundes. Gerade diese Elfenwesen haben Lektionen in menschlicher Anatomie erhalten und über die Funktionen gelernt, die unsere verschiedenen Organe erfüllen. Ihnen wurde erklärt, dass das Herz der Sitz der Gefühle ist – was ja tatsächlich der Fall ist, ob es eine körperliche Manifestation davon gibt oder nicht. Deshalb genießen sie es offenbar, Herzen darzustellen oder zu zeigen, die heil oder gebrochen sind; letzterer Zustand scheint, wie ich nun weiß, ihr unausweichliches Schicksal zu sein. Wie Kinder es lieben, einander in blutrünstigen Kämpfen zwischen Siedlern und Indianern zu skalpieren oder ihren Spielplatz mit Gangstern und Leichen zu füllen, so genießt es das kleine Volk auf seine Weise, dem schrecklichen Schein Freude abzugewinnen. – D.C.]

„Hat es dir gefallen?" Ich war erleichtert, Mirilla wieder wohlbehalten und strahlend auf meinem Schoß zu sehen.

„Du bist nicht verletzt?", fragte ich besorgt. Sie klatschte entzückt in die Hände. „Bin ich nicht eine gute Schauspielerin? Er dachte, ich sei aufgelöst worden!", brüstete sie sich vor den anderen.

„Ich denke, ihr seid alle wunderbar. Es ist bestimmt ein ... ein sehr dramatisches Stück, voll starker Situationen", lobte ich dann. „Wer hat es geschrieben?"

„Oh, das denken wir uns selbst aus, während wir spielen. Sind wir nicht schlau?" Ich lehnte mich zurück und dachte nach. Nachdem ich meine kleine Freundin so oft beobachtet hatte, wie sie ernsthaft nach Ewiger Wahrheit strebte, und sie jetzt gesehen hatte, wie sie mit vor Erregung leuchtenden Augen über ihre entsetzliche, doch zugegebenermaßen brillante Darbietung sprach, fiel es mir in der Tat schwer zu glauben, dass ich es hier mit ein und derselben Elfenwesenheit zu tun hatte. Doch wie Menschenkinder müssen auch sie ihre Gegensätze haben. Wenn sie die wahre Schönheit kennen gelernt haben, die sie in ihrer Meditation finden, welches Vergnügen mag es ihnen dann bereiten, nur danach zu handeln? Ich begann zu begreifen, und als ich mich mit der ganzen Angelegenheit wohler fühlte, konnte ich ihnen mit mehr Aufrichtigkeit und aus Überzeugung gratulieren, als es mir nur kurz zuvor noch möglich gewesen wäre.

Wenn uns die Fragen der Delegierten in manchen Fällen überrascht hatten, so waren die Elfen immer wieder verwundert über unsere Unwissenheit in Bezug auf ihr Leben. Wir erklärten ihnen, dass wir nur Anfänger waren, und so eifrig wir auch lernten, brauchten wir doch lange Zeit und viel Mühe, um auch das Maß der Einstimmung auf sie zu erlangen, das zu erreichen uns im Augenblick möglich war.

Zu unserem Bedauern mussten wir sie aufgrund anderer Verpflichtungen verlassen, obwohl wir gerne noch geblieben und Zeugen des formellen Empfangs und der Vollmond-Feierlichkeiten geworden wären, die folgen sollten.

Sonntag

Als wir am nächsten Tage eintrafen, erwartete uns offenbar eine große Volksmenge. Ich vermute, dass unsere Freunde vom Vortag alle ihre Bekannten mitgebracht hatten. Bis zur Hüfte und höher schienen wir durch Elfen zu waten. Sie hatten auch die Bitte um „eine Frage nach der anderen" vergessen, und so waren wir abermals fast betäubt von der Wucht Tausender von Fragen, die aus allen Richtungen auf uns zugeflogen zu kommen schienen. Den Tee einzunehmen, stand überhaupt nicht mehr zur Debatte, und so verabschiedeten wir uns von diesem Gedanken ohne langes Überlegen. Mit vereinten Willenskräften gelang es uns, des Tumultes Herr zu werden, und da wir uns außerstande sahen, das Tempo der Fragen zu kontrollieren, sobald die Elfen die Erlaubnis hatten, sie loszuwerden, teilten wir diesen mit, dass wir ihnen, ihr Einverständnis vorausgesetzt, über Zwischenfälle im Zusammenhang mit unserer Arbeit mit den Erdgebundenen erzählen wollten – oder im Falle von Jack und Andrew, über ihre Arbeit mit jenen, die in den sehr dunklen Orten lebten. Dieses Angebot lenkte die Aufmerksamkeit auf eher unwillige Empfänger der Heldenverehrung. Wir hatten bereits Elfen überall um uns herum gehabt, aber Jack und Andrew fanden sich nun einer überaus gründlichen Untersuchung ausgesetzt, bis sie um Gnade baten und wir wieder unsere Willenskräfte vereinten, um noch einmal Ordnung ins Dasein zu bringen.

„Schnell, Peter, fang an, ihnen etwas zu erzählen!", sagte ich, und er kam mir sofort entgegen. Ich werde dir nun nicht die Geschichten wiedergeben, die er erzählte, denn dies wird ein Buch über Elfen. Eines Tages jedoch, so hoffen wir, wird die Not aller derer, die wir zu retten suchten, einer größeren Allgemeinheit bekannt werden, denn die Menschen auf der Erde könnten viel Hilfe geben, wenn sie es nur wollten. Es genügte, davon zu berichten, wie jene fast zweitausend überaus munteren Angehörigen der Elfen-Evolution wie gebannt verharrten und dabei (so unglaublich dies zuerst erschien) mucksmäuschenstill blieben.

Sobald einer von uns mit seiner Erzählung fertig war, brach ein Stimmengewirr los, aber wir hatten unsere Lektion gelernt, und augenblicklich begann ein anderer, und die Ruhe war wiederhergestellt. Die Situation erinnerte an den orientalischen Prinzen, der eines armen Teufels Leben nur retten konnte, solange er ihn mit Geschichtenerzählen zu unterhalten vermochte. Glücklicherweise waren wir zu acht, und wir haben einen fast unerschöpflichen Vorrat an wahren Erlebnissen, auf den wir zurückgreifen können. Selbst wenn uns der Erzählstoff ausgegangen wäre, hatten wir noch viele Freunde, deren Arbeit mit der unseren vergleichbar war und von deren Beobachtungen wir Anleihen hätten machen können.

Als unsere Zeit – wenn auch nicht unsere Geschichten – schließlich zu Ende ging, schwiegen die Zuhörer betroffen. Ihre muntere Erregung war einer Traurigkeit gewichen. Ihr Wunsch zu lernen war immer noch da, aber in einem anderen Gewande. Vorher hatten sie lauthals nach Informationen verlangt, das ist wahr, aber es gab keinen Plan oder Zusammenhang, der ihrem Fragen zugrunde lag. Ich möchte nicht so weit gehen, zu behaupten, dass sie nur ihre Neugierde zu befriedigen wünschten, aber die Frage der einen Elfe hatte keine Auswirkung auf die Frage, die von der Nächsten gestellt wurde.

Doch stand hinter jeder Anfrage eine echte Überlegung, ja, die Elfen baten sogar um die Erlaubnis zu sprechen. Wir waren in ihrer Achtung offenbar gestiegen. Wir waren nicht länger nur Exemplare eines anderen Zweiges der Evolution und nur insofern außergewöhnlich, als wir zu ihnen sprechen konnten. Wir waren Leute mit einem Ziel, und die Elfen wollten etwas darüber erfahren, wie wir unseren

Zustand relativer Zufriedenheit erlangt hatten. Wir erklärten ihnen, dass es unsere Arbeit war, die uns glücklich machte.

„Aber wie kann das sein?", fragte einer, „wenn ihr das Licht verlasst, das ihr verdient habt, und in der Dunkelheit arbeitet?"

„Wir nehmen unser eigenes Licht mit", erklärte ich, „und indem wir das tun, sind wir in der Lage, es mit einer armen Seele zu teilen, die kein eigenes Licht hat."

Jetzt sprachen sie ruhig miteinander.

„Könnten wir euch helfen?", fragte einer.

„Aber unsere Kraft ist so gering", bedauerte ein anderer.

„Wir haben so wenig Zeit übrig, wenn wir uns erst um unsere Schützlinge gekümmert haben", meinte ein Dritter.

Ich rief Normus und setzte ihn auf mein Knie. „Hier ist jemand, der eure Probleme beantworten kann", sagte ich. „Er hat praktische Erfahrung. Seine Elfengruppe erledigt nicht nur ihre eigene Arbeit und hilft darüber hinaus auch den Erdgebundenen, nein, sie heilen auch, sie senden täglich den Friedensstrahl aus und sie haben nicht nur zu den Menschen eine Verbindung hergestellt und helfen ihnen, sondern auch zu einigen Angehörigen der anderen Evolutionszweige. Wenn sie es tun können, könnt ihr es auch." Ich flüsterte Normus ins Ohr, und er nahm die Elfenschar mit auf die Wiese und sprach dort vom höchsten Punkt des Steingartens aus zu ihnen.

Ich möchte nicht sagen, dass wir froh waren, sie gehen zu sehen, aber wir waren entzückt, als wir den offensichtlichen Erfolg des Kongresses mit einer verspäteten Tasse Tee feierten.

Kapitel IV

Die Gnome

Tanchon und Persion
(von ihnen selbst)

„Wir wollen dir über unsere Arbeit erzählen. Wir geben den Wurzeln und der Erde um sie herum Kraft. Wir lieben unsere Aufgabe, denn wie wir wissen, wächst der ganze Baum aus den Wurzeln empor. Gerne schauen wir hoch hinauf zu den Wipfeln und denken daran, dass es unsere Arbeit – oder vielmehr die Arbeit aller Gnome, die hier seit Hunderten von Jahren leben – war, die es dem Baum ermöglicht hat, so hoch zu wachsen und so zu sein, wie er heute ist.

Wir können weit und tief in die Erde hinein gelangen, denn die Wurzeln eines großen Baumes reichen ebenfalls weit unter die Oberfläche. Wenn wir bis zum Ende einer Wurzel kommen, dringen wir zuweilen sogar noch tiefer vor, entweder um die Erde für das künftige Wachstum der Wurzel vorzubereiten oder auch aus Neugier. Ihr, die ihr auf der Erdoberfläche bleiben müsst, wärt überrascht, wie viel Leben es dort unten in der Tiefe gibt. Überall wo Regen fällt, bewirkt das Wasser Wachstum. Wir meinen damit nicht Wachstum nach Länge und Größe, und wir meinen auch keine Dinge, die ihr sehen könnt. Ihr habt von Mineralien in der Erde gehört, sie sind materieller Natur. Doch es gibt dort auch allerlei Arten von „kleinen Leuten", die zum Wachstum der Mineralien beitragen, und die Mineralien helfen ihnen dabei. Sie sind auf die gleiche Weise voneinander abhängig, wie die Wurzeln darauf angewiesen sind, dass wir ihnen helfen. Während wir jedoch weiter entwickelt sind als die Wurzeln, helfen die Mineralien und die dazugehörigen Wesenheiten einander unbewusst, indem sie die Kraft für ihre mentalen und physischen Bedürfnisse aufnehmen und zurückgeben."

Damit war die Botschaft offenbar zu Ende, und ich dankte den Gnomen und teilte ihnen mit, dass ich sie für sehr gut hielt.

Gnome (in sich hineinlachend): „Das tun wir auch."

D.C.: „Ich bin sicher, dass euch geholfen wurde."

Gnome: „Ja. Normus hat geholfen. Wir hätten uns nicht an alles auf einmal erinnern können. Er bildete Gedankenformen für uns und gab sie uns eine nach der anderen."

Einer von ihnen – Tanchon, denke ich – schlug einen Purzelbaum, offensichtlich als Zeichen der Erleichterung, dass die Prüfung vorüber war. Ich fragte ihn, was er sonst noch tun könne, und er versuchte, auf den Händen zu stehen, verlor aber das Gleichgewicht. Er unternahm einen weiteren Versuch, der erfolgreicher war. Ich schlug den Gnomen vor, einen Kopfstand zu machen. Es gelang ihnen für einige Augenblicke, dann purzelten sie wieder um und brüllten vor Lachen.

Ich bat sie, mir etwas anderes zu zeigen. Daraufhin fassten sie sich an den Armen und führten einen kleinen Tanz auf – eins, zwei, drei, hopp, und wieder zurück. Dann fassten sie sich an den Händen und rannten im Kreis, bis sie abermals hinpurzelten und in schallendes Gelächter ausbrachen.

D.C.: „Das war sehr clever."

Gnome: „Ja, nicht wahr? Das haben wir uns gerade für dich ausgedacht. Können wir jetzt gehen?" Ohne meine Antwort abzuwarten, gingen sie ab.

Ich wandte mich an Normus, der seine Erleichterung darüber

gestand, dass das Interview glücklich vorüber war. Ich teilte ihm mit, dass ich zu Beginn ein wenig besorgt gewesen sei, weil ich überhaupt nichts hören konnte. Normus antwortete, es habe ihn kaum überrascht, als beide Gnome – statt auf die Gedankenformen zu achten, die er ihnen zeigte – sehr eifrig versuchten, in den Teppich zu graben!

Er erzählte mir, dass er täglich mit ihnen geprobt und sich erst vorgenommen hatte, nicht nur den Gnomen, sondern auch mir die Gedanken einzugeben; später sei es ihnen jedoch gelungen, die Botschaft korrekt selbst zu übermitteln.

Die Gnome

[Als ich die Gnome kennen lernte, lud ich sie ein, sich an allen Aktivitäten der Elfen im Hinblick auf meine Arbeit zu beteiligen, und ich hoffte auf jeden Fall, dass sie am Samstagnachmittag zur Tee-Party kommen würden, die auf der Wiese stattfinden sollte.

Nach mehreren Wochen fragte ich Andrew, wie sie alle mit den Gnomen vorankämen, und er erzählte mir, dass diese sie nicht länger besuchten. Sie seien zweimal da gewesen, doch alle hätten es etwas schwierig empfunden. Sowie das Gespräch auch nur geringfügig vom Thema Wurzeln und Erde abwich, hätten die Gnome angefangen, in ihre Bärte zu murmeln und sich dann bald verdrückt.

So faszinierend diese beiden Themen für Gnome auch sein mögen, halte ich sie doch nicht für so viel versprechend, dass sie sich für ein ganzes Kapitel dieses Buches eignen. Deshalb bat ich Pater John, die Gnome für mich zu interviewen. Ich hatte das Gefühl, wenn an diesen drolligen kleinen Männlein etwas Wichtiges war, würde er es mit seinen viel höher entwickelten Gaben der Wahrnehmung gewiss entdecken, wie tief es auch verborgen wäre. – D.C.]

Tanchon und Persion
(von Pater John)

Auf Daphnes Bitte hin besuchte ich gestern Nachmittag im Garten die Gnome. Sie gruben eifrig in der Erde um die Wurzeln eines Baumes. Sie hantierten mit winzigen Spaten und glichen kleinen Gärtnern, die mit einer ähnlichen Aufgabe beschäftigt waren.

Ich sah ihnen eine Zeit lang von einer höheren Schwingungsebene aus zu, das heißt ich war für sie dabei unsichtbar. Sie schaufelten etwa drei Minuten lang energisch, dann wanderte ihre Aufmerksamkeit von der Arbeit weg, und sie begannen mit ausgelassenem Gelächter aufeinander einzuklopfen, bis sie sich wieder ihrer Grabung zuwandten.

Gnome sind in der Regel lustige kleine Seelen, die es lieben, sich gegenseitig und den Menschen Späße zu bereiten und Streiche zu spielen, wann immer sich eine Gelegenheit dazu bietet. Ihre Spiele ähneln denen der Kinder, und ihre dicken, schwerfälligen Körper machen es für uns zu einem Vergnügen, sie zu beobachten, da sie sehr unbeholfen sind und häufig über ihre eigenen oder des anderen Füße stolpern. Der unweigerlich folgende Plumps scheint ihnen nicht weh zu tun, und jedes Stolpern ist Anlass zu noch mehr Gelächter und Unfug.

Ihre Arbeit und Tätigkeiten ähneln denen der Elfenwesen, sind aber einfacher. Durch die Gnome wird Macht an die Baumwurzeln und das Erdreich verteilt, so weit sie in dieses einzudringen im Stande sind – manchmal viele Kilometer weit.

Die zwei fraglichen Gnome sind schon seit einundzwanzig Jahren auf der Erde und haben also nur noch vier Erdenjahre vor sich. Sie sind recht geübt und befähigt, den Grund und Zweck ihrer Arbeit zu verstehen, haben jedoch noch kein Verlangen zum Ausdruck gebracht, sich in Daphnes Tätigkeitsbereichen zu engagieren, was manche ihrer Artgenossen zweifellos getan hätten.

Gnome spielen manchmal bei nicht sehr hoch entwickelten Angehörigen des menschlichen Evolutionszweiges eine Rolle, um bei Séancen elementare Formen physischer Phänomene hervorzubringen. Je weiter eine Wesenheit sich entwickelt, desto schwieriger wird es für sie, sich für Nichtmedien sichtbar und hörbar zu machen. Oft erzeugen Gnome Klopftöne und Schrittgeräusche und wirken mit bei der Übermittlung von „Apporten", das heißt Gegenständen, die über weite Entfernungen in den Séance-Raum „materialisiert" werden.

Beim Heilen können Gnome hilfreich beim Zusammenfügen von Knochen sowie bei jeder Krankheit des Fleisches sein; Nerven- oder geistige Krankheiten hingegen würden ihre Fähigkeiten überfordern.

Als ich das erste Mal zu Tanchon und Persion sprach, erhielt ich einen herzlichen Empfang. Ich arrangierte mein Erscheinen so, dass es mit einer ihrer Arbeitsphasen zusammenfiel, und sobald mich die beiden sprechen hörten, begannen sie schwer zu atmen, zu stöhnen und Gesichter zu schneiden, um mir zu demonstrieren, wie schwer beschäftigt sie waren. Sie steckten beide ihre Spaten in die frisch gewendete Erde und setzten sich neben sie.

„Wir haben dich erwartet", sagte Tanchon. „Wir haben dir eine Menge zu erzählen. Sollen wir gleich damit anfangen?" Ich nickte, und er begann: „Wir haben es nicht mehr weit in dieser Erdenspanne und wir sind uns nicht ganz sicher, ob wir wirklich gehen möchten."

„Liebt ihr diesen Garten so sehr?", fragte ich.

„Ja, durchaus – und wir wollen bleiben, wie wir sind."

„Du meinst, ihr wollt für immer Gnome bleiben?", fragte ich nachdenklich.

„Nein", wehrten sie ab, „aber die Elfen arbeiten so schwer. Könnten wir nicht das Elfendasein auslassen und einfach so etwas wie große Ausgaben von uns selbst sein?"

„Wenn ihr gerne bleiben wollt, wie ihr seid, kann euch niemand zu weiterer Entwicklung zwingen", erklärte ich ihnen. „Ihr könnt sogar wachsen, bis ihr so groß seid wie ich, wenn euch sehr viel daran liegt, doch in eurer Evolution ist körperliche Größe immer auch ein Zeichen von innerer Größe. Es hätte wenig Sinn, große Körper zu haben, wenn eure Interessen nicht mitwachsen und weiterhin so beschränkt bleiben, wie sie es heute sind."

„Oh, wir haben viele Interessen!", protestierten sie.

„Zählt sie mir auf", bat ich.

„Wir haben so herrliche Spiele...", sagte Persion.

„Psst", unterbrach Tanchon schnell. „Unsere Arbeit ist sehr wichtig", fuhr er fort und strich sich wie ein ehrwürdiger Gelehrter über den Bart.

„Und eure Arbeit besteht worin...?", drängte ich.

„Der Erde Kraft zu geben, auf dass alles, was darin wächst, schön gedeihen kann", zitierte er beredt und korrekt.

„Und was macht ihr sonst?", fragte ich weiter.

„Wir geben Kraft an die Wurzeln der größten Mitglieder des Pflanzenreiches...", erklärte Tanchon.

„... auf dass sie dem Menschen Schatten spenden vor der Sonne...", sagte Persion.

„... und Holz für seinen Kamin...", sagte Tanchon.

„... und Material für viele seiner Bedürfnisse", ergänzte Persion. Und dies alles war recht genau zitiert aus den Gedankenformen, die ihnen als Bücher dienen.

„Was noch?", wollte ich wissen.

„Der Erde Kraft zu geben, auf dass alles, was darin wächst...", begann Persion.

„Ja, das habt ihr bereits gesagt", erinnerte ich ihn behutsam.

„Wir haben schöne Spiele", versuchte er wieder.

„Ja, erzählt mir davon."

„Ho-ho!" Sie begannen, sich vor Lachen auszuschütten, bevor sie auch nur angefangen hatten, irgendeine ihrer anscheinend zum Brüllen komischen Vergnügungen zu beschreiben. Ich wartete, bis sie sich etwas beruhigt hatten, doch dann fingen sie an, einander an den Bärten zu ziehen und in den Magen zu knuffen, was neue Anfälle fröhlichsten Gelächters auslöste.

Als sie einen Augenblick still waren und sich offenbar neue Tricks überlegten, mit denen sie aufwarten könnten, sagte ich: „Zeigt mir einige von euren anderen Spielen." Sie begannen, miteinander zu tuscheln, dann stand Persion auf und verschwand hinter einem Baum. Nach etwa drei Minuten kam er auf der anderen Seite wieder hervor, gewandet in Daphnes grünen Wintermantel, pelzgefütterte Schuhe und einen kleinen braunen Hut, der auf dem Scheitel über seinem langen grauen Haar befestigt war.

Ich gestehe, dass ich angesichts dieses seltsamen Spektakels selbst lachen musste. Dann sagte Tanchon: „Jetzt bin ich an der Reihe." Auch er verschwand hinter einem Baum und tauchte ebenfalls als Daphne wieder auf, als sei er im Begriff, eine Party zu besuchen. Er hatte ein langes Abendkleid, so tief ausgeschnitten, dass sein Brusthaar vorzüglich zur Geltung kam. Er lüftete seinen Rock, um mir seine hochhackigen Schuhe zu zeigen. Ich glaube nicht, dass er Daphne jemals in einem Abendkleid gesehen hatte, und ich hätte nicht geahnt, wen er darstellte, hätte ich nicht Daphnes zum sonstigen Bild gänzlich unpassenden schottengemusterten Regenschirm erkannt.

147

Dies schien nun das Ende ihres Repertoires zu sein, und so wartete ich, um zu sehen, was sie sonst noch zu meiner Unterhaltung auf die Beine stellen würden. Schließlich begannen sie, Froschhüpfen zu spielen, Purzelbäume zu schlagen und Kopfstände zu zeigen. Ich applaudierte jedes Mal enthusiastisch, bemerkte aber auch, dass die beiden sich mit jeder Vorführung etwas weiter entfernten, bis sie sich schließlich hinter einem Baum im nächsten Garten versteckten.

Ich folgte den Gnomen und sah, wie sie einander an den Bärten zogen. Als ich mich näherte, machte ich möglichst geräuschvolle Schritte, und sowie ich für sie sichtbar wurde, gruben sie emsig an einer Wurzel.

„Was ist nun mit all den interessanten Dingen, die ihr mir erzählen wolltet?", erinnerte ich sie.

Sie schauten mich verblüfft an.

„Aber wir haben sie dir doch erzählt", sagten sie.

Ich setzte mich wieder hin. „Kommt her", sagte ich und klopfte auf die Erde. Folgsam setzten sich die beiden neben mich.

„Ihr habt mir alles erzählt, was ihr wisst?", fragte ich sie.

„Ja, das ist für Daphnes Buch. Es ist sehr wichtig", erklärten sie einstimmig.

„Sollen wir einmal analysieren, was ihr mir erzählt und gezeigt habt?" schlug ich vor. Ich wusste, dass sie einander unbedingt wieder an den Bärten ziehen wollten, aber irgendwie gelang es ihnen jetzt, sich zu beherrschen. Da ich keine direkte Antwort erhielt, fuhr ich fort: „Ihr gebt der Erde Kraft."

„Auf dass alles, was darin wächst...", begann Tanchon.

„Lass uns beim Wesentlichen bleiben", unterbrach ich ihn. „Ihr gebt der Erde und den Wurzeln der Bäume Kraft."

„Auf dass sie dem Menschen...", wollte Persion ergänzen.

„Ja, das wissen wir bereits", schnitt ich ihm das Wort ab. „Ihr verkleidet euch sehr geschickt. Ihr schlagt Purzelbäume, spielt Frosch-hüpfen und könnt Kopfstände machen." Persion stand bereits auf dem Kopf, als ich davon sprach. „Habt ihr wirklich niemals den Wunsch, etwas anderes zu tun?"

„Wir geben der Erde Kraft...", deklamierte Tanchon von neuem.

„Und geben Kraft den Wurzeln", ergänzte Persion, als sie auf-standen und davon marschierten, Arm in Arm, um sich ihren wich-tigen Pflichten zuzuwenden.

Ich blieb sitzen. Konnte es wahr sein, dass Normus, Movis oder Marus einmal wie diese beiden waren? Es schien unmöglich, aber wie ich selbst viele Male ein Baby in den Armen meiner Mutter gewesen bin, so waren auch sie einst Gnome. Meine Gedanken wan-derten zu dem, den wir gerne „unseren Deva" nennen, der sich in dem Körper eines wunderschönen Jugendlichen manifestiert und doch unvorstellbare Weisheit besitzt. Eines Tages werden Tanchon und Persion sein wie er – und gleich ihm über drollige kleine, dick-bäuchige Gnome wachen, die durch ihr scheinbar törichtes Leben tollen und tanzen. Mit der Zeit werden auch sie die Höhen errei-chen, wie gewiss auch du oder ich. Wer weiß, vielleicht werden wir dereinst sogar gemeinsam die Schwelle zur Unendlichkeit überque-ren.

Kapitel V

Die Naturelfen

1 – Gorjus und Myrris
Beobachter: George

Gorjus
(von ihm selbst)

Bäume

Zunächst möchte ich dir gerne von meiner Arbeit erzählen, die, wie du bereits weißt, den Bäumen gewidmet ist. Jeder Baum hat eine ihn umhüllende Seele, und je nach seinem Wachstum vermag sich mehr und mehr von seiner Seele oder seinem Bewusstsein zu manifestieren. Wenn der Baum noch jung ist, muss ich für ihn denken und ihm die Notwendigkeit vermitteln, sich auszustrecken nach der Kraft, die er benötigt, um Blätter hervorzubringen und zu wachsen. Im Laufe der Jahre wird er sich dieses Daseinszweckes allmählich selbst bewusster. Die Zeit bis zu dieser Erkenntnis schwankt natürlich, je nachdem wie oft er früher schon inkarniert war. Manche Bäume brauchen viele Jahre, andere verstehen bereits in ihrer ersten Saison ein wenig.

Ich kann dir gar nicht sagen, wie aufregend es ist, wenn ich das erste Anzeichen dafür sehe, dass der Baum meine oft wiederholte Botschaft begriffen hat, denn dann weiß ich: Es ist mir gelungen, einer Seele zu helfen, wieder geboren zu werden. Schließlich kann der Baum die Verantwortung für seine Aktivitäten selbst in die Hand nehmen, und ich lenke nur die Unites und Minutes, die ihm die Kraft liefern, die er zur Ausführung seiner Arbeit benötigt.

Der erste Herbst ist für die neu erwachten Baumseelen immer eine traurige Zeit, denn sie haben noch nicht genügend Bewusstsein erlangt, um zu verstehen, dass ihre bisherigen Anstrengungen nicht vergebens sind, wenn nun die Blätter abfallen. Sie sind bestürzt und unglücklich, und so sehr ich mich auch bemühe, vermag ich ihnen nicht verständlich zu machen, dass Gott ihnen in seiner Weisheit eine Phase der Ruhe schenkt, in der sie sich von den Anstrengungen des vergangenen halben Jahres erholen können. Wenn ihnen aber die Erkenntnis schließlich dämmert, sind die Bäumchen froh, dass sie das, was zu vollbringen sie sich vorgenommen hatten, zu einem erfolgreichen Abschluss bringen konnten.

Wie die Menschen und die höher entwickelten Wesenheiten jedes Evolutionszweiges haben auch die Bäume ihre Freuden und Sorgen, die wiederum entsprechend dem Grad des Bewusstseins begrenzt sind, den sie erreicht haben. Obwohl sie ein wenig Schmerz erleben können, wächst ihr Vermögen, Glück zu empfinden, und solange keine Tragödie in ihr Leben kommt, ist ihre Freude viel größer als ihr Kummer.

Schmerz und Unglück treffen sie nur, wenn ihre Äste gestutzt werden oder im schlimmsten Falle der ganze Baum gefällt wird. Solche Ereignisse lassen nicht nur den Baum selbst verzweifeln, sondern auch alle ihn umgebenden Pflanzen.

Wenn Bäume ein vergleichsweise fortgeschrittenes Alter erreicht haben, kann ich ihnen helfen, zu verstehen, dass der Mensch ihre Erdenkörper nutzt, und dass sie, wenn sie gefällt werden, ihre Aufgabe erfüllt und das Recht verdient haben, eine Phase unter angenehmeren Bedingungen auf der Astralebene zu verbringen. Wenn ich weiß, dass ein Baum gefällt werden soll, und die Zeit habe, ihm diese Tatsache vorher in sein Bewusstsein einzuprägen, begrüßt mancher Baum die Holzfäller sogar mit Freude. Wenn eine Fällung für mich aber ganz unerwartet beschlossen wird, kann ich mich nur bemühen, den Baum in der begrenzten Zeit zu beruhigen, die mir noch zur Verfügung steht.

Bäume und andere Pflanzen sprechen immer auf Liebe an, und wir, deren Obhut sie anvertraut sind, lieben sie immer. Wenn aber der Mensch in ihrer Nachbarschaft die Bäume ebenfalls liebt, dann gedeihen sie wirklich. Wenn Kinder beim Spielen die unteren Zweige berühren, freut sich ein Baum, und wenn junge Paare sich unter dem schützenden Blätterdach ihrer Liebe hingeben, ist dies für den Baum ein zusätzliches Glück.

Bäume sind empfänglich für jede Aufmerksamkeit, und wenn eine notwendige Maßnahme wie der Baumschnitt mit Fachkenntnis und Zuneigung durchgeführt wird, dann fühlen sie sich ermutigt, weiterhin ihr Bestes zu geben – eine reichliche Belaubung hervorzubringen oder Blüten oder Früchte, die der Mensch begehrt.

Freude spendet den Bäumen das Wetter, und jede Veränderung ist eine willkommene Abwechslung. Ich sehe oft, wie sie sich nach einem plötzlichen Wolkenbruch hoffnungsvoll der Sonne entgegenstrecken; der Wind hilft ihnen zu wachsen und sich durch Bewegung Ausdruck zu geben. Ein Sturm bringt große Aufregung ins Leben, denn oft biegt er die Zweige, bis die Bäume fürchten, sie müssen abbrechen – was natürlich zuweilen auch geschieht. Dann empfinden sie Bedauern, denn ein im Sturm abgerissener Zweig zeigt, dass eine Schwäche vorhanden war und die zur Aufrechterhaltung des Wachstums notwendige Arbeit etwas vernachlässigt wurde. Wir alle tun unser Bestes, um den verstümmelten Baum zu trösten und sagen ihm, dass er aufhören soll, seine Energie mit nutzlosem Bedauern zu vergeuden, um sich stattdessen an die Arbeit zu machen, um der Wiederholung eines solchen Unglücks vorzubeugen. Meist gelingt es uns, den Baum zu überzeugen, und er lernt eine wichtige Lektion. Wenn er aber sehr nachlässig gewesen ist, werden ihn der Bruch und das folgende Ausbluten seiner Kraft nur weiter schwächen. So sehr uns dies bekümmert, wissen wir dann, dass einer der nächsten Stürme den großen Stamm des Baumes zu Boden ringen und fällen wird.

Bäume entwickeln oft feste Bande der Zuneigung unter einander und zu anderen Pflanzen und Sträuchern um ihren Standort. Diese Liebe hilft ihnen zu wachsen, denn es bereitet ihnen große Freude, ihren Freunden so viel Schönheit zu zeigen, wie sie entfalten können. Die kleineren Pflanzen sprechen darauf an und tun ebenfalls ihr Bestes, um der Größe und Stattlichkeit ihrer älteren Geschwister nachzueifern. So sollten alle in Harmonie und Liebe wachsen, wobei jeder auf seine eigene Weise zur Freude der anderen beiträgt.

Myrris
(von ihr selbst)

Zwiebelpflanzen

Auf der Astralebene pflegte ich mit den niedrigen Pflanzen zu arbeiten, bis ich eines Tages eine Elfe traf, die Zwiebelgewächse betreute. Wir wurden bald gute Freundinnen, und mein Interesse an ihren Aufgaben nahm zu. Meine Liebe zu den anderen Blumen habe ich niemals verloren, aber das Wachstum einer Pflanze zu beobachten von der Zeit, in der sie noch in einer harten Zwiebel steckt, bis sie dann in all ihrer Schönheit hervorbricht, empfinde ich als das beglückendste Erlebnis überhaupt.

Ich kümmere mich das ganze Jahr um sie, ob sie behaglich in die Erde eingebettet sind, ob sie gerade erblühen oder ob sie ausgegraben und in einer Ecke liegen gelassen wurden, bis es Zeit ist, sie wieder in die Erde zu setzen. Bis sie eingepflanzt werden, findet in der Regel kein eigentliches Wachstum statt, aber die Pflanzen sind gleichwohl voller Leben und bedürfen einer gewissen Menge von Kraft und Aufmerksamkeit, um bei guter Gesundheit zu bleiben. Sobald die Zwiebel in die Erde gesetzt wird, ist viel mehr Kraft erforderlich, da sie von der sie umgebenden Wärme und Feuchtigkeit augenblicklich angeregt wird und zu arbeiten beginnt. Ich kann dir gar nicht schildern, wie wundervoll es ist, ihr Erwachen zu beobachten und wahrzunehmen, wie ihr Bewusstsein allmählich aktiver wird und das Wachstum in jedem Abschnitt bis zur Vollendung ihrer Gestalt kontrolliert. Nach einer Weile gebe ich jeder Zwiebel den Impuls, Wurzeln zu treiben, um das notwendige Wasser und die Mineralien aus dem Erdreich zu ziehen, die ihren physischen Körper nähren. Tag für Tag gebe ich ihr mehr und mehr Kraft, sodass der Astralkörper, um den ich mich kümmere, darauf anspricht und meine Impulse und Ermutigung in den physischen Körper übermittelt.

Ich betrachte meine Schützlinge, einen nach dem anderen, und jedes Mal, wenn der erste grüne Spross, der sich emsig im Innern der Zwiebel entfaltet hat, an der Spitze hervorstößt und seinen Weg hinauf in Licht und Luft antritt, empfinde ich ein tiefes Glück. Du weißt, dass nicht ich es bin, die alle diese Kraft zum Wachstum liefert; ich habe viele kleinere Wesenheiten, die mir bei meiner Arbeit helfen, und ich brauche sie nur zu den Zwiebeln zu lenken, die ihrer Aufmerksamkeit bedürfen. Wenn eine Zwiebel nicht so wohl gedeiht, wie sie sollte, dann ziehe ich einige der Wesenheiten von einer anderen Pflanze ab, die gerade nicht so viel Hilfe benötigt. Was für höher entwickelte Leute gilt, trifft auch bei den Blumenzwiebeln zu: Manche arbeiten mehr an sich als andere. Solche Exemplare, die mehr Unites brauchen, die ihnen Kraft liefern, leisten selten so viel wie jene, die von Wachstumseifer erfüllt sind.

Ich denke, dass mein Glück seinen Höhepunkt erreicht, wenn meine Schutzbefohlenen zu ihrer vollen Schönheit erblühen. Manchmal empfinde ich sogar noch größere Freude, wenn ich feststelle, dass sich eine winzige Tochterzwiebel auf der elterlichen Pflanze gebildet hat, denn dann weiß ich, dass es dieser nicht nur gelungen ist, sich selbst zu ihrer jährlichen Vollendung zu entfalten, sondern auch ein weiteres Leben ins Dasein zu bringen, um die Welt mit ihrer Schönheit zu bereichern.

Gorjus und Myrris
(von George)

Nie werde ich den Tag vergessen, an dem Daphne mir über die Elfenwesen erzählte. Zuerst dachte ich, sie nehme mich auf den Arm, doch sie sprach recht ernst. Sie spürte, dass ich ihr nicht glaubte – obwohl ich nichts dergleichen andeutete –, und als sie mich darauf ansprach, gab ich eher zögernd zu, dass ich keinen Zweifel daran hatte, dass sie mir kein Märchen auftischte, doch die volle Wahrheit gäbe sie auch nicht preis. Sie erzählte mir, dass ihre Gartenelfen bei uns seien, und bat mich, wenigstens zu versuchen, ob ich sie hören könnte. Sie rief Normus, den Führer der Elfen, wie sie sagte, und bat ihn, seine Schwingungen zu senken, während ich meine heben sollte. Nach etwa einer Minute fragte sie mich, ob ich irgendetwas gehört hätte, doch zu meinem Bedauern musste ich ihr gestehen, nichts vernommen zu haben.

„Nun, Normus", ermahnte sie ihn mit gespielter Strenge, „du gibst dir wohl nicht genug Mühe. Klettere auf Georges Schulter und gib ihm die Bilder ein, so klar du kannst. Ich werde sehr böse mit dir sein, wenn dir das nicht gelingt." Ich hatte keinen Zweifel, dass diese Drohung alles andere als ernst gemeint war, und war zugleich gewiss, dass auch Normus sich dieser Tatsache bewusst war.

Nach einiger Konzentration meinte ich, eine Stimme sagen zu hören: „Bitte höre mich, George, denn wenn du es nicht tust, wird Daphne mich schlagen." Daphne lachte, und als ich das Gehörte wiederholte und sie bestätigte, dass ich wirklich zum ersten Mal in meinem Leben ein Elfenwesen gehört hatte, war ich natürlich recht zufrieden mit mir.

Dann wurde ich feierlich mit zwei weiteren Elfenwesen bekannt gemacht, deren Namen, wie ich erfuhr, Gorjus und Myrris waren. Auch sie konnte ich hören, aber ich wollte sie auch sehen, weil wir ja nie zufrieden sind mit dem, was wir haben, und immer auch den nächsten Schritt gehen wollen. Dieses ehrgeizige Ziel konnte ich erreichen, als ich ein weiteres Mal bei Daphne war. Sie rief alle Elfenwesen und erzählte uns, dass wir eine gemeinsame Anstrengung unternehmen wollten, zu der sie selbst einige Kraft geben werde.

Dies war das erste Mal, dass Daphne Kraft gab, um mir zu helfen. Als die Umgebung lichter wurde, blickte ich angestrengt erst auf ein Bein und dann auf das andere, denn hier – so hatte Daphne es angeordnet – sollten die Elfen ihre Plätze einnehmen. Zuerst passierte gar nichts, doch dann begann ich in der Nähe meines rechten Knies die Umrisse einer kleinen Gestalt wahrzunehmen. Allmählich verdichtete sich diese Gestalt, und ich streckte ihr einen Finger entgegen. „Ich wette, es ist ein Mädchen", vermutete Daphne.

„Nein, es ist ein Junge", klärten die Elfenwesen und ich sie auf.

Wie sich herausstellte, war es Gorjus, mit dem ich bereits formell bekannt gemacht worden war, und bevor ich zur Astralebene zurückkehrte, führten wir ein höfliches kleines Gespräch. Es verging einige Zeit, bis sich eine weitere Gelegenheit ergab, wieder einen Versuch zu wagen, die anderen Elfen zu sehen, und in der Zwischenzeit erzählte uns Daphne von ihrem Plan: Jeder von uns sollte ein oder zwei Angehörige des kleinen Volkes „adoptieren".

Damals waren wir fünf Besucher von der Astralebene, die jeden Samstag mit Daphne im Garten den Tee einzunehmen pflegten, und eines Tages, als wir dort versammelt waren, beschlossen wir, auch dann zu versuchen, die Elfenwesen zu sehen, wenn Daphne nicht da war, um uns zu helfen. Wir wollten es der Reihe nach probieren, während die anderen Kraft dazu gaben. Als ich an die Reihe kam, begann sich eine Gestalt zu materialisieren. Zu meinem großen Entzücken war es Myrris, die Partnerin von Gorjus, und so hatte ich nun „mein" Paar vollständig.

Ich bat sie, mir zuerst zu erzählen, wie sie sich kennen gelernt hatten. Gorjus arbeitete offenbar in einem Garten auf dem Lande, und Myrris lebte etwa 13 Kilometer entfernt, als eine bestimmte Festlichkeit stattfand. Gorjus spielte gerade seine kleine Flöte, als sein Blick auf ein Wesen fiel, das er für die allerschönste Elfe hielt, die er je gesehen hatte. Sie zeigte sich nicht in ihrer materialisierten Form, sondern als ein rosa Licht. (Ich vermag mir nicht vorzustellen, wie sich ein rosa Licht von einem anderen unterscheiden soll, und das ist mir trotz ausführlicher Erklärungen bis heute völlig unverständlich geblieben.) Gorjus zog ihre Aufmerksamkeit auf sich, indem er eine Schwingung seines eigenen grünen Lichtes zu ihr schickte, und diese verfolgte die Schöne zu ihrem Ursprung, bis sie vor ihm stand. Er glaubte, das Bewusstsein verlieren zu müssen, als sie sich näherte, und er wusste es genau: Wenn sie ablehnte, das

Leben mit ihm zu teilen, würde sein Licht nachlassen und vielleicht sogar verlöschen.

Dann fragte ich Myrris, wie sie sich bei jener Begegnung gefühlt habe. „Sowie seine Schwingung mich berührte, wusste ich, dass etwas Wunderbares geschehen würde", antwortete sie. „Es waren Hunderte von anderen Schwingungen überall um mich herum, aber plötzlich hatte ich das Gefühl, als öffnete ich mich wie eine Blüte, um die Sonne willkommen zu heißen. Das war kein bewusstes Tun, vielmehr fühlte ich mich einfach jenem Strahl entlang gezogen. Das Empfinden, zur vollen Blüte zu gelangen, wurde immer stärker, bis ich fühlte, dass ich mich nicht noch weiter entfalten und öffnen konnte. Da spürte ich einen kleinen Stich und wusste: Er und ich waren eins, und an Stelle von zwei Lichtern, rosa und grün, waren wir zu einem einzigen, zweifarbigen Glühen geworden." Beide erklärten mir, dass ein solches plötzliches Verschmelzen zweier Selbste in ihrer Evolution höchst ungewöhnlich ist. Normalerweise bedürfe es vieler Monate oder Jahre, in deren Lauf man allmählich in die Aura des anderen eintrete und miteinander Kraft austausche, bis es schließlich zur alles durchdringenden Verschmelzung der beiden Seelen komme. Ich stelle mir vor, dass die beiden eine überaus leidenschaftliche Liebesaffäre verbindet, denn sie wenden nur selten ihre Blicke von einander. Ich habe von ähnlichen Fällen plötzlichen Drängens nach körperlicher Vereinigung unter Menschen gehört, aber noch nie von einem so spontanen Impuls mit so anhaltender Kraft. Gorjus und Myrris sind mittlerweile seit dreißig Jahren zusammen.

Ich will nun versuchen, dir meine beiden kleinen Freunde zu beschreiben. Gorjus sieht, wie sein Name verrät, sehr gut aus; er ist ein vollendeter Adonis im Kleinformat von etwa 15 Zentimetern. Er trägt, wie die Farbe seines Lichtes vermuten lässt, gewöhnlich

Grün, hat jedoch nicht immer die gleichen Stücke an. Zuweilen trägt er braune Hosen und ein grünes Wams oder umgekehrt. Sein Jackett hat rechteckige „Langetten", wie sie vermutlich genannt werden; sie sehen aus wie kleine, Kopf stehende Türmchen. Seine Schuhe unterscheiden sich von den spitz zulaufenden mancher anderer Elfenwesen dadurch, dass sie vorn rechteckig verarbeitet sind, und sein Hut gleicht einer Kappe mit Spitzen, die an den Seiten nach oben gerichtet sind wie bei altmodischen Jagdmützen.

Da Gorjus' Arbeit den Bäumen gilt, hat er lange und dünne Flügel wie eine Libelle. Wenn er von ihnen Gebrauch macht, funkeln sie in der Sonne, ansonsten sind sie transparent und farblos. Seine Haut ist hübsch sonnengebräunt und seine Züge sind ebenmäßig; er hat blaue Augen und blondes, lockiges Haar.

Myrris dagegen hat sehr dunkles Haar und eine fast alabasterfarbene Haut. Sie trägt immer fließende rosafarbene Gewänder, ihre hübschen Beine sind durch den dünnen Stoff zu sehen. Ihr Haar ist glatt und reicht bis zur Taille; ihre Wimpern sind außergewöhnlich lang und geschwungen und bilden einen hübschen Rahmen um ihre sanften braunen Augen.

Gewiss, alle Mädchen sind schön, aber für meine Begriffe ist Myrris feiner und schöner als alle anderen.

Ich bin sicher: Wenn Elfenwesen Babys bekämen, wäre sie eine wunderbare Mutter, aber da diese Möglichkeit nicht vorgesehen ist, lebt Myrris ihren mütterlichen Instinkt in ihrer Zuwendung an die Zwiebelgewächse aus. Ich habe gesehen, wie sie eine von ihnen so hingebungsvoll streichelte, wie nur eine Mutter ihr Kind umsorgen kann; ihr größtes Glück ist, wenn Daphne ihr neue Schützlinge anvertraut.

Da sich ihre Tätigkeit am Boden abspielt, hat Myrris keine Flügel und kann auch nicht fliegen – es sei denn, wenn Gorjus sie trägt.

(Zutreffend zur Zeit der Niederschrift. – D.C.) Sie gestand mir einmal, dass sie auf diesen Reisen immer ein wenig ängstlich sei, verpflichtete mich aber zum Stillschweigen, um nicht die Gefühle von Gorjus zu verletzen. Er liebte es so sehr, ihr seine Arbeit hoch oben an den Zweigen der Bäume zu zeigen, dass sie lieber ihre Ängste während dieser Ausflüge ertrug, als das Risiko einzugehen, ihn zu beunruhigen.

Eines Tages versuchten sie, mir den Teil des Gemeinschaftshauses zu zeigen, in dem sie wohnten. Äußerlich gleicht es einem der großen, massiven viktorianischen Gebäude in der näheren Umgebung, und eine auffallende Ähnlichkeit verbindet es mit dem Haus, in dem Daphne wohnt. Es hat Fenster, aber keine Glasscheiben, und nachdem ich mich auf Hände und Knie herabgelassen hatte, konnte ich durch eine dieser Öffnungen hineinspähen. Für die Elfen mag dieser Raum perfekt eingerichtet sein, aber, um die Wahrheit zu sagen, ich konnte überhaupt nichts davon erkennen. Es gab vier Wände und eine Art Fußbodenbelag, aber abgesehen von einigen kleinen Wölbungen, die, wie ich mir vorstelle, ein Bett und ein paar Stühle gewesen sein mögen, konnte ich nichts wahrnehmen, das ihre Begeisterung rechtfertigte. Doch ich erzählte den beiden, dass es mir gefalle, und sie schienen zufrieden.

An einem anderen Tage begleiteten sie mich die Straße hinauf zu dem Platz, wo sie ihr Wochenendhäuschen hatten. Normalerweise wohnen sie in dem großen Gemeinschaftshaus, aber jedes Paar hat auch eine Art Zufluchtsort, wohin es sich nach der Arbeit zurückziehen kann.

Äußerlich – abgesehen von seinen Dimensionen – ähnelte dieses Häuschen in jeder Hinsicht dem großen Haus, und ich fürchte, dass ich vom Inneren ebenso wenig sehen konnte wie zuvor beim Gemeinschaftshaus. Ich hoffe jedoch, dass sich mein Sehvermögen mit meiner weiteren Entwicklung verbessern wird, weil es mir ein großes Vergnügen wäre, den Stolz der beiden Elfen auf ihren Besitz zu teilen. Für sie ist dieses Heim offensichtlich das Traumhaus, das alle Liebenden im Sinne – aber nur selten im Besitz – haben.

Bei einem anderen Besuch baten sie mich, ihnen etwas zu zeigen, was sie noch nie zuvor gesehen hatten. Ich zog meine Uhr hervor, doch ich fürchte, sie bedeutete ihnen fast ebenso wenig wie ihre Besitztümer mir. Sie konnten einen kreisrunden Gegenstand mit Zeigern sehen, aber als ich die Rückseite öffnete und das Uhrwerk sichtbar wurde, schienen sie dieses überhaupt nicht wahrzunehmen. Ich hoffe, dass auch sie sich genügend weiter entwickeln werden, um eines Tages die aufregenden kleinen Rädchen und ihre Bewegungen sehen zu können. Ich bin sicher, dass mindestens Gorjus die Faszination erleben dürfte, die die meisten Männer fesselt, wenn sie sehen können, was hinter den Dingen steckt und diese bewegt.

Ein Jahr später

Daphne und ich haben gerade bemerkt, dass schon mehr als ein Jahr vergangen ist, seit wir zuletzt über die Elfenwesen geschrieben haben.

Damals konnte ich ihr Zuhause nicht sehen, aber nun werde ich mein Bestes tun, um es dir zu beschreiben.

Es liegt auf einem der ungenutzten Baugrundstücke in der Nähe, und ich stelle mir vor, dass sie diesen Platz gewählt haben, weil das hohe Gras ihnen den Eindruck vermittelt, im Walde zu wohnen.

Das Haus selbst ist von deutlich fremdartigem Design. Als ich sie fragte, was sie dazu inspiriert hatte, antworteten sie: „Wir selbst. Wir wollten etwas anderes."

Ursprünglich hatte ich nur die Außenseite gesehen, die mir recht normal erschien, doch dem Blick nach innen schien sich überhaupt nichts zu bieten. Nach einer kurzen Zeit konnte ich so etwas wie einen sehr großen Raum sehen, der allen Platz einnahm. Er war oval, und ich nahm an, dass es nur diesen Allzweckraum gab. Bei späteren Besuchen jedoch füllte sich das Oval, und Zimmer eigentümlicher Gestalt wurden erkennbar; Gorjus' „Höhle" zum Beispiel glich einem Tannenzapfen. Ein anderes Zimmer ähnelte einer elektrischen Glühlampe, doch ich nehme an, in Wirklichkeit sollte es einen von Myrris' Schützlingen darstellen. Es war, wie sich zeigte, tatsächlich Myrris' Raum, in dem sie ihre Arbeit für die nächsten Wochen oder möglicherweise Jahre plante.

Ihr Schlafzimmer bestand aus einer Menge kreisrunder Girlanden, die einander durchschlangen und als Ganzes zusammenhielten. Gorjus und Myrris waren unendlich stolz auf diese Frucht ihrer offenbar ungeheuer einfallsreichen Erfinderkunst, die gleichwohl – was ich ihnen um keinen Preis der Welt sagen würde – nicht besonders kuschelig aussah.

Ich habe den leisen Verdacht, dass das Innenleben meiner Taschenuhr für die Gestaltung des Schlafzimmers mitverantwortlich ist, denn kurz nachdem sie es schließlich richtig sehen konnten, hatten sie mir erzählt, dass sie ihren Ruheraum gerade neu gestalteten. Jedenfalls scheint er in der Elfenwelt eine ordentliche Sensation geworden zu sein, und ich muss gestehen, dass mich dies nicht überrascht. Ihr Häuschen ist geradezu eine Sehenswürdigkeit geworden, zu deren Besichtigung Elfen aus der Nachbarschaft in Scharen kommen; soweit ich verstehe, hat es einen grundlegend neuen Stil in der Hausgestaltung und Innenausstattung initiiert.

Ich hoffe nur, dass das Bett wenigstens bequemer ist, als es aussieht. Als ich nach ihm fragte, räkelte sich Myrris über einen schlanken kreisförmigen Halm, sodass ihr Kopf so tief hing wie ihre Zehen und ihr Körper eine Art Schleife bildete.

„Ist das bequem?", fragte ich und gab mir große Mühe, nicht überrascht auszusehen.

„Es ist herrlich!", gurrte sie entzückt. „Das ist die allerbehaglichste Art zu schlafen, die ich je ausprobiert habe."

Dann fragte ich Gorjus, wo sein Bett sei.

„Es ist dort drüben", sagte er und schickte sich an, in das Innere eines Kreises zu steigen, bis er mit dem Gesicht nach unten lag, während sein Körper sich gut dem Halbbogen anpaßte.

„Du wirst im Schlaf herausfallen", warnte ich ihn.

„Das tue ich nicht", versicherte er mir, „es ist herrlich. Von hier aus kann ich Myrris sehen, ohne den Kopf drehen zu müssen."

„Und warum fällst du nicht heraus?", fragte ich ihn.

Er blickte mich verblüfft an. „Warum sollte ich?", fragte er zurück.

„Nun, wenn ich mich so von der Zimmerdecke hängend zur Ruhe begäbe, würde ich fallen", antwortete ich.

„Nur weil du meinst, du müsstest das", sagte er. „Probiere es einmal, nachdem du beschlossen hast, nicht abzustürzen – und du wirst nicht fallen!"

Als ich an jenem Abend in mein Bett stieg, blickte ich zur Decke hinauf. „Natürlich würde ich abstürzen", dachte ich mir. „Nein, das hat keinen Wert", ermahnte ich mich. „Denke, dass du nicht fallen wirst, und dann wirst du auch nicht fallen." – „Ich würde nicht fallen", wiederholte ich entschlossen. „Natürlich würde ich nicht fallen." Aber es war nichts nütze, denn tatsächlich glaubte ich nicht daran. Eines Tages werde ich daran glauben. Es ist lächerlich, von einem kleinen Burschen wie Gorjus besiegt zu werden, aber vielleicht ist das nur so, weil ich keinen Anreiz habe. Weißt du, ich habe keine Myrris, die ich betrachten könnte, ohne den Kopf dabei drehen zu müssen.

Als ich die Elfen das nächste Mal besuchte, waren sie sehr aufgeregt. Auf meine Frage teilten sie mir mit, dass ihr Haus eine der größten Attraktionen des Kongresses sein werde. Sie hatten Stunden damit verbracht, es zu verschönern und wollten mir nun das Resultat zeigen.

Das Schlafzimmer erinnerte mich immer noch an das Innere meiner Taschenuhr, doch nun war es beleuchtet in verschieden hellen Tönen zartrosa Lichtes. Myrris' Reifen war mit Fäden von undefinierbarem, aber rosafarbenem Material umwunden. Es waren Gedankenformen, wie sie mich aufklärte, die Botschaften des Willkommens vermittelten. Nur mit Mühe widerstand ich der starken Versuchung, ihr zu erklären, dass solche Botschaften auf der Erde wohl kaum als geeignete Dekoration für das Schlafzimmer eines hübschen Mädchens betrachtet würden.

In Gorjus' Teil des Zimmers hingen unterschiedliche Materialien, die, wie ich erfuhr, die Schwingungsfarben von einigen der Länder zeigten, aus denen Delegierte kommen würden.

Als Nächstes wurde mir Myrris' „Zwiebel-Raum" gezeigt, der mittlerweile zu einer mächtigen Narzisse herangewachsen war. Von außen konnte man dies nicht sehen, obwohl die Narzisse viel höher reichte als das Dach ... Elfen-Zauber, nehme ich an. Obwohl beide Bewohner sich in diesem Raum recht mühelos bewegen konnten, schien er massiv zu sein und zeigte das Innere einer Blumenzwiebel, die eine Blüte trieb. Gleichzeitig war es irgendwie möglich, nicht nur das derzeitige Wachstumsstadium der Pflanze zu sehen, sondern auch alle ihre Aktivitäten seit dem Augenblick, als sie zum Leben erwachte, und ihre Zukunft bis zu dem Tage, an dem sie wieder in eine Ruhephase eintreten würde.

Gorjus' Tannenzapfen-Raum hatte dem Inneren eines Baum-
stamms Platz gemacht. Ich fragte ihn, warum er den Zapfen ver-
bannt habe, und er erklärte mir, dass dieser ohnehin in der Geschichte
vom Wachstum des ganzen Baumes dargestellt werde, zu dem er
sich entfalte. Als ich etwas genauer hinsah, erkannte ich, dass es so
war, wie er sagte. Ich beobachtete, wie sich das Leben des Baumes
entfaltete von dem Augenblick an, als es sich zum ersten Mal im
Zapfen regte, bis es zu einem mächtigen Tannenbaum von vielen
Metern Höhe herangewachsen war.

"Das ist lächerlich", sagte ich zu Gorjus. "Hier ist ein riesiger
Baum. Wie kannst du den ins Innere eures winzigen Häuschens
schaffen?"

"Es war etwas schwierig", sagte er leichthin. "Tatsächlich haben
wir einiges ausprobieren und experimentieren müssen, bevor wir
das Problem schließlich lösten. Der Baum wächst, und mit ihm
wächst das Haus."

Um sicher zu gehen, sah ich nach, doch das Haus hatte seine
normale Größe, und so bat ich ihn, mir das noch einmal zu zeigen.

Ich sah den Raum mit dem Tannenzapfen, als ich im Gras lag
und mit einem Auge durch die Fensteröffnung spähte. Dann begannen aufregende Dinge zu geschehen, und der Baum war bereits
wieder ausgewachsen, bevor ich mich an das Problem des mit-
wachsenden Hauses zu erinnern vermochte. Ich nahm mein Auge
vom Fenster und blickte nach oben, wo der Baum gewesen sein
sollte – aber da war nichts, und das Haus hatte seine gewöhnliche
Größe.

"Wo ist der Baum?", fragte ich.

"Da", sagte Gorjus und deutete zum Fenster. Ich blickte hinein
und bekam wieder das Tannenzapfen-Stadium zu sehen.

"Ich gebe es auf", beschloss ich. Gorjus lächelte auf etwas überlegene Weise, schien es mir. Ich habe das Problem immer noch nicht gelöst.

Bei einem früheren Besuch hatten wir vereinbart, gemeinsam zu meditieren. Als nun die Aufregung des Kongresses vorüber war und ich meine beiden kleinen Freunde wieder besuchte, setzte ich mich neben ihr Häuschen in Erwartung ihrer Anweisungen, weil ich unbedingt meditieren wollte – als wäre ich ein Elfenwesen und nicht ein Mensch.

„Nimm so viel Kraft auf, wie du kannst", forderten sie mich auf. „Dann entspanne dich und sieh zu, was geschieht. Das ist alles." Ich tat, wie mir geheißen, und sobald ich meine Muskeln entspannt hatte, konnte ich spüren, dass ich mich irgendwie innerlich bewegte. Dies war für mich recht interessant, weil ich immer gemeint hatte, dass man auch seine Gedanken anheben müsse und es letztlich ihre „Höhe" ist, die bestimmt, wie weit und hoch man in der Meditation gelangt. Ich habe auch festgestellt, dass nach der anfänglichen Entspannung in der Regel mehrere Minuten vergehen, bis eine Bewegung spürbar wird. Bei dieser einfacheren Methode fand ich nun jedoch, dass ich schon viel früher spürbare Resultate erzielte. Wir machten jedoch recht bald wieder Halt, ich öffnete meine Augen und erblickte eine vertraute Umgebung – mein Zimmer.

„Was um Himmels Willen tun wir hier?", fragte ich.

„Wir wollten es so gerne sehen, George", sagten sie entschuldigend, „und es ist uns nicht erlaubt, hierher zu kommen – außer in der Meditation."

Ich fühlte mich sehr geschmeichelt, dass ihr Verlangen, meine sehr gewöhnlichen Besitztümer zu sehen, so stark war, dass sie freiwillig auf die Gelegenheit einer weitaus erbaulicheren Meditationserfahrung verzichtet hatten.

Ich fragte mich, was sie wohl am meisten interessierte, doch ich hätte mir keine Gedanken darüber zu machen brauchen, denn alles, was sie berührten und untersuchten, musste, gemessen an ihrer Erregung, mindestens der vierten Ebene angehört haben.

Mein Rasierpinsel faszinierte sie über alle Maßen; und ich musste mir tatsächlich das Gesicht damit einseifen und die Operation mit dem Rasiermesser vollenden, damit sie seinen gewöhnlichen Verwendungszweck zu glauben bereit waren. Sie bebten vor Lachen über meine weiß eingeschäumte Erscheinung, und jeder Messerstrich musste nach Haarresten untersucht werden.

Mein Pyjama erwies sich als ein Quelle größter Erheiterung, und ich gestehe, dass ich mich verpflichtet sah, mich zu entkleiden und ihn anzuziehen, bevor meine Besucher zufrieden gestellt waren. Sie wollten mich auch im Bett sehen, doch diesem Begehren gebot ich Einhalt, da ich wusste, dass sie häufig genug Daphne in dem ihren sahen. „Aber wir wollen *dich* sehen", beharrten sie – und ja, ich gab schließlich nach. Es ist keine Frage: Die beiden können mich um ihre winzigen Finger wickeln.

Ich möchte nun keine Aufzählung aller Dinge zum Besten geben, die ihre Faszination weckten. Ich kann dir nur sagen, dass ich anfing, ein neues Interesse an den vertrauten Gegenständen in meiner Umgebung zu finden. Sie wollten wissen, was die Borsten im Kopf meiner Zahnbürste festhielt. Ich hatte niemals über diese Frage nachgedacht und war genötigt, meine Unwissenheit in diesem Punkt einzugestehen; inzwischen habe ich jedoch die Antwort für sie herausgefunden. Dann fragten sie mich, warum ich Whiskey trank. Ich erklärte ihnen, dass mir dies ein angenehmes, anregendes Gefühl verschaffte. „Aber das tut die Kraft auch", hielten sie dagegen. „Es wäre aber nicht sehr lustig, Leute zu einer Party einzuladen und einfach Kraft aufzunehmen", versuchte ich zu erklären, aber ich wusste, dass ich ihnen dies niemals verständlich machen könnte.

„Aber wir haben herrliche Partys, bei denen wir gerade dies tun", insistierten sie.

„Ja, aber ihr tanzt – und dafür ist kein Platz", sagte ich hoffnungsvoll.

„Doch man könnte ja ein *wenig* tanzen", wandten sie ein.

Ich spürte oft die Versuchung, ihrer Empfehlung zu folgen, und sei es nur, um den verwunderten Gesichtsausdruck meiner Freunde zu sehen, doch ich habe es nicht getan. Irgendwie kann ich mich der Ahnung nicht erwehren, dass nie wieder jemand zu einer Gesellschaft kommen würde, zu der ich eingeladen habe.

Als ich meine Elfenfreunde das nächste Mal besuchte, meditierten wir wieder gemeinsam, und bei dieser Gelegenheit erreichten wir eine recht hohe Ebene des Astralreiches. Die beiden waren so angetan, als wären wir in den siebten Himmel gelangt, und sie überwältigten mich mit ihrer Dankbarkeit für meine Hilfe. „Wir sind nicht so schrecklich gut in der Meditation", gestanden sie. „Manchmal denken wir, dass wir vielleicht allzu glücklich miteinander sind. Unser wunderschönes Heim bedeutet uns so viel, dass wir mit unserem gewöhnlichen, täglichen Leben in der Tat zu zufrieden sind."

„Nun, seid darüber nicht traurig", sagte ich. „Das ist es doch, was wir alle wollen, doch die meisten von uns erreichen es nicht. Erst das Leiden bringt die Menschen dazu, sich dem spirituellen Trost zuzuwenden. Auf der Erde ist es genau das Gleiche: Die glücklichsten Menschen sind oft die, die ein befriedigendes Familienleben haben, ein hübsches, reichliches Einkommen und ein gemütliches Zuhause. Gelegentlich findet man natürlich auch Leute, die ohne viel materiellen Besitz glücklich sind, und das ist noch besser. Vielleicht werdet ihr jene Art der Erfüllung nicht finden, bis ihr wieder auf die Erde herunter kommt."

„Wir haben gelegentlich lichte Höhen der Spiritualität erreicht, aber dies geschah immer dann, wenn wir Kraft austauschten, und nicht während der Meditation."

„Aber sind das nicht die Gelegenheiten, bei denen ihr eure besten Resultate erreichen solltet?"

Sie schienen zu zweifeln. „Siehst du", sagte Gorjus. „Das passiert einfach – aber nicht, wenn wir mental danach streben; deshalb kann man sagen, dass wir es gewissermaßen nicht so recht verdient haben."

„Aber das ist doch lächerlich!", warf ich ein. „Ihr wisst recht wohl, dass wir, abgesehen von materiellem Besitz, keine Dinge haben können, die wir nicht verdient haben. Leute können Gedankenformen von Porzellan, Möbeln und anderen Dingen dieser Art bilden, aber niemand kann Gedankenformen von spirituellem Wachstum und Verständnis erschaffen – und sie sind die einzigen Dinge, die es wert sind, sie zu besitzen." Ich hielt inne, um über das nachzudenken, was ich gerade gesagt hatte. Ich hatte diese Fakten noch nie zuvor in Worte gekleidet. Mit meinen menschlichen Freunden so zu reden, wäre mir peinlich gewesen. Ich hätte spießig geklungen und gepredigt, als ob ich selbst ein Tugendbold wäre – aber Elfen sind anders, denn ihr Verständnis ist dem der meisten menschlichen Wesen weit voraus. Sie waren niemals verwirrt durch die Notwendigkeit, Besitz zu erwerben, um sich warm zu halten und zu ernähren. Zugegeben, sie haben etwas Entsprechendes in ihren Häusern: ihren Schmuck, die Zeichen ihrer überaus wichtigen Beförderungen und die Privilegien, die damit verbunden sind. Aber alle diese Dinge sind Belohnungen für die Arbeit, die sie geleistet haben und für die Akte der Freundlichkeit, die auf Erden so oft ohne Lohn bleiben.

Ich kehrte aus meinen Tagträumereien zurück und konnte sehen, dass ihnen die Worte, die ich fast ohne vorausgegangene Überlegungen gesprochen hatte, Trost vermittelt hatten.

„Warum versucht ihr nicht, einen Maßstab für Pares zu setzen?", schlug ich vor. „Seid ein ideales Paar, zu dem andere, deren Verbindung nicht so erfolgreich ist, um Rat kommen können." Sie fassten sich bei den Händen und blickten einander an. „Ideales Paar", wiederholten sie und lächelten, als sie davon wanderten und es mir überließen, über die Tatsache nachzusinnen, dass ich, ein Angehöriger eines ganz anderen Evolutionszweiges, ihnen vielleicht auf eine seltsame Weise den Schlüssel geliefert hatte, der ihnen eines Tages die Tür öffnen könnte, die die Geheimnisse des Universums verbarg.

2 – Movus und Mirilla
Beobachter: Ludwig

Movus
(von ihm selbst)

Sträucher

Wie du bereits weißt, arbeite ich mit den Sträuchern. Ich hatte das schon viele Jahre auf der Astralebene getan, und als ich den Wunsch äußerte, auf die Erde zu kommen, bat ich darum, weiterhin mit Sträuchern arbeiten zu dürfen, da ich sie mehr liebe als alle anderen Pflanzen. Früher hatte ich einmal mit Bäumen gearbeitet, die ich ebenfalls liebte, aber ich hatte immer das Gefühl, dass sie so groß waren und ich so klein, dass sie mich und meine Zuwendung nicht wirklich brauchten. Da Sträucher nicht so groß sind, erscheinen sie mir freundlicher – was freilich nicht heißt, dass die Bäume jemals etwas anderes gewesen sind als freundlich und dankbar für meine Dienste.

Es gibt so viele Arten von Sträuchern, dass ich das Gefühl habe, dass meine Arbeit die von allen anderen Elfenwesen umfasst. Es gibt große und kleine, wunderschön blühende Sträucher, es gibt immergrüne und solche, die binnen weniger Wochen zur Blüte reifen und wieder verwelken. Jeder meiner Schützlinge ist für mich so individuell wie eine andere Elfe oder wie ein Mensch für euch. Manche sind vorlaut, andere sind schüchtern; die einen stellen ihre Schönheit stolz zur Schau, die anderen scheinen Jahr für Jahr von neuem darüber zu staunen, was sie hervorbringen.

Es gibt immer ein Band der Liebe zwischen einem Elfenwesen und seinen Schutzbefohlenen, und zwischen den Zweigen ausgewachsener Sträucher ein- und auszufliegen, die ich selbst jahrelang umsorgt habe, ist ein sehr angenehmes Erlebnis. Da fühle ich mich gleichsam gebadet in sanft anregendem Sonnenlicht und bin erfüllt von dem Glück über ihre spontane Zuneigung und ihr Verlangen, mir zu gefallen.

Viele Minutes unterstehen meiner Kontrolle, und diese winzigen Wesenheiten werden von meiner Kraft zu jedem Strauch gelenkt, der einer Erquickung bedarf. Sie können in den Stamm eindringen und in jeden Teil der Pflanze gelangen, zu der sie eine kameradschaftliche Zuneigung empfinden. Wenn sie Kraft ausatmen und an die Pflanze abgeben, ist das für die Minutes eine zärtliche Form des Liebemachens. Ist der Strauch von Kraft erfüllt, fühlt auch er sich glücklich, und so bereitet er auch den Minutes, die ihm dienen, eine Freude.

Im Frühling bin ich besonders beschäftigt, da alle die Sträucher, die sich während des Winters von den Anstrengungen des vorausgegangenen Jahres erholt haben, ihre Lethargie abschütteln und von dem Verlangen erfüllt werden, zu wachsen und Blüten und Früchte zu tragen. Du kannst dir nicht vorstellen, mit welcher Freude ein jeder seine ersten Schösslinge hervorbringt, und wenn Hoffnung dergestalt zur Tatsache wird, teile auch ich ihr Glück, denn ich weiß, dass ich zu ihrem Erfolg beigetragen habe.

Mirilla
(von ihr selbst)

Große Blumen

Meine Arbeit mit den großen Blumen gilt einem der größten Wunder im Leben. Jede Entfaltung ist ein Wunder, und das Mysterium der Natur fasziniert mich stets aufs Neue. Alle meine Gedanken während des Tages kreisen um den Plan, die Idee hinter jeder Phase der Entwicklung, bis sich die Blume schließlich zu ihrer Vollendung ganz öffnet, um sich selbst Erfüllung und allen Betrachtern Freude und Glück zu bringen.

Natürlich sind manche Blumen schöner als andere, doch jene von schlichterer Färbung und Gestalt sind jüngere Schwestern. Wir wissen, dass sie, wenn sie erfolgreich Blüten und Samen hervorgebracht haben, zur gegebenen Zeit wieder auf die Erde kommen und noch schöner werden als zuvor. Diese Jüngeren verlangen nach Möglichkeit noch mehr zärtliche Pflege als jene, die schon mehr Erfahrungen gesammelt haben; ihr Bewusstsein ist noch klein, und es sind hauptsächlich die Gedanken von mir und den anderen pflegenden Wesenheiten, die ihnen ins nächste Stadium ihres Wachstums weiterhelfen. Eine höher entwickelte Blume wie der Rittersporn braucht weniger Ermutigung von uns, mit der wir sie dazu bewegen, um sich weiterem Fortschritt zuzuwenden.

Hierzu übermittle ich der Pflanze den Gedanken, der die näch-

173

ste Phase ihrer Aktivität zeigt, und die Minutes geben ihm Kraft und stärken ihn zusätzlich mit ihren Projektionen. Nach kurzer Zeit kann ich die Arbeit den Minutes überlassen, die meinen ursprünglichen Gedanken weiterhin mit Kraft versorgen, bis das durch ihn dargestellte Werk vollendet ist.

Ich kann dir nicht sagen, wie lange wir einer Pflanze Kraft zuführen müssen, denn solche Angaben schwanken von Natur aus; einer gesunden, normalen Pflanze jedoch geben wir etwa alle drei Tage Kraft.

Es ist für mich auch immer eine große Freude, wenn eine einst kränkliche Blume kräftig und gesund wird. Wenn einer unserer Schützlinge sehr schwach ist, wird ihm täglich Kraft zugeführt. Nicht immer ist es uns möglich, eine kranke Pflanze wieder gesund zu machen, denn auch sie muss sich anstrengen, um weiterzukommen – und manchmal scheitern wir trotz aller unserer Bemühungen. Wenn so etwas geschieht, sind wir immer ein wenig traurig, aber wir können nur unser Bestes tun, und wir wissen, dass sie bald eine weitere Chance bekommen wird. In der Regel sprechen Pflanzen auf unsere Liebe augenblicklich an und gedeihen mit der Kraft, die ihnen gegeben wird; manchmal jedoch verkümmert und vergeht auch eine gesunde Pflanze, obwohl ihr alle Pflege und Fürsorge zuteil wird. Dann wissen wir, dass die Kräfte des Bösen unsere Verteidigungslinien durchbrochen und unserem Schützling Kraft abgezogen haben. Das ist ein trauriger Tag für uns, denn er führt uns vor Augen, dass wir versagt haben – nicht in der Erfüllung unserer Pflicht, sondern in unserer Wachsamkeit.

Unsere Arbeit ist für uns wichtiger als alles andere, abgesehen von spiritueller Weisheit, obwohl unsere Studien unsere Leistungsfähigkeit natürlich steigern. Liebend gerne suchen wir unsere Hallen des Lernens auf, aber noch beglückender empfinden wir jede

Gelegenheit, das dort erworbene Wissen in der Praxis unter Beweis zu stellen.

Movus und Mirilla
(von Ludwig)

(Zu der Zeit, als Ludwig mit den Elfenwesen zusammenkam, lernte er gerade, wie den Erdgebundenen geholfen werden konnte, zu denen er selbst erst kürzlich noch gehört hatte. – D.C.)

Ludwig: Endlich war der große Tag gekommen, an dem ich, nachdem ich meine Prüfungen bestanden hatte, auf die Erde zurückkehren sollte, um mitzuhelfen, eine vorübergehend verlorene Seele auf unsere Seite herüber zu holen. Natürlich werden jene, denen Anfänger wie wir zu Hilfe geschickt werden, sorgfältig ausgewählt, damit wir kein Scheitern erleben, und obwohl ich mit diesem Wissen gewappnet war, muss ich gestehen: Ich war nervös. Doch alles ging gut, und ich eskortierte meine erste „verlorene Seele" auf die Astralebene.

Ganz gleich, wie die Aktion ausgehen würde, sollte ich Daphne zum Tee besuchen, und als die Zeit gekommen war, war mir diese Flüssigkeit überaus willkommen, doch ich war zu aufgeregt, um etwas zu essen. Daphne ließ mich ausruhen, und nach kurzer Zeit fühlte ich mich schon wieder etwas entspannter. „Ich denke, du verdienst eine Belohnung", sagte sie. „Ich habe mit Normus gesprochen, und wir werden versuchen, dir zu helfen, einige der anderen Elfenwesen zu sehen." Ich war immer noch etwas erschöpft und bin sicher, dass sich Daphne diese Ablenkung ausgedacht hatte, um mir zu helfen, meine Ermattung zu vergessen. „Wir wollen ein neues Experiment versuchen", fuhr sie fort. „Ich werde etwas Kraft aufbauen, und dann werden wir sehen, ob dies ausreichen wird. Auf jeden Fall hat Normus eine kleine Ansprache zu deinen Ehren vorbereitet, die er unbedingt halten möchte."

Ich hob meine Schwingungen so weit an, wie es mir möglich war, und Daphne stellte ihre Kraft an. Ich konnte Normus bereits sehen, der sich für diese Gelegenheit in seinem herrlichsten Staat präsentierte. Als ich ihn früher gesehen hatte, trug er ein schlichtes, grünes Jackett und Strumpfhosen. Heute jedoch glänzte er in einem Anzug aus grünen Brillanten, der Gürtel war aus Gold, und anstelle einer Vogelfeder schmückte deren Nachbildung aus Gold seine Kappe – er sah sehr attraktiv aus. Eines nach dem anderen nahmen die Elfenwesen vor meinen Augen Gestalt an, und es war ein reizender Anblick: die Mädchen in langen, pastellfarbenen Kleidern, die glänzten und schimmerten, und die Jungen – wie Normus – in Anzügen aus Brillanten mit Gürteln und Federn von Silber und Bronze.

„Ich kann es sehen!", rief ich entzückt, und sie lachten, sprangen in die Luft und klatschten vor Freude in die Hände. „Achtung!", befahl Normus mit fester Stimme, und gehorsam formierten sie sich hinter ihm zu zwei Reihen, die Mädchen vorn und die Jungen dahinter.

Scheinbar aus dem Nichts brachte er eine kleine Schriftrolle hervor und begann zu sprechen: „Lieber Ludwig, dies ist ein großer Tag für alle, für uns Elfenwesen ebenso wie für dich. Leider geschieht es nicht oft, dass wir von Menschen auf der Erde oder auf der Astralebene gesehen werden, und es erfüllt uns mit großer Freude, dass wir dir unsere Schönheit präsentieren können. Heute beginnt ein neuer Weg, und wir fühlen uns geehrt, unter den Ersten zu sein, die dir gratulieren dürfen. Wir wünschen, dass du weißt, dass dich von heute an und wann immer du aufbrichst unsere Gedanken begleiten werden. Wir sind nur klein, aber unsere Gedanken sind stark und wir wissen, dass sie dir eine Hilfe sein werden – sowohl dir als auch der Person, der du zu helfen dich bemühst. Wenn du zu irgendeiner Zeit mehr Kraft benötigst, so rufe bitte nach uns, und einer oder alle werden darauf ansprechen, je nach Bedarf. – Wir haben dir zur Ehren einen zeremoniellen Tanz komponiert und hoffen, dass es dir möglich sein wird, den Bewegungen zu folgen, denn jede hat ihre Bedeutung und soll ein Ausdruck unserer Wertschätzung sein."

Daphne fragte mich, ob ich meinte, den Tanz sehen zu können, worauf ich antwortete, dass ich ihn bestimmt verfolgen könnte, weil ich dazu fest entschlossen sei. Zuerst – ich muss es gestehen – war es nur eine Folge bunter Lichtblitze, die vor meinen Augen erschienen, doch als ich mich stärker konzentrierte, konnte ich bald einzelne Gestalten wahrnehmen. Nun, da ich eingestimmt war, schienen die Bewegungen vergleichsweise langsam, und ich konnte unterscheiden, wie die Elfenwesen sich verbeugten, knicksten, ihren Hut lüfteten und unsichtbare Gaben darboten. Es war allerliebst in jeder Einzelheit, und mein Herz schlug kräftig vor Dankbarkeit für all das Schöne, das meine Augen nun wahrnehmen durften. Nach einer Weile wurden die Bewegungen rascher, die Burschen hoben die Mädchen in ihre Arme und schwebten mit ihnen um meinen Kopf. Für mich war das Dargebotene atemberaubend, und meine einzige Sorge war, dass es Daphne nicht möglich war, diese neue Freude mit mir zu teilen.

Nur allzu rasch war die Darbietung wieder vorüber. Als die Elfen ihre Schlussposition eingenommen hatten, dankte ich ihnen aus tiefstem Herzen, und ich wusste, dass sie fortan einen immer wichtigeren Platz in meinem Leben einnehmen würden.

Als sie gegangen waren, erzählte Daphne mir von ihrem Plan, dass jeder von uns ein Elfenwesen adoptieren sollte und fragte mich, ob ich mich zu bestimmten Elfen besonders hingezogen fühlte. Ich antwortete, dass sie alle so reizend seien, dass ich mit jeder Wahl glücklich wäre, und bat sie, mir die Entscheidung abzunehmen.

Am nächsten Abend informierte sie mich, dass Movus und Mirilla den Wunsch geäußert hätten, meine Elfen zu werden, und obwohl ich mich nicht daran erinnern konnte, wer die Träger dieser beiden Namen waren, war ich doch gewiss, dass ich sie lieben würde, da sie mich zu ihrem speziellen Freund wünschten.

Als ich das nächste Mal zum Tee kam, rief Daphne, und zwei reizende kleine Leutchen kamen und sprachen mit uns. Mirilla hatte blondes, lockiges Haar, das ihr bis auf die Schultern fiel, und trug gewöhnlich Weiß mit einem leichten Stich von der Farbe der Blüten, für die sie gerade sorgte. Sie arbeitete mit den großen Blumen und hatte Flügel wie ein Schmetterling, schneeweiß und opak. Ich fragte, ob ich sie berühren dürfte, obwohl ich fast Angst hatte, die zarten Gebilde zu verletzen. „Hab keine Furcht, sie sind nicht annähernd so empfindlich, wie sie aussehen", ermutigte mich Mirilla. Ganz behutsam strich ich mit meiner Fingerspitze über einen ihrer Flügel, und er fühlte sich an wie feinster Satin.

Movus ist ein gut aussehender kleiner Bursche mit schwarzem Haar und funkelnden, fast schwarzen Augen. Er kümmert sich um die Sträucher und ist daher ebenfalls auf Flügel angewiesen; seine Flügel liefen im Unterschied zu Mirillas eher spitz zu.

Die beiden Elfenwesen lieben einander offenbar sehr, und bei meinem nächsten Besuch erzählten sie mir, wie sie sich vor zwanzig Jahren kennen gelernt hatten. Ich gebe sie hier in ihren eigenen Worten wieder:

„Ich bin gewöhnlich eher ein lustiger Bursche", sagte Movus, „aber aus irgendeinem Grunde hatte ich mich etwas unpässlich gefühlt. In der Regel bin ich wie ein klares, frisches Grün – wie ein junges Blatt im Frühling –, aber damals war ich matt geworden wie die Blätter eines Baumes nach einem heißen Sommer. Ich wusste nicht, was mit mir los war, und so fragte ich meinen Führer um Rat und Weisung, da ich merkte, dass ich meine Arbeit nicht mehr richtig erledigen konnte.

„Du solltest mehr ausgehen", sagte er. „Du hast Flügel. Warum hängst du die ganze Zeit hier herum? Flieg fort in einen anderen Bezirk, die Veränderung der Landschaft und die Elfen um dich werden dir gut tun. Geh ruhig für eine Woche. Ich werde deine Arbeit übernehmen."

Ich dankte ihm für seine Freundlichkeit, doch, um ehrlich zu sein, ich dachte nicht daran, dass eine Veränderung der Landschaft mir helfen würde. Die Sträucher sind alle meine Freunde, und die Vorstellung, sie zu verlassen, gefiel mir gar nicht. Aber weil ich wusste, dass ich aufgrund meiner geschwächten Konstitution nicht im Stande war, ihnen so zu helfen, wie ich sollte, entschied ich mich schließlich für die Reise.

Ich machte mich also auf, und da ich nicht wusste, in welche Richtung ich gehen sollte, entspannte ich mich einfach und ließ meine Flügel mich mitnehmen, wohin sie wollten. Die Sträucher grüßten mich heiter, als ich vorüber kam, und ihre Freundlichkeit half mir ein wenig, meine Traurigkeit zu verbannen; in der Nacht ruhte ich in den Zweigen eines Weißdorns aus. Wenn meine Arbeit getan war, blieb ich gewöhnlich nicht bei meinen Schützlingen, aber diese eine Woche wollte ich möglichst in jeder Hinsicht anders leben als sonst.

Am nächsten Tag fühlte ich mich schon etwas erquickter und bemerkte, dass mein Grünton etwas heller geworden war. Dies allein gefiel mir schon, denn Schönheit habe ich immer geliebt, und es beunruhigte mich, dass meine eigene getrübt war.

Ein Tag folgte auf den anderen, und meine Flügel trugen mich – ich weiß nicht, wohin. Ich wusste wohl, dass dies nicht das zufällige Abschweifen meines vorübergehend leidenden Bewusstseins war, sondern empfand es als die Erfüllung eines sorgfältig niedergelegten Planes höherer Wesen, deren Aufgabe es ist, uns, die wir im Leben in Schwierigkeiten geraten sind, zu leiten. Auf meiner Reise nahm ich zu beiden Seiten meines Weges Dinge wahr, von denen ich gar nicht gewusst hatte, dass sie überhaupt existierten, und mit jeder Überraschung fühlte ich neue Stärke in mich einströmen.

Am sechsten Tage flog ich gerade über ein Kornfeld, aus dem hellrote Mohnblüten leuchteten. Ich schwebte über einer großen Mohngruppierung und trank von der Pracht des strahlenden Scharlachrots inmitten des goldenen Korns, als mich auf einmal alle Kraft zu verlassen schien: Mitten in diesem intensiv farbigen Arrangement war das allerschönste Geschöpf, das ich je gesehen hatte."

Er streckte seine Hand zu Mirilla aus und lächelte. „Ich brauche sie dir nicht zu beschreiben, und ich bin sicher, dass du meine Begeisterung verstehst."

Ich nickte bestätigend, und der kleine Mann fuhr fort: „Schon nach einer Sekunde kehrte meine Kraft zurück wie ein wilder Wirbelsturm, und ich fühlte mich wie eine Pflanze nach dem Sturm. Der Sturm schien geradewegs durch mich hindurch gefahren zu sein und dabei in seinem eiligen Fluge alles mitgenommen zu haben, was da an Schwäche und Unwohlsein noch übrig gewesen war, und trotz meiner Schlappheit konnte ich sehen, dass ich nun heller strahlte als je zuvor."

Mirilla nahm nun die Schilderung auf: „In der Regel bemerke ich, wenn ich meine Blumen versorge, keine Passanten, aber bei dieser Gelegenheit fühlte ich mich plötzlich gezwungen, meinen Blick zu heben, und da sah auch ich das allerschönste Elfenwesen, das ich jemals erblickt hatte, sei es hier oder auf der Astralebene. Sein Körper schwebte in absolutem Frieden, und doch schlugen seine Flügel in raschem, gleichmäßigem Rhythmus. Seine Augen waren geschlossen, doch ich wusste, dass er sich meiner Gegenwart intensiv bewusst war. Ich beobachtete ihn fasziniert, bis seine Lider zitterten und ich in Augen blickte, die so schwarz waren wie Ruß, und doch so sanft wie die eines Schmetterlings. Er schwebte noch einige Sekunden weiter, doch nun war sein Körper gerade und erstarkt. Er ließ sich auf der Blume nieder, auf der ich stand, und wir blickten einander schweigend an. Dann nahm er sanft meine Hand in die seine. „Wir sind für einander geschaffen", flüsterte er."

„Sie senkte den Blick", unterbrach Movus, „und für einen Moment, der mir so lang schien wie eine ganze Erdenzeit, zitterte ich bei der Vorstellung, dass sie sich abwenden könnte."

„Ich war überwältigt", erklärte Mirilla. „Er hat große Kraft, weißt du. Da gaben meine Knie nach, und ich sank zwischen die großen schwarzen Staubgefäße der Mohnblumen."

„Ich war in Panik und fürchtete, sie verletzt zu haben, und doch wusste ich, dass dies nicht sein konnte", sagte Movus. „Ich kniete neben ihr nieder und gab ihr die stärkste Liebesschwingung der Welt. Bald schlug sie die Augen wieder auf und lächelte. „Ich habe das Gefühl, dich schon immer zu kennen", sagte sie, und ich wusste, dass alles gut war.

Wir gingen geradewegs zu ihrem Führer, den ich fragte, ob ich sie sofort mitnehmen könne. Er strahlte uns beide an und sagte, sie sei zwar eine exzellente Arbeiterin und nur schwer zu ersetzen, doch die Liebe müsse an erster Stelle stehen.

„Das war der Beginn des wahren Glücks für mich", fuhr er fort. „Nicht nur hat es mich seitdem nie wieder verlassen, sondern es wird zuweilen fast mehr, als ich ertragen kann."

„Dann gibt er etwas davon einem armen Elfenwesen, das nicht genug hat, sodass auch andere von unserer Liebe profitieren", ergänzte Mirilla.

„Hast du jemals das Gefühl, dass seine Liebe viel zu viel für dich ist?", fragte ich sie.

Sie schüttelte den Kopf. „Selbst wenn ich mehr will, gebe auch ich etwas fort, denn dazu ist die Liebe da. Sie sollte auch anderen nützen, nicht nur den beiden, die sie am meisten betrifft."

„Es ist ein Jammer, dass nicht mehr Leute diese Tatsache verstehen", sagte ich. „die Liebe zwischen einem Mann und einer Frau ist in der Regel eine egoistische Sache, wenn beide sie für und unter sich allein behalten."

„Sie ist so nicht gemeint", sagte Mirilla bestimmt, „und wir selbst erlebten größere Freude, wenn wir einiges von diesem unserem kostbarsten Besitz an jemanden abgegeben hatten, der weniger glücklich war als wir."

Bei einer anderen Gelegenheit luden sie mich zu ihrem Häuschen ein. Auf ihre Bitte hin ging ich auf Hände und Knie hinunter und spähte durch eine der kleinen Öffnungen, doch leider konnte ich nichts sehen.

„Sehr hübsch", sagte ich höflich.

„Ach Ludwig, du Lieber, glaube nicht, dass du auf uns Rücksicht nehmen musst. Bitte sage uns wahrheitsgemäß, was du siehst."

„Ich fürchte, dass ich nur ein schlechter Schauspieler bin", sagte ich. „Ich gestehe, dass ich gar nichts sehen kann."

„Wir haben nicht erwartet, dass du es schon beim ersten Mal sehen würdest", antworteten sie, „aber später wirst du es sehen. Wir haben Jahre des Denkens benötigt, um alles das zu erschaffen, was wir hier haben. Du siehst das, was wir als Erstes gemacht haben, nämlich unser Haus, und wir sind zuversichtlich, dass dir die Schätze, die wir später erworben haben, Stück für Stück auch noch offenbart werden."

„Ich bin froh, dass ich euch nichts vormachen muss", sagte ich. „Es hätte mich belastet, wenn etwas anderes als die Wahrheit zwischen uns wäre, und ich bin in der Tat gewiss, dass es mir nicht möglich gewesen wäre, euch längere Zeit etwas vorzumachen. Ich werde euch nun genau sagen, was ich sehe, und ich weiß, dass ihr ebenso entzückt sein werdet wie ich, wenn mir nach und nach auch die anderen Dinge gezeigt werden, die ihr liebt."

Ein Jahr später

Seit ich das letzte Mal schrieb, habe ich gelernt, mich weit mehr auf die Schwingung der Elfenwesen einzustimmen, und deshalb bin ich jetzt besser im Stande, dir von ihnen zu erzählen, als ich es früher war. Ihr Haus ist für mich nun in all seiner Schönheit sichtbar geworden, und ich will mein Bestes tun, es dir zu beschreiben.

Auf den ersten Blick dachte ich, dass das Haus den großen Häusern in der Nachbarschaft sehr ähnlich sehe. Doch als ich es mit meinen nun gewachsenen Wahrnehmungskräften genauer betrachtete, bemerkte ich, dass das Dach in Wirklichkeit nur ein Trugbild war, und dass ihr Zuhause zum Himmel hin offen war. Ich fragte sie, was sie gegen die Unbilden von Wind, Regen und Kälte unternähmen.

„Es gibt eine Schwingung, die sie davon abhält, uns zu beeinträchtigen", erklärte Movus. „Wir haben das Gefühl, wenn wir beim Entspannen nicht zum Himmel hinauf blicken können, gelangen wir nicht so hoch, wie es uns andernfalls möglich ist." Das klingt verständlich, da ich selbst festgestellt habe, dass ich weit tiefere spirituelle Erfüllung erlange, wenn ich unter freiem Himmel bin und die Sterne sehe, die meine Gedanken leiten können.

In der Eingangshalle beginnt eine weiße Treppe, die sich spiralig scheinbar endlos in die Höhe windet. Sie endet natürlich nicht im ersten oder zweiten Obergeschoss oder gar am Dach, sondern reicht bis in die Ferne, so weit mein menschliches Auge sehen kann.

„Habt ihr jemals das Ende der Treppe erreicht?", fragte ich. Movus lächelte. „Es gibt kein oberes Ende, und falls es eines gibt, haben wir es noch nicht entdeckt. Wir haben es oft versucht, aber immer dehnt sich die Treppe so viel weiter in den Himmel, wie sie von hier aus schon nach oben zu reichen scheint."

„Was geschieht, wenn ihr an euren höchsten Punkt kommt?", fragte ich, „und warum könnt ihr nicht weiter gehen?"

„Immer passiert irgendetwas", sagte er nachdenklich, „und wenn wir unser Bewusstsein zurückerlangen, sind wir wieder am Fuße der Treppe."

Er erzählte: „Es hat so viele Gelegenheiten gegeben, dass ich kaum weiß, welche ich dir schildern soll." Ich wartete geduldig, während er nachdachte, und konnte sehen, dass selbst die blasse Widerspiegelung seiner Erinnerungen ihn und auch Mirilla mit unbeschreiblicher Seligkeit erfüllte.

Solche Erfahrungen in Worte zu fassen, bedeutet immer, den größten Teil ihrer Herrlichkeit auszulassen, denn was man *empfindet,* nicht was man sieht oder hört, ist so erhebend, und doch zugleich so schwer zu ertragen. Ich habe viele Stunden mit dem Versuch verbracht, meine eigenen Reaktionen in eine Form zu bringen, die begriffen und zumindest teilweise verstanden werden kann von jenen, die nicht das Glück haben, das ich erlebe. Gleichwohl fürchte ich, dass mein Versuchen zum Scheitern verurteilt ist, und so kann ich kaum hoffen, dir die faszinierenden Wahrnehmungen eines anderen Evolutionszweiges unbeeinträchtigt vorzulegen. Als Movus sprach, ermöglichte er mir irgendwie, an den geschilderten Erlebnissen teilzuhaben. Ich werde dir seine Worte wiedergeben, beziehungsweise die Worte, die mir in den Sinn kamen, als mein kleiner Freund mir seine Gedanken übermittelte.

„Ich denke, eines unserer wunderbarsten Erlebnisse war vorletzte Nacht. Mirilla und ich hatten einen ruhigen Tag verbracht, es war Sonntag, und am Abend beschlossen wir, die Treppe hinauf zu steigen. Wir standen an ihrem Fuß, Hand in Hand, blickten eine Weile nach oben, und dann begannen wir emporzusteigen.

Wir genießen immer jeden Augenblick dieser Reise, denn es gibt da so viele Dinge zu sehen. Recht bald blickten wir nach unten auf die Häuser der anderen Elfen, und wenn uns einige von ihnen bemerkten, winkten wir einander zu, und sie schickten uns Gedankenformen und gute Wünsche herauf. Später waren die Vögel unsere Begleiter, und schließlich verließen wir die irdische Sphäre und wechselten ins Astralreich hinüber.

Bei dieser Gelegenheit wurden unsere Herzen und auch Körper bald leichter. Wir fühlten uns leichter als die Luft, und unsere Gedanken schienen aus unserem Geist heraufzusteigen und sich zu faszinierenden Mustern in der Atmosphäre über uns zu formieren. Später wurden sie unpersönlicher und bildeten sich ohne jegliches Zutun unsererseits; sie schienen die gesamte Menschheit zu umfassen, die Erde, den Himmel und alle Lebewesen darinnen. Es ist schwierig, diesen Verlust des Selbst zu beschreiben. Wir wussten, dass wir immer noch zusammen waren, und doch schienen wir nirgendwo zu sein. Dies mag klingen, als wären wir nur halb bei Bewusstsein gewesen, doch dies wäre alles andere als zutreffend, denn tatsächlich waren wir wacher als je zuvor. Wir haben in diesem Zustand nicht wirklich sehr viel mehr verstanden als normalerweise – wie es manchmal der Fall ist –, doch wir wussten, dass wir dem höchsten Ziele entgegen strebten. Wenn wir nur geahnt hätten, was dies ist! Solange wir hier unten sind, scheint es nicht so viel auszumachen. Wir haben alle Zeit vor uns und wissen, dass wir es am Ende verstehen werden. Aber dort oben ist es ganz anders. Da ist es von entscheidender Bedeutung, dass wir wissen, andernfalls gäbe es keinen Grund für unser ständiges Bemühen.

Wir empfanden so etwas wie Vergeblichkeit, und doch spürten wir, dass wir näher am 'Wissen' waren, als es uns je zuvor gelungen war. Ich denke, dass wir fast erwarteten, dass der Himmel sich öffnete und Gott käme, sich zu offenbaren." Er hielt inne. „Doch wir spürten nicht nur dies, sondern noch mehr – dass er sich offenbaren *sollte*. Ich denke, dass wir es tatsächlich für etwas Unabwendbares hielten, für etwas, das einfach geschehen *musste*.

Natürlich ist dies nicht geschehen. Obwohl wir das Gefühl hatten, dass er sich offenbaren musste, wussten wir auch, dass er es nicht tun würde, und deshalb gab es kein Gefühl der Enttäuschung, sondern nur die herrliche Gewissheit, dass er es eines Tages tun würde."

Ich selbst kenne jenes Empfinden so gut, daher kann ich Movus' Worte verstehen. Auf dem Papier klingt dieses Erlebnis vermutlich ernüchternd ... unwirklich ... vielleicht sogar sinnlos, aber ich kann dir versichern, dass diese Einschätzungen von der Wahrheit weit entfernt sind. Jede solcher Erfahrungen geschieht zu einem Zweck. Sie werden uns in genau dem Augenblick gegeben, in dem wir für sie bereit sind; sie sind entscheidend wichtig für unsere Entwicklung, und ohne sie kann keiner viel weiter kommen.

Bei meinem nächsten Besuch wurde mir der Gemeinschaftsraum gezeigt, in dem Movus und Mirilla schlafen und ihre Freunde unterhalten. Er ist in Silber- und Blautönen gehalten und wird von einem sanften Licht erfüllt, dessen Ursprung ich nicht auszumachen weiß – sofern es die kleinen Leute nicht selbst ausstrahlen. Am einen Ende des Raumes ist eine Estrade, auf der sie ruhen. Sie ist hinter einem schützenden Schleier verborgen, der von der Decke bis hinter zum Fußboden reicht; dahinter können sie schlafen und unsichtbar bleiben, wenn Besucher anwesend sind. Dieses Verlangen nach Privatsphäre, auch während womöglich eine Konferenz im Gange ist, hat nichts mit dem Liebesakt zu tun, der dem Kraftaustausch dient.

Wenn viele Wesen versammelt sind – ob Menschen, Elfen oder Angehörige anderer Evolutionszweige – wird immer Kraft freigesetzt, die für mannigfache Zwecke genutzt werden kann. Movus und Mirilla sind sehr spirituelle Wesenheiten, und mit der zusätzlichen Kraft ihrer Freunde ziehen sie sich gerne zurück und streben nach Erleuchtung und Erkenntnis über Themen, über die sie gesprochen haben.

Das ist wie schon in alten Zeiten, wenn die Priester das Orakel befragten. Dabei handelte es sich nicht um einen Akt der Phantasie zur Täuschung der Öffentlichkeit, denn die Priester waren entweder selbst Medien oder sie arbeiteten mit solchen zusammen und waren tatsächlich fähig, Rat von Verstorbenen zu empfangen. Wenn die Priester aufrichtig waren, stammten die erhaltenen Botschaften aus würdigen Quellen; nur wenn sie durch Sünde aus der Gnade gefallen waren, wurde die Kraft entzogen und geringere Wesenheiten traten an die Stelle der Großen und gaben nutzlosen und manchmal schädlichen Rat.

Wenn die Elfen über eine anstehende Aktion im Zweifel sind, kommen sie zusammen, um die Angelegenheit zu besprechen, dann geben sie Kraft und beten um Hilfe.

Ich fragte, was bei diesen Gelegenheiten hinter dem Schleier geschehe, aber Movus schüttelte den Kopf. „Das wissen wir selbst nicht", antwortete er. „Wer auch immer sich dorthin zurückzieht, geht in Trance, und durch ihn oder sie empfangen die Wartenden die Instruktionen, die sie suchen."

Ich war ein wenig verwundert, da es hier offenbar keine Stimme geben konnte wie beim menschlichen Trance-Mediumismus. „Empfangt ihr dabei Gedankenformen?", fragte ich.

„Ich glaube nicht", antwortete er. „Jedenfalls sehen wir sie nie. Wir *wissen* einfach, das ist alles."

„Aber ist es notwendig, dass dabei irgendjemand in Trance geht? Würde die Antwort nicht kommen, wenn ihr einfach fragtet und wartetet?"

„Nein", erwiderte er. „Wir haben es versucht, aber nichts geschieht. Einer oder zwei müssen sich zurückziehen und durch sie kommt dann die Antwort."

Bei meinem nächsten Besuch zeigten sie mir den Raum, in dem sie zu arbeiten pflegten. Er war erfüllt von einem goldenen, sonnenähnlichen Licht, das, wie sie erklärten, bei der Entwicklung von Ideen sehr hilfreich sei. Wenn ihnen zum Beispiel ein Gedanke in den Sinn kommt, kurz bevor sie ihr Zuhause verlassen, um einer wichtigen Aufgabe nachzugehen, haben sie oft keine Zeit, darüber nachzudenken oder zu entscheiden, ob sie ihn in die Tat umsetzen können. Dann lassen sie den Impuls innerhalb dieses Raumes zurück, in dessen kräftigendem, goldenem Licht er wächst. Wenn sie zurückkehren – möglicherweise erst eine Woche später –, prüfen und erwägen sie den Gedanken eingehend und behutsam und stellen fest, ob es sich lohnt, die ursprüngliche Idee weiter zu studieren oder zu verfolgen oder ob sie sie in die Außenwelt entlassen sollen, wo sie sich selbst weiter entfalten mag.

Ich fragte die beiden, inwiefern sich der Gedanke nach seinem Bad im goldenen Licht von seinem ursprünglichen Zustand unterscheide, in dem sie ihn empfangen hatten. Sie versicherten mir, dass er im Laufe der Woche für sie so weit greifbar werde, dass sie seine Qualität beurteilen könnten. Ohne die Möglichkeit, ihn im Lichte zu bewahren, würde sich der Gedanke so langsam entwickeln, dass Monate vergingen, bevor sie wieder auf ihn aufmerksam würden; im Laufe dieser Zeit könnte die Gelegenheit seiner möglichen Nutzanwendung bereits vergangen sein.

Sie scheinen diesen Raum als eine Art Brutkasten oder Treibhaus für alle ihre Ideen zu nutzen. Sie zeigten mir die Gedankenform eines von Movus ersonnenen Planes, nach dem mehrere Sträucher eines Bereiches durch Kraftkanäle miteinander verbunden werden sollten, etwa wie ein Haus, das mit Stromkabeln ausgerüstet wird. Movus hatte die Idee, statt nur einen Strauch auch alle mit ihm verbundenen Sträucher mit Kraft zu versorgen. Ich hielt dies für einen glänzenden Plan, doch Movus schüttelte den Kopf. Als ich ihn nach dem Grund für sein Scheitern fragte, erklärte er, es hätte nicht den geringsten Unterschied ausgemacht, weil seine eigene Kraft nicht über den ersten Strauch hinaus reichen würde. Ich machte ihn darauf aufmerksam, dass auch er entdecken müsse, wie der Hauptstrom zu nutzen sei, der ja grenzenlos ist, sodass er durch die Kanäle verteilt werden könne, ohne zuerst durch Novus' eigenen Körper zu fließen. Aber dieser Vorschlag war nicht praktikabel, weil es natürlich wesentlich ist, dass die Kraft ihren Weg durch die Körper der Elfenwesen nimmt, bis sie ausreichend vergröbert ist, um für die Pflanzen von Nutzen zu sein.

Sie zeigten mir viele solche Gedanken, die jeder für sich in der Theorie viel versprechend waren, doch es könnte noch viele Monate, Jahre oder sogar Erdenleben dauern, bis einige von ihnen in der Praxis unter Beweis gestellt werden können. Ihre Urheber wissen jedoch, dass ihre Ideen hinter jeder dieser Gedankenformen gut ist. Auch wenn sie selbst ihre Anliegen nicht weiter verfolgen, vertiefen und zu einem erfolgreichen Ende führen können, so wissen sie sich doch unter denen, die zu ihrer Erschaffung beigetragen haben, und ihre Ideen werden zu gegebener Zeit Frucht tragen.

So sollten wir alle arbeiten – denn langfristig gesehen ist es der einzige befriedigende Weg, um Pläne zu machen. Während wir auf der Erde sind, denken viele von uns, eine Lebenszeit sei alles, was wir haben, dabei ist sie in Wirklichkeit nur ein sehr kurzer Augenblick in der Ewigkeit. Für mich, der aus seinem letzten Leben alles andere als einen Erfolg gemacht hat, ist dies ein tröstlicher Gedanke, aber für viele mag er genau das Gegenteil sein, denn die Vorstellung, wieder und wieder zurückzukehren, um lange vergessene Sünden abzuzahlen, mag unfair erscheinen. Doch eine Sünde, ob kürzlich oder schon vor einer Million Jahren begangen, bleibt eine Sünde und ist Teil unseres wahren Selbst, bis sie durch körperliches oder mentales Erleiden einer Verletzung gelöscht wird, die dem gleicht, was wir einst einem anderen angetan haben. Wir alle haben auch schon in grausameren Zeiten gelebt als heute, in denen es als durchaus normale Praxis galt, andere, die uns nicht gefielen oder zu Gefallen waren, zu quälen und zu foltern; wir sollten deshalb nicht überrascht sein, wenn der Schmerz heute nach unseren Gliedern greift, nach unserem Kopf oder Bauch – je nach dem Teil der Anatomie, dem wir die Pein zufügten, für die wir heute Wiedergutmachung leisten.

Wie oft geht der selbstgerechte Schrei „Was habe ich getan, um dies zu verdienen?" über die Lippen leidender Menschen? Diese Frage sollte man immer stellen. Stellt man sie mit einem echten Verlangen nach Verständnis, wird die Antwort immer die Wahrheit offenbaren.

Die Elfenwesen verstehen den Grundgedanken der langfristigen Perspektive weitaus besser als die meisten Menschenwesen auf einer vergleichbaren Entwicklungsstufe. Natürlich ziehen auch sie es vor, Ergebnisse zu erzielen, aber wenn sie keinen Erfolg erlangen, obgleich sie sich jahrelang bemüht haben, pflegen sie die philosophische Betrachtungsweise, dass nichts vergeudet ist. Sie wissen nämlich, dass die Idee, zu der sie so viel Zeit und Gedanken beigetragen haben, von anderen, die weiter entwickelt sind als sie selbst, zur Vollendung geführt werden wird.

Leider müssen wir nun aufhören, unsere Erlebnisse zu schildern, die immer wunderbarer werden, da wir alle uns weiterentwickeln und uns immer besser auf das kleine Volk einstimmen können, das inzwischen eine so bezaubernde Rolle in unserem Leben spielt. Ich weiß, dass ich nicht nur für mich selbst spreche, wenn ich sage, dass wir alle angesichts von so viel Ungesagtem hoffen, dass in Zukunft weitere Bücher über Elfen aufgezeichnet werden und es uns dann möglich sein wird, euch mental mit uns zu nehmen in Sphären, die derzeit noch jenseits unserer Reichweite sind.

3 – Namsos und Sirilla
Beobachter: Ronald

Namsos
(von ihm selbst)

Insekten

Sirilla und ich haben schon seit Monaten auf diese Gelegenheit gewartet, dir von unseren Aufgaben und ein wenig über uns selbst zu erzählen.

Das Leben ist immer äußerst interessant gewesen, aber es beschränkte sich auf unsere Arbeit mit der Natur. Nun haben wir schon so viele aufregende Erlebnisse gehabt, dass wir alle zu der Erkenntnis gelangt sind, dass es, obwohl die Natur wunderbar ist, noch viele andere Möglichkeiten gibt, unsere Kräfte zu nutzen, um dem Menschen ebenso zu helfen wie den Pflanzen und Tieren.

Heilen ist – abgesehen von der Hauptaufgabe, die zu erfüllen ich auf die Erde gekommen bin – die Arbeit, die mich am meisten anspricht. Fähig zu sein, die Strahlen wirken zu sehen und die allmähliche Verbesserung im Körper des Leidenden zu beobachten, ist sowohl interessant als auch beglückend. Jede Sitzung bringt neues Wissen und ein wachsenden Verlangen, mehr zu geben, damit die Heilung beschleunigt werden kann.

Meine Hauptaufgabe gilt den kleinsten Mitgliedern des Tierreiches. Die Würmer sind meine Lieblinge, denn sie sind für den Boden nur gut, aus dem die Pflanzen die Nahrung beziehen, die sie für ihren physischen Körper benötigen. Ich liebe alle Tiere und Insekten – selbst solche, die den Pflanzen Schaden zufügen, denn auch sie haben ein Verlangen zu leben und vermögen nicht zu begreifen, dass es falsch ist, die jüngeren Geschwister zu zerstören.

Ich bin immer bestrebt, sie dazu zu überreden, Gras zu essen, denn das Gras gedeiht wohl, wenn die Halme ständig gekürzt werden, aber ich habe damit noch nicht viel Erfolg gehabt. Gelegentlich, wenn ich über eine lange Zeit alle meine Gedanken darauf konzentriert habe, ist es mir gelungen, eine Schnecke auf die Wiese zu drängen, aber sie hat keine Freude an den schmalen grünen Halmen, sondern bevorzugt die zarten Schösslinge.

Doch ich weiß, dass ich nicht nachgeben darf, denn es ist der Ehrgeiz eines jeden Elfenwesens, das für die kleinen Tiere verantwortlich ist, sie zu lenken und zu leiten, sodass sie leben können, ohne Schaden zuzufügen. Ich weiß, wenn unsere Pflanzen von Raupen und Schnecken gefressen werden, stört euch das sehr. Versteht bitte, dass auch sie – wie ihr – das Verlangen haben zu leben, und um zu leben, müssen sie essen, und – wie ihr – bevorzugen sie, was ihnen gut schmeckt. Ich weiß, dass ihr sie vernichten müsst, um eure Pflanzen zu retten, aber bitte tut es ohne Hass in euren Herzen und denkt daran, dass ihr ihnen, indem ihr sie tötet, eine Erdenzeit raubt. Deshalb tut es bitte mit freundschaftlichen Gedanken, denn sie sind wirklich sehr liebenswert – wenn man sie kennt, wie ich sie kenne.

Viele Insekten tun Gutes im Garten, da ihre Bewegung die physischen Körper der Pflanzen anregt. Leider bin ich außerstande, sie zu lenken, wie ich es auf der Astralebene zu tun pflegte, und so bleiben sie gewöhnlich in einem kleinen Bereich rund um ihr Zuhause, anstatt von Platz zu Platz zu ziehen und dabei den Pflanzen ebenso wie sich selbst wachsen zu helfen. Ich habe auf mancherlei Weisen versucht, sie dazu zu bewegen, mir zu folgen, doch vergeblich. Das ist ein Jammer, weil sehr viel wertvolle Energie verausgabt wird, die nur einem so kleinen Bereich zugute kommt.

Der Umgang mit diesen kleinen Tieren hat mich viele Dinge gelehrt, und ich bin ihnen sehr dankbar, denn sie haben mir geholfen weiterzukommen. Sie haben mir gezeigt, wie sogar die winzigsten Geschöpfe auf Liebe ansprechen, und obwohl sie mir nicht gehorchen, weiß ich, dass auch sie mich lieben. Ich habe auch gelernt, Geduld zu üben; manchmal bedarf es Stunden der Konzentration, bis ich sie dazu bringen kann, sich auch nur einige Zentimeter in die von mir gewünschte Richtung zu bewegen. Doch ich habe erkannt: Wenn mir nur dies gelingt, dann muss es auch möglich sein, sie ganz zu lenken – wenn ich mich nur besser und länger konzentrieren könnte.

Für mich ist meine Arbeit die interessanteste von allen, weil Tiere, so klein sie auch sind, auf einer höheren Stufe der Evolution stehen als selbst Bäume, so groß und alt diese auch sein mögen. Es ist wahr, dass ein Baum mehr versteht, aber dies liegt daran, dass er körperlich mehr eingeschränkt und nicht in der Lage ist, sich von seinem Ort fortzubewegen – und auch keinerlei Verlangen hat, solches zu tun. Meine kleinen Tiere erleben den Beginn einer neuen Existenz, und natürlich sind sie nicht sensitiv genug, um auf meine Lenkungsversuche anzusprechen. Der Fehler ist jedoch teilweise auf meiner Seite: Ich bin nicht entschlossen genug, denn wenn ich es wäre, könnte ich sie beherrschen. Ich habe Elfen eines höheren Ranges beobachtet, die sie nach Belieben von Ort zu Ort dirigieren, und eines Tages werde auch ich in der Lage sein, dies zu tun.

Sirilla
(von ihr selbst)

Baumrinden

Als ich auf die Erde kam, hatte ich den festen Vorsatz, alle meine Zeit der Arbeit zu widmen. Ich habe Daphne bereits erzählt, dass ich im Hinblick auf die Rinde von Bäumen vergleichsweise ein Neuling bin, weil ich bisher immer mit den großen Blumen gearbeitet habe. Aber in diesem Bereich gab es auf Jahre hinaus keine freie Stelle auf der Erde, und so erklärte ich mich einverstanden, meine derzeitige Tätigkeit zu erlernen.

In der Regel verbringen wir Elfen viele Jahre mit unseren jeweiligen Schützlingen auf der Astralebene, bevor wir auf die Erde kommen, um mit ihnen zu arbeiten, aber ich war nur sieben Jahre bei den Bäumen, bevor ich den Ruf erhielt, herunter zu kommen. Deshalb nahm ich mir vor, meine Aufmerksamkeit unter keinen Umständen aufzuspalten, indem ich mich mit einem Elfenjungen einlasse.

Fünfzehn Jahre lang bin ich meinem Vorsatz treu geblieben, und eines Tages, als ich gerade auf halber Höhe an einem Baumstamm arbeitete, hörte ich ein Kratzen von weit unter mir. Ich nahm davon keine Notiz, weil solches Kratzen bei den Burschen, die nicht fliegen können, eine sehr geläufige Methode ist, um meine Aufmerksamkeit auf sie zu lenken. Dieses Mal jedoch hielt das Kratzen an, und als ich feststellte, dass das Geräusch meine Konzentration störte, hielt ich inne und sagte: „Würdest du bitte fortgehen, ich bin beschäftigt." Der Elf sah aufgrund meiner Abweisung so niedergeschlagen aus, dass es mich rührte. Ich hatte ein freches Grinsen erwartet, aber dieser Junge ließ den Kopf hängen und wandte sich ab. Ich zögerte einen Augenblick, dann sagte ich: „Geh nicht fort. Ich werde bald fertig sein, und vielleicht können wir ein wenig miteinander reden." Der Elf lächelte scheu zurück und setzte sich hin.

Als ich meine Arbeit abgeschlossen hatte, flog ich hinunter und er stand auf. Er schien sehr nervös, und so gab ich ihm eine kleine Liebesschwingung. Er war fast überwältigt, und als er sich genügend erholt hatte, gestand er mir, dass er nie zuvor eine Schwingung von jemandem bekommen hätte, mit dem er wirklich in Liebe verbunden gewesen wäre.

Nicht lange nach jener Begegnung bat er mich, seine Paris zu werden. Ich erklärte ihm, dass ich entschieden hatte, meine Erdenzeit ganz meiner Arbeit zu widmen, dass ich aber durchaus bereit sei, Kraft mit ihm auszutauschen. Dieses Angebot schien ihn nicht zu befriedigen; er wollte das Recht haben, für mich zu sorgen und zu wissen, dass er einer Gefahr, die mich bedrohte, schon gewahr würde, bevor ich selbst sie bemerkte.

Doch erst zehn Jahre später war ich damit einverstanden, mein Prinzip aufzugeben – und wie armselig war dieses doch gewesen im Vergleich zu dem, was ich im Tausch dafür erhielt! Namsos ist der freundlichste kleine Elf im Universum, und ich bin das glücklichste Wesen, das existiert. Er gibt so viel und bittet so wenig, und trotzdem sagt er, dass ich ihm viel mehr gebe, als er zu empfangen gehofft habe.

Meine Arbeit mit den Baumstämmen wird immer interessanter. Du nimmst die Aktivität, die dort stattfindet, vermutlich wahr, und natürlich laufen viele von Namsos' kleinen Tieren in den Ritzen auf und ab und leisten im Materiellen, was die Unites im Astralen vollbringen.

Für euch mag ein Baumstamm ein robuster, klobiger Gegenstand sein, doch trotz seiner Stärke ist er sehr empfindlich. Er öffnet sich, um die Sonne und den Regen aufzunehmen; er wendet sich nach innen, wenn der Wind kalt ist; er bebt vor Entzücken unter der Berührung von Elfe oder Mensch. Wie du weißt, ist der Baumstamm das eigentliche Zuhause der Baumseele; doch natürlich lebt sie auch in den Ästen, den Zweigen und in jedem Blatt und jeder Blüte; die Aktivität wird jedoch vom Stamm aus gelenkt.

Ein Baum ist ein sehr weit entwickeltes Mitglied des Pflanzenreiches, und viele von ihnen sind in ihrer derzeitigen Form bereits seit Tausenden von Jahren auf der Erde. Da sie so groß sind, bedarf es mehr als einer Elfe, um Operationen zu lenken. Gorjus ist mein Partner, aber seine Arbeit ist etwas anders als meine, denn seine Aufgabe besteht darin, dem Baum zu helfen, Blüten und Frucht hervorzubringen; ich hingegen unterstütze sein Wachsen allgemein.

Wenn der Baum schon alt ist, kann er seine Pflicht erfüllen, ohne dass wir ihn dazu antreiben; dann besteht unsere Arbeit nur darin, die Unites und Minutes zu dirigieren, ihm die nötige Kraft zu geben. Ein junger Baum muss gezwungen und gehätschelt werden und täglich Anweisungen von den verschiedenen Aufsichts-Wesenheiten erhalten. Doch parallel zu seinem körperlichen Wachstum gewinnt er auch an geistiger Reife, und so können wir ihm im Laufe der Jahre mehr und mehr von der mentalen Arbeit überlassen.

Wenn ich Jahr für Jahr betrachte, wie ein Stamm nicht nur nach oben, sondern auch in Stärke und Dicke wächst, freue ich mich, denn ich weiß: Wenn ihn nicht der Mensch zu seinem eigenen Zweck gebraucht, wird er noch Tausende von Jahren, nachdem meine Erdenzeit vorüber ist, immer noch da sein und an äußerer und innerer Größe zunehmen. Ich weiß auch, dass ihm meine Bemühungen um ihn geholfen haben, das zu werden, was er heute ist, und wenn ich zur Astralebene zurückkehre, werden meine Gedanken weiterhin in seinem Bewusstsein eingebettet bleiben – und nicht nur nach getaner Arbeit schlummern, sondern ihn immer weiter, zu immer größerer Herrlichkeit drängen.

Manche Schützlinge der anderen Elfen mögen in Farbe und Gestalt reizender oder lieblicher sein, doch ihre Lebenszeit ist vergleichsweise kurz. Noch lange nachdem jene wieder und wieder ins Astralreich zurückgekehrt und von neuem auf die Erde gekommen sind, werden meine Schützlinge mit ihrer Schönheit eine Generation von Menschen erfreuen, die heute noch gar nicht geboren ist. Und manche, die einen bestimmten Baum geliebt haben, kehren vielleicht in Tausenden von Jahren auf die Erde zurück und werden sich wieder über ihn freuen können.

Namsos und Sirilla
Beobachter: Ronald

(Als er endlich an der Reihe war zu schreiben, musste Ronald in seinem Notizbuch weit zurückblättern, um zum Anfang seiner Freundschaft mit den Elfenwesen zu gelangen. Ich hatte ihn gebeten, die Ereignisse eines Nachmittags aufzuzeichnen, kurz nachdem er Namsos und Sirilla kennen gelernt hatte, die uns ihre Liebesgeschichte erzählten. – D.C.)

Ronald: Ich will dir die Geschichte so wiedergeben, wie die beiden Elfen sie uns erzählt haben. Namsos begann:

„Ich fürchte, ich bin kein besonders gut aussehender Elf, und dies bereitete mir Kummer. Schließlich erschien es mir wie ein Alptraum, und ich konnte meine Aufgaben nicht mehr ordentlich erfüllen. Weil meine Arbeit darunter litt, wurde mein Aussehen nicht besser, und so wäre es endlos weitergegangen.

Doch eines Tages, als ich ziellos des Weges wanderte, kam ich zu einem Baum, und an dessen Stamm, auf halber Höhe, sah ich die allerschönste Elfe, die ich je erblickt habe. Ich sah ihr zu und fragte mich, wie ich ihre Aufmerksamkeit auf mich ziehen könnte. Ich kratzte ein wenig an der Rinde, aber sie nahm davon keinerlei Notiz. Ich kratzte abermals, und nach einer Weile blickte sie herunter. Ich ließ den Kopf hängen, überwältigt von meiner eigenen Dreistigkeit, aber ich konnte spüren, dass sie nicht wirklich ärgerlich war. Mein Mut kehrte zurück – jedenfalls ausreichend, um erneut zu ihr empor zu blicken –, und ich sah, dass sie lächelte. Wir wurden Freunde, ja ich liebte sie von dem Augenblick an, als ich sie zum ersten Mal sah. Nach einer kurzen Zeit bat ich sie, meine Paris zu werden, doch sie gab mir zu verstehen, dass sie ihre Erdenzeit der Arbeit gewidmet habe. Ich weigerte mich, die Hoffnung aufzugeben, und nach zehn Jahren gab sie mir endlich ihre Zustimmung."

Er strahlte. „Ist sie nicht wunderschön?", sagte er stolz und legte seinen Arm um ihre Taille.

Sirilla betrachtete ihn zärtlich. „Ich hatte ihn für unscheinbar gehalten", sagte sie, „aber jetzt weiß ich, dass er wunderschön ist."

Ich lächelte bestätigend, denn was sie sagte, war durchaus wahr. Er hat einen sehr liebevollen, geduldigen Blick. Zweifellos hat ihm Sirillas Liebe zu ihm Ersteres gegeben, und seine Arbeit – eine scheinbar aussichtslose Schlacht mit den Insekten zu führen – lehrte, oder vielmehr vermehrte Letzteres; denn keiner, der nicht über eine Engelsgeduld verfügt, würde eine so nervenaufreibende Aufgabe überhaupt erst auf sich nehmen.

Neulich habe ich ihn beobachtet, wie er eine halbe Stunde mit dem Versuch verbrachte, eine Schnecke zu überreden, sich von einer Pflanze zu entfernen – ohne jeden Erfolg. Sein offensichtliches Versagen schien ihn nicht im Geringsten zu verstimmen, ja er meinte, dass er nach weiteren zwei oder drei Stunden möglicherweise erfolgreich wäre. „Wenn ich es nicht schaffe", fügte er hinzu, „zeigt mir dies, dass ich mich nicht genug konzentriert habe." Er schüttelte den Kopf. „Wenn ich mich nur drei Minuten lang ohne Unterbrechung richtig konzentrieren könnte ... ich weiß, dann würde es mir gelingen. Aber das schaffe ich nicht, und da liegt das ganze Problem."

Sirilla ist wahrlich eine reizende kleine Person mit ihrem blonden, lockigen Haar und den intensiven, dunklen Augen. Ihr Teint ist sehr blass, und ihre Lippen haben die Farbe von rosa Rosen. Sie trägt oft Rosa oder Blassgelb und hat cremefarbige Schmetterlingsflügel.

Namsos' Haar ist glatt und braun, er verbirgt es gewöhnlich unter einer runden Kappe. Er trägt meist Braun, mit roten Spitzen in seinen Strumpfhosen, oder rote Stiefel aus einem weichen Material, die nach vorne spitz zulaufen und rund um die Knöchel einen gezackten Rand haben. Sein Gesicht ist ebenfalls braun, und Namsos sieht eher älter aus als die anderen.

Für eine so junge Wesenheit ist er wirklich sehr weise und lebt nach einer eigenen, stillen Philosophie. Er erzählte mir einmal, dass er sich seit dem Augenblick, als Sirilla sich bereit erklärte, seine Partnerin zu werden, niemals über irgendetwas Sorgen gemacht habe. Wenn er sein Bestes getan habe, erklärte er mir, dann könne er nicht noch mehr tun, und wenn er in dem, was er sich zu erreichen bemühte, versagt habe, dann gebe es noch andere, die kraftvoller seien als er und die Arbeit übernähmen. Namsos glaubt fest an das Gute in *allem* Erlebten, auch wenn zuweilen alles zum Verzweifeln schlimm erscheint. „Früher pflegte ich das Unangenehme zu bekämpfen", erläuterte er mir eines Tages, „aber nun lasse ich es einfach toben und an mir vorbeirauschen, und wie auch immer die äußeren Umstände sind – im Innern bleibe ich der Gleiche. Wenn man Schwierigkeiten bekämpft, zieht man nur Elementarwesen an, weißt du", fuhr er ernst fort, „und diese sind viel schwieriger zu bekämpfen, als das ursprüngliche Übel. Je mehr man gegen sie kämpft, desto mehr können sie deinen Willen und deine Stärke anzapfen, weil du selbst ihnen die Kraft gibst, dies zu tun. Deshalb entspanne dich einfach", schloss er. „Bitte jene um Hilfe, die über dir sind, und die Schwierigkeit wird eines natürlichen Todes sterben, und du wirst dadurch stärker als zuvor."

Ich war sehr gespannt darauf, zu erfahren, wie sie ihre Freunde unterhalten – und sie waren wie immer nur zu bereit, mich darüber aufzuklären. Doch zuerst musste ich ihnen detaillierte Schilderungen der Dinner-Partys meiner Mutter geben ... was ich trug ... Farbe

200

und Schnitt aller Kleider der Frauen ... welche Blumen den Tisch schmückten ... wie jedes Gericht arrangiert war ... von welcher Farbe die Weine... Dies, fürchte ich, war das erste Mal, als ich die beiden sehr enttäuschte, denn ich pflege auf derlei Einzelheiten nicht sehr genau Acht zu geben. Ich erinnerte mich, dass meine Mutter Blau getragen und mir eine Rose gegeben hatte, die ich in mein Knopfloch stecken sollte, aber das war so ungefähr alles.

Doch nun bin ich so gierig nach Details wie ein Klatschkolumnist, und zur Verwunderung meiner Mutter und zum Entzücken des Koches bestehe ich darauf, jedes Gericht und jeden Gang zu inspizieren, bevor es die Küche verlässt. Ich habe keinen Zweifel, dass die Gäste dies wohl etwas eigenartig finden, dass ich den Tisch nach jedem Gang verlasse, doch ich lasse ihnen die Freiheit, über meine häufigen Abwesenheiten ihre eigenen Spekulationen anzustellen.

Im Austausch für diese kleinen Abweichungen von den guten Manieren habe ich eine Fülle von überaus interessanten Informationen erhalten. Zu Beginn einer Elfen-Party gibt jeder der Gäste – nicht Mantel und Pelz, sondern – etwas Kraft ab. Für mich sehen alle diese Kraftblitze gleich aus, und meine beiden kleinen Freunde waren erstaunt, als ich sie hierüber in Kenntnis setzte.

„Aber Ronald, du musst doch sehen, wie sich Namsos' Kraft von meiner unterscheidet", sagte Sirilla.

„Zeige es mir", schlug ich vor, und sie schoss einen winzigen Pfeil weißen Lichtes ab, auf den fast augenblicklich ein identischer von Namsos folgte.

„Für mich sehen sie gleich aus", sagte ich.

„O Ronald, das ist unmöglich", erklärten sie unisono. „Nun, schau noch einmal ganz aufmerksam." Ich gab mir große Mühe, aber es brachte nichts; ich konnte nicht den geringsten Unterschied erkennen.

„Aber kannst du nicht sehen, dass in Namsos' Kraft viel mehr Geduld ist?", beharrte Sirilla.

„Aber wie kann ich eine abstrakte Sache wie Geduld in einem winzigen, kurzen Lichtblitz sehen?"

Dieses Mal waren sie wirklich schockiert. „Abstrakt?", fragten sie im Chor. „Geduld, eine abstrakte Sache? Wie kannst du so etwas sagen? Sie ist so konkret wie wir."

„Zeigt mir etwas davon", schlug ich vor.

„Mach schon, Namsos. Du bist darin besser als ich", drängte Sirilla. Ich blickte zu Namsos, der langsam in einem blassblauen Licht aufleuchtete.

„Er wird blau", sagte ich triumphierend.

„Und sieht er nicht wundervoll aus?", seufzte Sirilla schmachtend. Ich blickte ihn an und sah, dass er wirklich schön war. Vorher hatte ich nur sein kleines freundliches Gesicht wahrgenommen, aber nun offenbarte er eine mentale Reife, die angesichts seines jungen Alters überraschte.

Namsos kehrte in seinen Normalzustand zurück. „Nun du, Sirilla. Zeige ihm Entschlossenheit." Ich beobachtete sie, und ihr ganzes kleines Gesicht drückte Konzentration aus, als ob jedes Atom Überstunden machte.

„Sie hat die Farbe nicht geändert", bemerkte ich.

„Nein, aber alle Materie in ihrem Körper ist transformiert. Kannst du das nicht sehen?"

„Doch, ich denke, ich sehe es", antwortete ich, „aber ich habe erwartet, dass auch sie die Farbe wechselt."

„O Ronald, Lieber, du musst noch viel lernen", sagten sie. „Unsere Kraft unterscheidet sich in Farbe, Substanz, Transparenz, Bewegung und vielen anderen Aspekten."

„Ich werde niemals all dies in einem blitzartigen Augenblick sehen können", protestierte ich.

„Das wirst du", widersprachen sie. „Du musst es sogar, sonst lernst du uns gar nicht kennen, wie wir wirklich sind. Unsere Körper sind nur wie eine äußere Hülle für dich. Was im Innern ist, verrät dir jede Kleinigkeit über uns."

Ich gab mir sehr große Mühe, und sie waren sehr geduldig mit meinem Unvermögen. Nach mehreren Versuchen begann ich wirklich den Unterschied zu sehen, und heute kann ich mir gar nicht mehr vorstellen, wie ich einmal so blind gewesen sein konnte. Jede Kraft ist tatsächlich ganz einzigartig, und wenn die beiden ihre Kräfte miteinander verschmelzen, scheint eine dritte Person anwesend zu sein, die, wie ich annehme, auch wirklich da ist – nämlich die Person, zu der sie werden, wenn sie das Verlangen nach Körpern, eigenen Gedanken und individuellen Aktionen und Reaktionen hinter sich gelassen haben. Mit Namsos' Geduld und Sirillas Entschlossenheit, in Kombination mit ihren jeweiligen weiteren Qualitäten, werden sie eines Tages gewiss jemand sehr Großes sein.

Ich scheine den Faden meines Berichts über die Elfen-Party verloren zu haben, deshalb werden wir unsere Schritte oder Gedanken nun wieder ein wenig zurücklenken. Nachdem sie Kraft abgegeben haben, werden die Gäste nacheinander in den Bereich der Kraftkonzentration geleitet, um selbst etwas davon profitieren zu können. Anschließend beteiligen sie sich erfrischt an Tänzen, Spielen oder Diskussionen. Wenn sie dies vorziehen, können sie sich auch entspannen und Folgen von Gedankenformen betrachten, die speziell für diese Gelegenheit ersonnen wurden. Ich stelle mir vor, dass sie für die Elfen so etwas sind wie eine Kinovorführung für uns Menschen. Manche Darbietungen bringen die Zuschauer zum Lachen, andere führen sie in einen fast ekstatischen Zustand, während wieder andere in ihnen ein starkes Verlangen wecken, mehr zu lernen und zu dienen.

Manchmal kommt ein Führer, der einem weit höheren Rang angehört, und spricht zu ihnen – nicht unbedingt über ihre Arbeit, doch seine Anwesenheit macht die Party interessanter und seine Kraft hilft den Gästen, manches von den verborgenen Wahrheiten zu verstehen, die jede Elfe zu wissen begehrt, auch ohne dass ausdrücklich über sie gesprochen wird.

Dies alles klingt vielleicht recht trocken – aber was tun wir schließlich auf irdischen Partys? Wir essen, trinken, tanzen, klatschen und spielen Karten. Auch bei den Elfen wird für die jüngeren Gäste Tanz geboten, und das Kraftfeld ist jederzeit zugänglich. Ein Besuch dort schenkt ein viel stärkeres Gefühl von Hochstimmung als der beste Whisky, das kann ich dir selbst bestätigen.

Bei mehreren Gelegenheiten haben mich Namsos und Sirilla zu sich nach Hause gebeten, was ich immer mit Vergnügen annahm; doch jedes Mal hatten wir so viel zu reden, dass ich mich immer schon wieder verabschieden musste, bevor es zu dem zugesagten Besuch kam.

Eines Tages begrüßten sie mich mit der Erklärung, dass sie sich weigerten, auch nur ein Wort mit mir zu plaudern, bevor wir nicht zu ihrem Häuschen gegangen wären. Sie begleiteten mich zu einem angrenzenden Garten, und da erblickte ich in der Ecke beim Gemüse ein echtes Elfenhaus. Es war hellrosa und sah genau so aus, als wäre es aus Puderzucker gebaut. Mit seiner Form ähnelte es etwa den Häusern in der Umgebung, doch es hatte etwas definitiv Elfenhaftes an sich, sodass ich mir gut vorstellen konnte, dass sie dies mit Hilfe eines Zauberstabes erreicht hatten. Das Dach war grün und wirkte wie ein geschliffener Kristall; es leuchtete in der Sonne und sprühte ein ständiges Sperrfeuer winziger smaragdgrüner Strahlen in die Luft, das die umgebende Atmosphäre mit einem funkelnden, transparenten Licht erfüllte.

Ich brauchte mich nicht zu verstellen, als ich meine Bewunderung zum Ausdruck brachte. „Warte nur, bis du es von innen gesehen hast", sagten sie zuversichtlich, aber ich war weit davon entfernt, mir in dieser Hinsicht Hoffnungen zu machen. Ich wusste, dass es schon allen anderen nicht gelungen war, bei ihrem ersten Versuch irgendetwas zu sehen, und manche können bis heute nur wenig erkennen.

„Meint ihr nicht, dass wir damit besser noch etwas warten?", schlug ich zögernd vor.

Sie lächelten. „Wir werden dir die Augen öffnen", antworteten sie. So ließ ich mich auf Hände und Knie nieder und spähte mit einem Auge durch eines der winzigen Fenster. Ich konnte einen Raum sehen, das war alles. Die Elfen erkannten an meiner Miene, dass wir kein Glück gehabt hatten, und so verbargen sie ihre eigene Enttäuschung und gaben sich Mühe, mich zu trösten.

Zwei Monate später

Seit ich Obenstehendes schrieb, habe ich eine Stufe erreicht, auf der ich einige der einfacheren Gedankenformen enträtseln kann, mit denen das Haus der Elfen ausgestattet ist. Es ist faszinierend, sie zu analysieren – doch wie viel befriedigender muss es sein, sie zu komponieren!

Da schwebte zum Beispiel eine Gedankenform um das Elfenhaus, und ich fragte die beiden, ob das Gebilde vom Winde verweht werden könne. Sie antworteten, es sei recht sicher, da sie es verankert hätten, innerhalb eines bestimmten Bereiches aber könnte es sich nach Belieben bewegen. Die Form war einige Zentimeter groß, quadratisch und überwiegend grün mit orangen Streifen und kleinen blauen Punkten.

Ich beobachtete es eine Zeit lang, um zu sehen, ob mein Gehirn mir seine Bedeutung auch ohne bewusste Anstrengung meinerseits übersetzen würde, wie es das bei den Projektionen der Elfen zu tun pflegte. Aber nichts geschah, und so machte ich mich an die Arbeit, jede einzelne Idee zu enträtseln. Zuerst konzentrierte ich mich auf die Streifen, und bei näherer Betrachtung sah ich, dass sie nicht einfach orange Pfeile waren, wie ich zunächst gedacht hatte, sondern winzige Flammen unterschiedlicher Gestalt und Farbe. Sie schienen meinen Gedanken gar keinen Anhaltspunkt zu bieten, und so richtete ich meine Aufmerksamkeit auf die blauen Tupfen und erkannte allmählich, dass es sich hierbei um vollendete kleine Herzchen handelte. Die ganze Formation war also offensichtlich ein Liebesgedanke zwischen Sirilla und Namsos, und mir wurde klar, dass ich vielleicht gerade ihre privatesten Gedanken enträtselte. Fragend wandte ich mich um, aber da sie mir aufmerksam zusahen, nahm ich an, dass sie wünschten, ich möge mit meiner Untersuchung fortfahren. Nun blieb mir noch der grüne Hintergrund, welcher sich bei näherer Betrachtung zu bewegen schien; bald erkannte ist, dass es ein Fluss war.

Herzen. Flammen. Fließendes Wasser.

„Mein Herz fließt zu dir wie eine Flamme...", begann ich. Nein, das taugte nicht. „Das Feuer in meinem Herzen wird gestillt in der kühlenden Tiefe von – was?" Ich gebe zu, dass ich von diesem poetischen Versuch recht angetan war, aber es fühlte sich nicht richtig an. „Die Stille meines Herzens wird zur Flamme unter der Flut deiner Liebe." Fragend blickte ich zu den beiden hinüber, aber an dem Ausdruck auf ihren Gesichtern konnte ich sehen, dass ich es nicht getroffen hatte.

„Du hast etwas übersehen", drängten sie mich. Ich schaute wieder hin, aber das Einzige, was ich bisher übersehen hatte, nun aber erkennen konnte, war, dass eines der Herzen größer war als die Übrigen. „Meine Liebe gleicht einer Flamme, die zunimmt wie ein mächtiger Fluss auf seinem Weg zum Meer."

Sie lächelten entzückt über diese letzte Deutung. „Du siehst also, du darfst gar nichts auslassen, sonst veränderst du die ganze Bedeutung", sagten sie. Ich war ein wenig verdutzt angesichts der Frage, wie die Flamme zu einem Fluss wird, doch ich nehme an, diese Schwierigkeit dürfte von einer elastischen dichterischen Freiheit zu überwinden sein.

Ich bat meine kleinen Freunde, mir noch einige weitere Gedankenformen zu zeigen und verbrachte einen höchst anregenden Abend mit dem Enträtseln ihrer Gedanken der Liebe, den Plänen für die Zukunft, der Suche nach Wahrheit und den Gelöbnissen ewiger Verbundenheit. Sie schienen entzückt, dass ich ihre intimsten Gedanken teilte, und ich fühlte mich sehr geehrt, dass mir dieses gestattet war.

So stellen sie mit Hilfe ihres Denkens alles her, was sie besitzen; die einzige Ausnahme ist ihr zeremonieller Schmuck. Solcher wird ihnen entweder individuell oder als Gruppe überreicht, wenn sie eine Ehrung oder Beförderung erhalten.

Namsos' persönlicher Schmuck besteht aus drei recht großen Steinen – jedenfalls sind sie für einen Elfen ziemlich groß. Der erste, den er mir zeigte, war von einem hellen Bernsteingelb; er hatte ihn als Belohnung für seine Geduld bei der Arbeit mit seinen nicht kooperativen Insekten empfangen. Der zweite Stein war blau, und er liebte ihn besonders, weil er ihn kurze Zeit, nachdem Sirilla seine Paris geworden war, erhalten hatte. Der dritte, ebenfalls blaue Stein war größer als die anderen und eine recht junge Erwerbung, er wurde ihm für seine Verdienste beim Heilen überreicht. Die Elfen interessieren sich für jeden Aspekt von Daphnes Arbeit, aber natürlich hat jeder seine Neigungen und Vorlieben für das eine oder andere Arbeitsfeld. Für Namsos ist das Heilen das wunderbarste Einsatzgebiet psychischer Kraft, und er verbringt einen großen Teil seiner Freizeit damit, die verschiedenen Strahlen und ihre Verwendungsmöglichkeiten zu studieren. Er probiert sie an seinen Insekten aus – bislang mit kaum nennenswerten Resultaten. Wenn ein Menschenwesen ein anderes heilen kann, so argumentiert er, dann sollte die winzige Dosis eines Strahles, die er durch sich selbst leiten kann, etwa eine Ameise beeinflussen können. Ich erklärte ihm, dass der Körper eines Heilers ungefähr in der gleichen Frequenz schwingt wie der des Patienten, dass jedoch Elfenatome viel schneller schwingen als die des Menschen, ganz zu schweigen von denen eines Tieres. Ich fürchte, dass seine Experimente nur eine Frucht hervorbringen: noch mehr Geduld des Experimentators, des armen Namsos. Er ist so ein lieber kleiner Bursche, und seine Aufgaben scheinen viel zu schwer für seine kleinen Schultern. Doch wenn überhaupt jemals einer damit Erfolg erringen kann, dann kein anderer als Namsos, dessen bin ich mir sicher.

Sirilla besitzt ebenfalls drei Juwelen, zwei rosafarbene und einen weißen Stein. Sie trägt sie gelegentlich, um mir einen Gefallen zu tun; ich weiß, dass sie sich über meine Bewunderung angesichts dieser Auszeichnungen sehr freut. Manchmal legt sie einen Stein auf den Handrücken oder in die Mitte ihrer Stirn; die Schmuckstücke benötigen keine Nadeln oder Clips, um an Ort und Stelle zu bleiben. Namsos trägt die seinen in seinem Gürtel, in dieser Hinsicht kennt der drollige kleine Mann keinerlei Eitelkeit.

Eines Tages fragten sie mich, ob ich ihnen meinen Schmuck zeigen möchte, und zu meinem Verdruss musste ich gestehen, dass ich keinen besaß. Die beiden waren etwas niedergeschlagen – nicht wegen meines geringen Ranges, sondern weil ihre Frage mich gezwungen hatte, meine Unzulänglichkeiten zu offenbaren.

Doch der Tag kam, an dem ich diesen Mangel korrigieren konnte, und als ich sie besuchen ging, steckte ich meinen neuen Topas ein.

Auf der Erde fände ich es äußerst geschmacklos, Schmuck zu tragen, doch hier ist dies anders. Hier geht es nicht darum, seinen Wohlstand zur Schau zu stellen, vielmehr dient ein Schmuckstück als Merkmal zur Unterscheidung und Erkennung. Militärangehörige schämen sich schließlich auch nicht ihrer Ehrenzeichen, sondern tragen sie bei geeigneten Gelegenheiten; und so halten wir das auch. Ein Topas ist einer der bescheidensten Edelsteine, aber schließlich hatte ich ihn verdient, und ich wusste, dass seine Größe – etwa die einer Erbse – die Elfen beeindrucken würde. Diese platzten fast vor Stolz über meine bescheidene Errungenschaft, und für den Rest des Abends trugen wir alle unseren Schmuck; selbst Namsos dekorierte mir zu Ehren seinen Gürtel.

Nicht lange nach jener Begebenheit entschlossen wir uns zum Versuch einer gemeinsamen Meditation. Namsos und Sirilla waren bereits recht geübt auf ihren mentalen Flügen und hatten so die höhere Astralebene erreicht, welche bis vor kurzem für mich die Grenze bildete, wenn ich allein meditierte.

Wir ließen uns in der Nähe ihres Häuschens nieder, und als ich meine Augen öffnete, trieben wir leicht über den Himmel dahin. Namsos hielt Sirilla in den Armen, und seine Züge hingerissener Anbetung ließen sein eher gewöhnliches kleines Antlitz erstrahlen, sodass er fast gut aussehend erschien, während Sirilla eine echte Schönheit war, wie sie da mit geschlossenen Augen lag.

Wir gewannen allmählich an Geschwindigkeit, bis wir schneller flogen als mein Gehirn registrieren konnte. Ich war ängstlich darauf bedacht, mir alles zu merken, was auf dieser Reise geschehen würde, und als wir unser Ziel erreichten, erlaubte ich mir nicht den Luxus, langsam zur Besinnung zu kommen. Ich zwang mich, die Augen zu öffnen, sobald wir zum Stillstand gekommen waren, und sah, dass Namsos und Sirilla immer noch selig vereint waren, ohne meine Anwesenheit oder die Umgebung wahrzunehmen. Ich empfand tiefe Zärtlichkeit zu ihnen, und als ich sie betrachtete, fühlte ich mich nicht befangen, wie dies bestimmt der Fall gewesen wäre, hätte ich zwei einander liebende Menschenwesen vor Augen gehabt. Ich wusste, dass es ihr Wunsch war, an ihrer Freude an einander so stark teilzuhaben, wie ich konnte.

Ich erhob mich und begann, die Landschaft um mich herum aufzunehmen – das ist die einzige Art, wie ich den Prozess beschreiben kann, bei dem man in den Sphären oberhalb der Astralebene „sieht". Man betrachtet nicht nur mit den Augen. Man erkennt. Man erlebt fast selbst, ein Baum, eine Blume, ein Stein oder was auch immer man gerade betrachtet, *zu sein.*

Das einzige Hindernis, das mich davon abhält, ganz zu erleben, Baum, Blume, Felsen etc. *zu sein,* ist der Umstand, dass ich nicht genügend weit entwickelt bin. Fast leidenschaftlich gerne will ich wissen, was ein Felsen denkt und fühlt. Vermag er einen anderen Stein zu lieben? Oder ist er von einer nahen Blume bezaubert? Oder von einem Bach, der eilends über ihn plätschert? Ich weiß es nicht und ich kann es nicht erfahren, bis ich es selbst herausfinde. Andere können mir von ihren eigenen Erfahrungen erzählen, aber das ist nicht das Gleiche, denn die anderen sind andere Felsen in anderen Teilen des Universums „gewesen". Es ist immer genau der Stein, der Baum oder das Feld, über den ich gerade nachsinne, den ich zu kennen mich sehne, dem ich im Denken und Sein zu gleichen begehre.

Nachdem ich so viel aufgenommen hatte, wie ich konnte, wanderte ich langsam zu den beiden Elfenwesen zurück; als ich mich näherte, öffneten sie die Augen. Sie fragten mich, wo wir seien, und ich antwortete, dass wir uns irgendwo auf der dritten Ebene befänden. Angesichts dieser Neuigkeit sprangen sie aufgeregt auf. „O danke, Ronald; wir sind noch nie zuvor hier gewesen", riefen sie und überwältigten mich fast mit ihrer Dankbarkeit über unseren bescheidenen Erfolg. Ich konnte es ihnen sehr wohl nachfühlen, denn es war noch nicht viele Monate her, dass ich selbst zum ersten Mal die dritte Ebene erreicht hatte, und ich war damals ebenso begeistert wie sie.

Ich ging ihnen voraus – ohne die geringste Ahnung zu haben, was wir hier tun würden; doch ich hatte das Gefühl, meine beiden Mitreisenden erwarteten von mir, dass ich die Initiative ergriff.

„Wohin gehen wir?", fragten sie.

„Das werdet ihr bald sehen", antwortete ich in der Hoffnung, Vertrauen erweckend zu klingen. Sie waren von allem bezaubert und gaben den kleinen Pflanzen an unserem Wege große Kraftzuteilungen. Schließlich erreichten wir den Kamm eines Berges, und als wir uns dem Gipfel näherten, hoffte ich verzweifelt, dass es auf der anderen Seite etwas Interessantes gäbe.

Ich wurde nicht enttäuscht, denn als wir den Gipfel erreichten, bot sich unseren Augen ein wundervoller Anblick. Unter uns lag ein großer See – sehr friedlich und sehr blau –, und auf ihm sausten Hunderte von winzigen Booten einher – Elfenboote, die sich mit ungeheurem Tempo fortzubewegen schienen, ohne dabei den vollendeten Wasserspiegel auch nur durch ein leichtes Kräuseln zu beeinträchtigen.

Wir waren sprachlos vor Staunen. Ich habe keine Ahnung, was ich eigentlich erwartet hatte – doch es war gewiss kein Wassersportplatz für das Elfenvolk. Namsos und Sirilla blickten sehnsüchtig zu mir herüber. „Kommt schon", sagte ich, „wir werden ein Boot finden." Aufgeregt wie Kinder, rannten wir den Berg hinunter, und unten am Ufer, gerade vor uns, doch durch das Buschwerk etwas verborgen, fanden wir genau das, was wir suchten – ein kleines Boot, das groß genug war, dass auch ich mitfahren konnte. Wir bestiegen es, und ich sah mich nach den Rudern um, doch um diese hätte ich mir keine Gedanken zu machen brauchen. Kaum hatten wir uns bequem hingesetzt, begann auch schon die Fahrt. Bald hatten wir das Ufer weit hinter uns gelassen und befanden uns inmitten einer wirbelnden, sich drehenden Menge zahlloser Boote. Trotz der Geschwindigkeiten, mit denen sie fuhren, hatten wir nicht das Gefühl, in Eile zu sein. Wir hatten lediglich den Eindruck, dass sich außer dem See alles und alle beträchtlich schneller bewegten.

Wir waren alle bester Stimmung, winkten und grüßten einander von einem Boot zum anderen zu, bis uns ganz plötzlich auffiel, dass wir allein waren. Wir wussten nicht, ob wir nun auf eine noch höhere Schwingungsebene gehoben oder ob wir innerhalb eines Augenblicks zu einem anderen Teil des Sees transportiert worden waren.

Wir blickten einander an und warteten, was geschehen würde. Eine tiefe Stille hing wie eine Decke über unserer Umgebung und schien uns von allem anderen Leben zu isolieren. Das Boot hatte aufgehört, sich fortzubewegen, und ich empfand mich als im Raum hängend. Der See war immer noch da, aber er schien keine Substanz zu haben; es war, als hingen wir über einem bodenlosen Vakuum.

Die Elfen blickten ernst, aber nicht furchtsam, und ich schämte mich meines tiefen, überwältigenden Entsetzens, das mich vor jedem völlig neuen, unbekannten „Erlebnis" erfasste, wie sehr ich auch mich bemühte, es in Schranken zu halten.

Ein gewaltiger Schrei kam aus dem Himmel, er war ebenso unerwartet wie erhebend. Es war ein mächtiger Schrei des Triumphes, der mich mit dem Wissen erfüllte, dass alles gut war. Dann folgte, wie Blitze auf einen Donnerschlag, ein Lichtstrahl nach dem anderen; sie fuhren geradewegs durch das Boot und in den See. Ein leises Rumoren begann in der Tiefe, und aus dem Tönen kam Bewegung empor. Das Wasser stieg zu beiden Seiten an und hüllte uns sein. Keinen Moment fühlte ich mich in der Gefahr zu ertrinken; stattdessen empfand ich mich in einer riesigen, allumfassenden, geschlechtslosen Umarmung und von Liebe erfüllt. Liebe zum See? Oder war ich selbst der See, der mich/sich liebte? Ich liebte auch die beiden Elfenwesen, leidenschaftslos, als ob ich *sie* wäre, erfüllt von ihrer Liebe zueinander, erhoben bis zu den Sternen. Ich begann zu fallen und taumelte sanft in eine bodenlose Tiefe hinunter. Es war wundervoll, und ich hoffte tatsächlich, dass es kein Ende gäbe, dass ich einfach immer, immer weiter sinken würde…

Jedoch die Tiefe war nicht bodenlos, sondern endete mit dem Erdboden vor dem Hause der Elfen. Wir hatten keine Vorstellung, wie weit wir gesunken und wie viel Zeit vergangen war, bis wir nach unserer Rückkehr wieder zum Bewusstsein gekommen waren. Ich weiß nur, dass mehr als drei Stunden vergangen waren, seit wir unsere Augen zur Meditation geschlossen hatten – und ich wünsche und hoffe, nichts davon versäumt zu haben.

Ich scheine nicht nur den Faden meiner Schilderung des Elfenhauses verloren zu haben, sondern ich bin Meilen vom Pfade abgewichen. Doch jetzt will ich zurückkehren und dir ein wenig mehr darüber erzählen. Ich habe entdeckt, dass es drei Zimmer gibt: ein

Schlaf-, ein Wohn- und ein Arbeitszimmer. Jedenfalls handelt es sich um die Entsprechungen solcher Räume im Hause eines Menschenwesens.

Da schon andere Beschreibungen von Zimmern in Elfenhäusern gegeben haben, werde ich mich auf das Schlafzimmer beschränken. Ich würde es als sehr feminin bezeichnen, weil es da so viele Kinkerlitzchen und Volants gab; und obwohl ich weiß, dass diese aus Gedankenformen bestanden, bin ich sicher, dass Namsos nichts mit ihrer Erschaffung und Gestaltung zu tun hatte. Das Bett war eine Art von Schlinge oder Hängematte in blassem Rosa mit Bändern, die von der Decke herab um es herum hingen. Sie waren ständig irgendwie in Bewegung, und ich hätte sie für sehr störend gehalten, doch die Elfen versicherten mir, dass diese Bewegung kontrolliert sei und einen Zweck erfülle. Die Luftkanäle, die diese wehenden Bänder bildeten, würden im Laufe der Zeit permanent und könnten dann – ähnlich wie ein Sprungbrett, das einen Springer durch zusätzlichen Schwung beschleunigt – als eine Art Verstärker für ihre spirituellen Gedanken genutzt werden. Ich hoffe, dass du mit dieser Erklärung mehr anfangen kannst, als ich davon verstand. Ich kann nur fragen und die Antworten der Elfen aufzeichnen.

Die pastellfarbenen Wände sahen ein wenig aus wie die Rinde eines Baumes; sie waren rissig, doch bei Berührung weich. An einer Wand war ein großer roter Fleck – offensichtlich der einzige kreative Beitrag von Namsos. Ich war entschlossen, seine Bedeutung herauszufinden, ohne meine Ignoranz zu verraten, und so betrachtete ich das Rot mehrere Minuten lang mit großer Konzentration. Ich kam zu dem Schluss, dass es sich bewegte – nicht von Ort zu Ort – und irgendwie Leben zu beherbergen schien. Ich sah abermals hin, und dieses Mal passierte definitiv etwas. Ich war sicher, dass die Bewegung nicht nur zufällig war, sondern einen Zweck hatte. Ich konzentrierte mich auf die Idee dahinter. Ich war wild entschlossen, aber es half nichts. Es blieb beharrlich ein roter Fleck auf der Wand, ein bewegtes Rot.

Ich muss sehr besorgt ausgesehen haben, denn bevor ich fragen konnte – und damit eingestehen musste, dass ich es nicht verstand –, schickte Namsos einen kleinen Kraftblitz in das Rot, das daraufhin in fieberhafte Bewegung verfiel. Ich rechnete schon fast damit, dass es bersten und eine Unzahl hervorquellender Würmer oder etwas Ähnliches zum Vorschein bringen könnte. Es zerbarst tatsächlich, doch es kamen keine Würmer hervor. Doch ich empfand etwas wie ein kleines Gefühl von Erwartung. Natürlich bin ich zu groß, als dass ein so kleines Instrument tatsächlich eine echte Wirkung haben konnte, aber die Elfen sind klein, und sie erlebten das Resultat augenblicklich – sie verschwanden. Ich dachte erst, dass sie mich vielleicht auf den Arm nahmen, aber sie sind keine sehr leichtsinnigen Wesen … und dann dämmerte es mir: In dem roten Fleck war Kraft gespeichert, und nun waren die beiden mit der freigesetzten Kraft zu einem weiteren Meditations-Trip abgedüst! Ich fühlte mich verletzt, dass sie mich einfach verlassen hatten. Ich tat mir selbst richtig leid. Ich hatte mir die Zeit so eingeteilt, dass ich mindestens eine Stunde mit ihnen verbringen konnte, und jetzt waren sie schon nach fünf Minuten verschwunden.

„Ronald, Ronald!", hörte ich ihre Stimmen meine Trübsal durchdringen. „Komm hier herauf." Wie töricht von mir! Was könnte einfacher sein, als ihnen zu folgen? Ich schloss die Augen, und als ich sie wieder öffnete, sah ich zu meinen Füßen zwei besorgte kleine Gesichter, die zu mir hochsahen.

„Wir haben das nicht so gewollt", sagten sie entschuldigend. „Wir wollten dir nur die Kraft des Elevatus zeigen, und Namsos hat ihm wohl zu viel davon gegeben."

„Nun, jetzt sind wir hier, also lasst es uns genießen", beschwichtigte ich und begann mich wieder wohl zu fühlen in dem Wissen, dass meine beiden kleinen Freunde mich nicht absichtlich verlassen hatten. Und dann sah ich ihn.

„Schau", sagte ich leise zu Namsos. Seine Augen folgten der Richtung meines Zeigefingers, und sein Gesicht erhellte sich. „O Ronald", war alles, was er herausbrachte. Langsam gingen wir auf ihn zu, da wir ihn nicht erschrecken wollten, obwohl ich nicht denke, dass wir uns deshalb hätten sorgen müssen. Sobald er sah, dass wir uns näherten, kam er uns entgegen und gab seltsame kleine Willkommensschreie von sich.

Ich hatte mich sehr danach gesehnt, einmal ein nicht-irdisches Tier zu sehen, und nun hatte ich eines vor mir. Er war wirklich wunderschön. Er war ganz weiß, nur Augen und Nase waren tiefschwarz. Die meisten pechschwarzen Augen sehen ein wenig böse aus, aber seine waren so sanft und freundlich wie die sprichwörtlichen Rehaugen. Er stand meist aufrecht auf seinen Hinterfüßen, sah dabei jedoch überhaupt nicht schwerfällig aus wie etwa ein Menschenaffe, auch nicht, als bettelte er wie ein Bär. „Er" sah nicht weniger natürlich und selbstverständlich aus wie ein Menschen- oder Elfenwesen. Er hatte ein seidiges Fell von etwa zehn Zentimeter langen Haaren, das auch wie eine Umrahmung seines Gesichtes wirkte. Seine Ohren waren klein und spitz und standen wie bei einem Pferd oben am Kopf. Sein Gesicht war nicht gerade menschlich, doch es hatte auch nicht die komischen Züge eines Affen. Ich nehme an, er war eine Art von jungem Pan, aber nicht ganz halb und halb wie ein Satyr. Ich denke, er war bestimmt von einer höheren Sphäre, möglicherweise sogar von einem anderen Planeten gebracht worden, damit wir ihn sehen konnten. Heute wünschte ich, damals versucht zu haben, mit ihm zu sprechen, denn ich bin gewiss, dass er genügend

Bewusstsein hatte, um zu verstehen. Vielleicht hatte er sogar versucht, mich anzusprechen, und ich hatte es nicht bemerkt, weil ich nicht damit gerechnet hatte.

Er schien die Elfen nicht zu sehen, diese jedoch waren von ihm bezaubert. Als ich ihn tätschelte und beruhigende Töne von mir gab, rannten sie umher, um ihn aus jedem Winkel zu beäugen. Er legte sehr freundschaftlich seinen Arm um mich, und ich hätte ihn nur zu gerne zu mir nach Hause mitgenommen, doch ich war mir sicher, dass er in solch niedriger Schwingung nicht hätte leben können. Schon sehr bald begann er erschöpft auszusehen und rieb sich mit der Pfote die Augen wie ein müdes Kind. Da wusste ich, dass er nicht lange bei uns bleiben konnte, und ich überredete ihn, indem ich auf den Boden klopfte und mich selbst hinsetzte, sich etwas auszuruhen. Er kuschelte sich an mich und war bald eingeschlafen. Als sein Bewusstsein den Körper verließ, in den er sich uns zuliebe materialisiert hatte, löste sich dieser allmählich auf und verschwand, bis nichts mehr davon übrig war als die Erinnerung an einen sehr bezaubernden Gefährten.

Ich hatte noch ein weiteres Abenteuer mit Namsos und Sirilla, von dem ich dir erzählen muss. Wir haben schon so viel miteinander erlebt – und werden zweifellos noch zahllose weitere gemeinsame Abenteuer haben –, dass ich kaum weiß, welches ich auswählen, wo ich mit meinem Erzählen anfangen und wo ich aufhören soll.

Auch bei jener Gelegenheit fanden wir uns wieder einmal auf der dritten Ebene ein. Die Bäume flüsterten wie immer ihre Botschaft, und das Gras und die Blumen hießen uns mit freundlichem Nicken willkommen. Ich bin immer versucht, in einer Art von laufendem Kommentar wiederzugeben, was sie sagen, und brauche so keinerlei bewusste Anstrengung zu machen, die Lektionen zu hören, die uns die Natur in allen ihren Formen ständig vermittelt.

Wir verließen den festen Boden und schwebten zu den Baumwipfeln hinauf. Die Elfenwesen wurden ganz aufgeregt, als sie erkannten, dass wir etwas Wichtiges zu tun hatten. Ich fragte sie, was es denn sei, doch die Bäume konnten es ihnen nicht sagen, sie winkten lediglich mit ihren Zweigen nach oben.

Wir beschleunigten immer mehr, und dann stoppten wir ganz plötzlich. Man sollte meinen, dass einem bei so plötzlichem Anhalten schwindelig würde, aber wir bemerkten körperlich kaum eine Veränderung; gedanklich erfüllte uns jedoch eine ungeheure Dringlichkeit.

„Dorthin!", rief ich, und wir rasten voran, als ob die ganze Zukunft der Menschheit davon abhinge, dass wir unser Ziel rechtzeitig erreichten. Wir rannten und rannten, bis ich zu fühlen begann, dass ich einen Fehler gemacht hatte und zugeben sollte, dass ich nicht die geringste Ahnung hatte, wohin wir gerade eilten.

Ich hatte kaum den Mund geöffnet, um ihnen das zu sagen, als ich ein gewaltiges Licht am Himmel sah … und ich wusste, dass ich mich schließlich doch nicht geirrt hatte.

„Stopp!", rief ich also, und wir hielten an. Mein Herz schlug heftig vor Anstrengung, doch als ich stoppte, stoppte es ebenfalls. Ich wusste, dass es nicht aufgehört hatte zu schlagen, doch wenn dies tatsächlich geschehen war, so war seine Tätigkeit nicht länger notwendig. Mein Herz war still, weil es still sein musste. Alles war still. Wir befanden uns mitten in absoluter Stille. Wieder machte sich lähmendes Entsetzen in mir breit, das ich nicht zu unterdrücken vermochte, und wieder – als ich gerade den Punkt erreichte, an dem ich meinte, den Verstand verlieren zu müssen – kam ein Licht auf mich zu. Als es immer näher kam, wurde es in meinem Kopf so still wie in meinem Herzen.

Fasziniert beobachteten wir den einzelnen Lichtstrahl, der auf uns zu wanderte, und kurz bevor er uns erreichte, blieb er stehen. Ich hatte gehofft, dass er geradewegs durch uns hindurch gehen würde, denn in und von diesem Licht erfüllt zu sein, stellte ich mir als ein Erlebnis vor, das keiner in Worte zu fassen vermochte.

Als das Licht stehen blieb, begann mein Herz wieder zu schlagen, und mein Gewahrsein wurde sehr intensiv. Ich wusste, dass ich, der innerhalb unserer Gruppe etwa über ein mittleres Wissen verfügte, und die beiden Elfen, die in ihrer Elfengruppe etwa die gleichen Positionen innehatten, auserwählt worden waren, möglicherweise als typische Vertreter für Angehörige unseres Ranges, an einer Prüfung, an einem Experiment teilzunehmen als die Mittler zwischen einer hohen Sphäre und der Erde. Je nachdem, ob wir erfolgreich wären oder versagten, würde ein Plan entweder in Gänze oder in einer veränderten Fassung zur Ausführung gelangen.

Das Licht zog sich langsam zurück und schien zu warten. Es war nicht notwendig, dass wir miteinander sprachen. Wir wussten, dass wir die gleichen Gedanken hegten. Ich war ein wenig nervös. Ich wollte nicht versagen, obwohl ich wusste, dass es hier nicht darum gehen würde, ob ich oder wir versagten, sondern um einen Versuch, eine Demonstration, die erweisen sollte, ob Medien unseres bescheidenen Ranges der Kraft standzuhalten vermochten, die für den Erfolg eines Planes notwendig wäre, der möglicherweise auf viele Jahre hin nicht mehr zum Einsatz käme.

Dann sahen wir abermals ein Licht, aber es war nicht das Gleiche. Das erste war eine Person mit einer Botschaft gewesen; dieses Licht hingegen war die Kraft, die wir zu testen hatten.

Ich hob meine Schwingungen so weit an, wie ich konnte, und der Strahl hüllte uns ein. Zuerst schien die Kraft normal, doch dann nahm sie allmählich an Stärke zu. Wir mussten bei Bewusstsein bleiben, so lange wir konnten, und ich war entschlossen, an meinem festzuhalten, bis ich zerbräche – und davon war ich nicht weit entfernt. Ich hätte gerne die Elfen beobachtet, um zu sehen, wie sie durchhielten, aber mir war klar, dass ich meine ganze Konzentration für diese Aufgabe benötigte, wenn aus unserem Widerstand irgendwelche nützlichen Ergebnisse gewonnen werden sollten. Widerstand ist freilich nicht das passende Wort, denn hier ging es um die Fähigkeit, vollkommen zu entspannen und *nicht* zu widerstehen, denn davon war abhängig, wie viel Kraft durch den Körper geleitet werden konnte.

Wenn die Kraft zunimmt, ist die natürliche Reaktion, sich anzuspannen, um die Belastung zu verkraften, aber dieses Verhalten ist genau das Gegenteil von dem, was erwünscht ist, nämlich sich auf weitere Entspannung zu konzentrieren.

Ich hatte mich ganz auf die Kraft eingestellt, musste mich jedoch sehr anstrengen, um mich nicht zu irgendeiner wunderbaren, hohen Sphäre fortreißen zu lassen. Kannst du nachempfinden, wie schwierig es ist, seinen natürlichen Impulsen zu widerstehen, ohne sie zugleich willentlich zu bekämpfen? Du musst alles loslassen und mit der Kraft fließen lassen: dein Denken, deine Nerven und auch deinen Körper. Mit einem physischen Körper ist dies nicht möglich, aber in den höheren Sphären sind unsere Körper nicht statisch und fest wie auf der Erde, sondern sie können buchstäblich fließen. Dabei verliert man jedoch nicht seine Körperlichkeit, denn frische Materie tritt an die Stelle derer, die gegangen ist. Deine äußere Form ist aus Millionen sich ständig bewegender Elektronen zusammengesetzt.

Irgendwann kommt immer ein Punkt, an dem alles so schnell fließt, dass du dein Bewusstsein verlierst. Herauszufinden, wann dieser Punkt mit der aufgewendeten Kraft erreicht wird, war Ziel des Versuches.

Es ist ein sehr angenehmes Gefühl, und da die vergleichsweise langsame Bewegung der Millionen Materieteilchen rasend schnell wird, erfüllt einen eine wunderbare Leichtigkeit. Dann beginnst *du* aufzusteigen, und zwar in die dem Fließen deiner Gedanken und Materie entgegengesetzte Richtung. Mehrere Male spürte ich, wie ich selbst zu steigen begann, doch es gelang mir, mich sanft zurückzuholen. Schließlich stellte ich fest, dass mir dies nicht mehr möglich war; ganz gleich, in welche Richtung ich auch versuchte, diesen Flug unter Kontrolle zu halten, stieg ich immer weiter empor. „Wenn ich nicht anhalten kann, dann muss ich wissen, wohin die Reise geht", dachte ich noch. Doch der Gedanke hatte keinen Wert, denn er reiste in die entgegengesetzte Richtung und ging meinem Bewusstsein verloren. Ich erinnere mich an ein überwältigendes Gefühl der Erfüllung, ein gewaltiges Verlangen, unbekannte Höhen zu erreichen, aber ich wusste niemals, ob mir dies gelang. Gäbe es einen Tod, wäre dies ein herrlicher Weg gewesen. Doch wie viel wundervoller wird es sein, wenn Sirilla, Namsos und ich bei vollem Bewusstsein aufsteigen können, um gemeinsam die Wunder zu genießen, die wir zurzeit noch nicht erreichen können, weil sie unser Begreifen übersteigen! Ihr Anblick würde uns blenden, statt uns neue Schönheit zu offenbaren; unsere Sinne würden von der Kraft betäubt, anstatt neue Geheimnisse kennen zu lernen, und unser astraler Verstand wäre außerstande, das Wissen anzunehmen, das für uns und nur für uns allein da ist.

So müssen wir warten und uns mit der Tatsache trösten, dass die Einsichten, Klänge und Erfahrungen, die für uns bestimmt sind, niemals irgendjemand anderem offenbart werden können. Ich weiß, das klingt unglaublich, aber ich glaube es, weil es mir so mitgeteilt wurde von Leuten, denen ich zu vertrauen gelernt habe. Welchen Zweck hätte es auch, nicht die Wahrheit zu sagen? Obwohl die Wahrheit eins und grenzenlos zugleich ist, hat sie Millionen von Aspekten. Je höher und weiter wir gelangen, desto Höheres und Weiteres können wir begreifen, bis eines Tages das Ganze – unser sein wird.

4 – Merella (Beobachter: Peter) und Nuvic (Beobachter: Andrew)

Merella
(von ihr selbst)

Samen

Ich war schon immer recht wagemutig. Ich liebe es, mich mit dem Winde zu messen, mich nicht von ihm tragen zu lassen, mit ihm zu treiben, sondern meinen eigenen Weg gegen und durch ihn zu erzwingen. Wenn mein Körper dabei von der Macht des Windes gepeitscht wird, erfüllt mich das mit Jubel, anstatt mich zu ermüden.

Auch den Regen liebe ich, und wenn er in Strömen herabfällt, fliege ich durch die Tropfen. Wenn diese sich anstrengen, mich zu treffen, in Stücke und zu Boden zu schlagen, dann empfinde ich ihre Hiebe als erfrischende Liebkosungen, die mich innerlich und äußerlich reinigen.

Am meisten aber liebe ich die Sonne, und ihre Wärme scheint mich weit über die Erde zu erheben.

Wenn ich auf der Astralebene das Bedürfnis nach einem freundschaftlichen Wettstreit mit Wind und Regen hatte, besuchte ich die Region, wo solche Erfahrungen geboten werden, denn normalerweise gibt es in der Astralwelt keinen Regen, sondern allenfalls lauwarme, sanfte Brisen.

Meine Arbeit galt den Samen, so lange ich mich erinnern kann. Für mich sind sie der wunderbarste Akt der Schöpfung und die äußerliche Manifestation des Fortschreitens, nach dem die ganze Natur strebt. Nach dem Fruchttragen, ihrer Erfüllung, ist die Elternpflanze damit zufrieden, auf die Astralebene zurück zu sterben oder einen Teil des Jahres in der Erde zu ruhen, bis die Zeit für sie kommt, ihre Arbeit von neuem zu beginnen, um das gleiche Ziel zu erreichen.

Die Pflanzen kommen also schon in meine Obhut, bevor sie geboren werden, und dann wieder, bevor sie sterben, und in beiden Phasen sind sie wunderschön. Für euch ist eine verwelkte Blume vermutlich etwas, ohne das ihr ganz gut leben könnt, doch für mich ist das ganz anders. Ich sehe sie in ihrer vollendeten Reife, wie sie ihrer nahenden Erfüllung entgegen geht.

Ich liebe alle Formen des Experiments und probiere ständig neue Methoden aus, meine Samen zum Keimen zu bringen. Manchmal gebe ich ihnen selbst große Kraftzuwendungen, ein anderes Mal erhalten sie ständige Anreize im Minutenabstand. Zuweilen richte ich es ein, dass viele Samen sanft in der Kraft gebadet werden, dann lasse ich sie für einen Tag ruhen, bevor ich die Kraftzuteilung wiederhole.

Wenn eine Methode keinen Erfolg zeitigt, probiere ich eine andere aus, und es schenkt mir tiefe Befriedigung, wenn aufgrund meiner unorthodoxen Methoden endlich ein kleiner Keim zu sehen ist – besonders wenn herkömmliche Arbeitsweisen bereits probiert wurden und versagt hatten.

Nur zu gerne versuche ich, jede einfache Tätigkeit oder Handlung auf möglichst viele Weisen auszuführen. Wenn ich fliege, bin ich gewöhnlich rasch unterwegs, aber manchmal erlaube ich mir, mich mehrere Meter fallen zu lassen; das beschleunigt meine Schwingungen. Bei anderen Gelegenheiten bleibe ich an einer Stelle, ohne mich fortzubewegen. Dies erfordert ein großes Maß an Selbstkontrolle und ist mir erst in den vergangenen fünf Jahren gelungen. Einige Zeit konnte ich nicht verhindern, dass ich abstürzte, aber nun, da ich die Technik beherrsche, finde ich diese Form der Entspannung überaus geruhsam.

Zuweilen fliege ich viele Meilen weit fort, um auszuprobieren, wie rasch ich nach Hause gelangen kann. Ich meine dabei nicht die Fortbewegung durch Gedanken, welche wir natürlich alle beherrschen. Vielmehr habe ich durch bewusstes Kraft-Einziehen während des Fliegens bereits gewaltige Geschwindigkeiten erreicht, sodass selbst Elfen mich nicht sehen können, wenn ich vorbeikomme. Wenn wir Wettflüge durchführen, gewinne ich immer, deshalb muss ich lange nach den anderen starten.

Ich denke, ihr wisst, dass wir nicht unser Gemeinschaftshaus haben, sondern dass jedes Elfenpaar ein eigenes Zuhause besitzt, in das wir uns zurückziehen können, wenn die Arbeit einer Woche getan ist. Nuvics und mein Haus befindet sich in einem gepflegten Garten, nicht weit von hier. Wir haben es nach modernen Gesichtspunkten gestaltet, die Ideen dazu erhielt ich von einigen Gebäuden, die ich auf der Astralebene sah. Unser Haus ist weiß, hat Pfeiler und Stufen rundherum. Wir haben auch eine sehr schöne Tür, hart und glatt wie aus weißem Marmor. Durch sie gelangt man in einen schönen, offenen Raum mit weiteren Pfeilern und einer gewölbten Decke.

Der ganze Bau vermittelt den Eindruck eines großen Raumes, obwohl das Haus tatsächlich nicht sehr groß ist. Von der zentralen Halle aus gelangt man in drei Zimmer; eines ist zum Ruhen, eines für Freizeit und Arbeit und das dritte für die Meditation.

Das erste Zimmer ist hellgrün und hat einen weichen, grasähnlichen Fußboden; die Wände und Decke sind aus Blättern und Blüten zusammengesetzt. Wir schlafen in diesem Raum, den wir unserer geliebten Natur nachempfunden haben, und erwachen dann mit dem Gefühl, noch erquickter zu sein, als wenn wir die Nacht im Gemeinschaftshaus verbracht hätten.

Im zweiten Zimmer empfangen und unterhalten wir unsere Freunde. Es hat alle Farben des Regenbogens, sodass sich alle unsere Besucher darin wohl fühlen. Während Nuvic und ich uns in einem cremefarbenen und grünen Raum sehr erquickt fühlen, könnten gerade diese Farben auf eine Elfe sehr deprimierend wirken, die zum Beispiel rosa oder blaues Licht benötigt.

In diesem Raum zu sein ist so, als flöge man durch einen Regenbogen, was für uns eine überaus wundervolle Erfahrung bedeutet, da der rasche Übergang von einer Farbe zur anderen eine schnelle Veränderung der Schwingungen hervorruft. Alle, die hierher kommen, fühlen den belebenden Einfluss von so vielen Farben, und sie alle verlassen den Raum erquickt.

Die Beschreibung unserer Aktivitäten im dritten Zimmer habe ich bis zuletzt aufgehoben, weil es unser liebster Raum ist; hier bemühen wir uns um unsere spirituelle Weiterentwicklung. Ich bin Nuvic in dieser Hinsicht voraus, deshalb kann ich großartigere Erlebnisse genießen. Indem ich ihm davon erzähle, kann ich meine Erfahrungen in einem gewissen Maße mit ihm teilen. Manchmal erleben wir etwas gemeinsam, und so etwas macht mich wirklich am glücklichsten; auch wenn wir keine so hohe Ebene erreichen, wie es mir allein möglich ist, ist mir ein gemeinsames Erlebnis doch ungleich kostbarer.

Letzte Nacht verbrachten wir eine wunderschöne Zeit zusammen. Wir schienen nach oben zu schweben … höher, höher, höher … weiter als jeder von uns je gewesen ist. Wir erlebten ein Empfin-

225

den des absoluten Einsseins mit einander und mit unserer ganzen Umgebung. Es war, als wäre die ganze Atmosphäre unser Körper; wir waren nicht von ihr getrennt, sondern eins mit ihr. Wir fühlten uns frei und riesig groß, als nähmen wir den ganzen Weltraum ein. Mit diesem gewaltig erweiterten Bewusstseinsbereich sahen und fühlten und waren wir zugleich alle Menschen, Tiere und Pflanzen, die wir umfassten. Wir erlebten uns selbst als die Härte des Steines, die Stacheligkeit einer Rose, als der Körper und die Gedanken eines Menschen, die so anders sind als unsere eigenen. Wir fühlten diese wechselnden Zustände einzeln, und dann wieder gemeinsam.

Es war eine fast überwältigende Erfahrung, und nun haben wir ein tieferes und weiteres Verständnis von jedem Gegenstand und jeder Person, die Teil unseres Erlebens war, sowie von ihren Gedanken und ihren Bedürfnissen.

Für mich ist Erleben in jeder Form der Grund und Zweck aller Existenz, deshalb lasse ich nie eine Gelegenheit aus, die mich zu weiterem Wissen führen könnte.

Ich habe dir bereits ein wenig darüber erzählt, wie ich mit verschiedenen Methoden versuche, das Wachstum meiner Samen zu beeinflussen und wie ich es liebe, die Mittel der Natur zu nutzen, um mir Freude zu bereiten. Jetzt will ich versuchen, dir etwas über die wundervolle Errungenschaft zu vermitteln, die ich durch ständiges Kraft-Austauschen mit anderen Elfen erlangt habe.

Obwohl ich es immer wieder als eine große Freude erlebe, ist es nicht der alleinige Zweck meiner Experimente, denn auch ich wachse jedes Mal mental, und da ich fortschreite, wird auch meine Arbeit besser.

Das Liebemachen betrachten wir ganz und gar nicht wie ihr. Zuerst konnte ich nicht verstehen, warum ihr mich im Hinblick auf meine Liebesaktivität zu necken pflegtet, und als ich Normus fragte, war auch er nicht im Stande, mir eure Gründe zu erklären. Er fragte seinen Führer, und dieser wiederum sah sich genötigt, weitere Erkundigungen einzuholen, bis wir die Antwort erhielten. Als wir erfuhren, dass Liebe auf der Erde als eine 'geheime' Angelegenheit betrachtet wird, waren wir erstaunt. Für uns ist es außergewöhnlich, dass der Mann eifersüchtig ist, wenn seine Frau einem anderen Mann etwas von ihrer Liebe gibt. Man erklärte uns auch, dass die Menschen auf der Erde nicht Kraft austauschen können, wie wir es tun, weil ihre Körper aus grobstofflicher Materie bestehen. Als wir erfuhren, auf welche Weise ihr Liebe macht, sagte uns dies ganz und gar nicht zu.

Es gibt so viele Arten des Liebemachens, die wir praktizieren, natürlich je nach dem Grad der Anziehung, die ein Elfenwesen zu einem anderen empfindet. Ich gebe oft jemandem einen kleinen Kraftstoß, ganz beiläufig und im Vorübergehen; das ist mehr eine Art zu grüßen als ein Liebesakt, aber auf diese Weise kann ich dem Empfänger ein unerwartetes Vergnügen bereiten.

Wenn ich sehe, dass ein Elf hell leuchtet, weiß ich natürlich, dass er eine Menge Kraft hat und mir, wenn er will, so viel geben kann wie ich ihm – wenn nicht noch mehr. Im Idealfalle sollte die Kraft gleich sein, doch es ist wundervoll, mehr zu empfangen, als man geben kann, denn der Geber ist in diesem Falle weiter entwickelt und kann die größere Erfahrung, das höhere Wissen mit seiner Kraft übermitteln.

Jedes Mal, wenn man Kraft gibt, vergrößert man dabei seine Kapazität zu geben. Natürlich ist diese Verbesserung minimal und es dauert Jahre, bis der Zuwachs für einen Betrachter wahrnehmbar ist. Deshalb habe ich mir Folgendes gedacht: Wenn ich bei jeder sich bietenden Gelegenheit Kraft gebe – ohne sie natürlich zu vergeuden, denn das ist verboten –, wachse ich zwei- oder vielleicht dreimal so schnell wie sonst. Diese Vermutung hat sich als akkurat erwiesen, denn nach Normus und Movus bin ich das am weitesten entwickelte Elfenwesen in unserer Gruppe.

Ich glaube am interessantesten war die Zeit, als ich mit Peter Kraft tauschte. Da der Mensch einem anderen Zweig der Evolution angehört, weist er völlig andere Schwingungen auf. Ich war entschlossen, durch die Verschmelzung unserer beiden Kräfte so viel Wissen wie möglich zu erlangen, und seit damals kenne und verstehe ich die Menschen viel besser.

Wenn du so etwas erlebst wie ich, wirst du vorübergehend die Person, mit der du Kraft tauschst, du teilst ihre Emotionen und all ihr Wissen. Während des darauf folgenden Trancezustandes erlitt ich alles Elend, das den erdgebundenen Peter quälte, und ich teilte auch seine Hoffnungen auf sein neues Leben. Elfenwesen leiden nicht auf die gleiche Weise wie der Mensch, und dass ich mit Peter, den ich so liebe, jenen Teil seines Lebens geteilt habe, hat mir einen gewaltigen Wachstumsschub ermöglicht.

Ich weiß, dass ich noch viel zu lernen habe, aber Wissen zu erwerben, ist das Aufregendste überhaupt im Leben. Wie viel du auch weißt, ist jeder kleine Gewinn an Weisheit wie ein Dünger, der das Wachsen größerer Erfahrung unterstützt. Diese Tatsache ist eine Wahrheit, die immer gelten wird.

Merella
(von Peter)

Vorgestern Abend schlug Daphne mir vor, zu beschreiben, was ich erlebte, als Merella mir Kraft gab.

Früher konnte ich nur Normus sehen, den Führer der Naturelfen; er ist etwa achtzehn Zentimeter groß und sieht auf eine freche Art und Weise gut aus. Er zwinkert lustig und hat offenbar viel Humor. Er und Daphne haben eine Menge Spaß daran, einander aufzuziehen, und ich weiß, dass sie im Herzen eine sehr große Zuneigung füreinander empfinden.

Normus war bei jener Gelegenheit nicht bei uns, aber auf ihr Fragen hin erfuhr Daphne, dass ein kleiner Bursche namens Nixus in der Nähe arbeitete. Sie schlug mir vor, ich solle doch versuchen, ihn zu sehen, und Nixus war damit einverstanden, seine Schwingungen zu senken, um mir die Sache zu erleichtern. Ich hob meine Schwingungen, so weit ich konnte, und Daphne schaltete etwas Kraft ein. Die Umgebung wurde lichter, und plötzlich kam Nixus in mein Blickfeld; er saß auf meinem linken Bein. Nixus war etwas kleiner als Normus und hatte ein freundliches Gesichtchen; er trug ein vorne geknöpftes, grünes Mäntelchen und eine Art von Strumpfhosen, wie ihr es wohl nennen würdet. Er hatte kleine, spitz zulaufende Schuhe an, die mir aus Blättern gefertigt schienen, da ich Blattadern sehen konnte, die das Material durchzogen. Ich streckte ihm einen Finger entgegen, und er ergriff ihn leicht.

Wir plauderten über seine Arbeit, die den Gräsern gilt. Als ich im Winkel meines Blickfeldes etwas aufblitzen sah, nahm ich an, ein Schmetterling habe sich auf meiner Schulter niedergelassen. „Da ist jemand angekommen", stellte Daphne fest. „Wer ist es?"

„Ich bin Merella", projizierte das kleine Geschöpf. Ich drehte mich um, um nach ihr zu sehen, und ich bemerkte, dass sie wunderhübsch war. Sie hatte schwarzes Haar, das ihr bis zur Taille reichte, und ihre Augen blickten mich bewundernd an.

„Oh, ist er hübsch", sagte sie zu Daphne.

„Natürlich ist er das", antwortete sie. „Merella, ich fürchte, du bist kokett."

„Sie ist hinter allen Jungen her", posaunte Nixus aus. Merella schmollte bezaubernd. „O Nixus! Der sieht niemanden außer seiner Lyssis." Sie machte es sich auf meiner Schulter bequem, und ihr langes, cremefarbenes Kleid wehte sanft in der Brise.

„Peter, ich glaube, du machst Annäherungsversuche an Merella", meinte Daphne amüsiert.

„Nein, das tue ich nicht", widersprach ich ihr.

„Dann macht Merella Annäherungsversuche an dich", beharrte sie. Merella warf stolz den Kopf zurück. „Nein, das kann man so nicht sagen. Ich habe gerade nachgedacht. Ich habe eine wundervolle Idee. Ich würde Peter gerne etwas Kraft geben."

„Ich wäre entzückt", antwortete ich, obwohl ich insgeheim recht amüsiert war über die Vorstellung, dass eine so winzige Kreatur mit mir Liebe machen wollte. Sie flog von meiner Schulter und begann pfeilschnell durch die Luft zu schießen, emsig wie eine Biene. Daphne forderte mich auf, sie aufmerksam im Auge zu behalten, da sie vermutlich zu leuchten begänne, wenn sie voller Kraft war. Sie informierte mich auch, dass es ein Lichtzentrum geben sollte, entweder an ihrer Stirn oder im Solarplexus. Ich konzentrierte mich weiter und es gelang mir, einen winzigen Strahl zu sehen, der von ihrer Stirn aus leuchtete.

Offensichtlich war sie bald voll, denn sie kam und legte sich in meinen Schoß. Ich spürte, wie eine kleine Mattigkeit von mir Besitz ergriff, und ein Gefühl, als ob Hunderte von Schmetterlingen meinen Magen durchfächelten, breitete sich von innen her aus. Es war ein bezauberndes Erlebnis, das sich mit Worten nicht beschreiben lässt. Ich fühlte mich leicht, wie man sich immer leicht fühlt, wenn man – auch aus gewöhnlicheren Quellen – Kraft empfangen hat, doch diese Erfahrung, diese Begegnung hatte etwas Bezauberndes an sich. Als es vorüber war, lag Merella wie in Trance, und ich wusste

230

nicht recht, was ich mit ihr tun sollte, bis Nixus gelangweilt bemerkte: „Lege sie besser irgendwo auf den Boden. Sie wird vermutlich noch Stunden so bleiben." So sanft ich konnte, hob ich sie auf und legte sie unter ein Blatt in der Ecke des Gartens.

Heute kann ich die seltsamen Geschichten ein wenig besser verstehen, in denen von Männern die Rede ist, die sich in Elfenprinzessinnen verlieben, und die ihr Zuhause verlassen, um sie in den fernen Winkeln der Erde zu suchen.

Ein Jahr später

Als ich Merella zum ersten Mal begegnete, hielt ich sie für das Allerschönste, was ich je gesehen hatte – und daran hat sich bis heute nichts geändert.

Ihr Häuschen schien auf den ersten Blick leer zu sein, aber ich weiß, dass es dies nicht war, denn Merella deutete auf Gegenstände und beschrieb sie mir. Sie begann mit einer Art Kiste, die sie, wie sie mir erklärte, benutzte, um darauf zu ruhen; sie erzählte mir auch, dass ihr Lager grün und mit einem Baldachin von Blumen geschmückt war. Nach drei erfolglosen Seh-Versuchen meinte sie, es könnte mir helfen, das Gezeigte zu erkennen, wenn sie nach drinnen ginge. Doch als ich wieder hineinschaute, schien sie mitten in der Luft zu liegen, nach wenigen Augenblicken jedoch sah ich etwas Flaches unter ihr. Ich fragte sie nach den Beinen.

„Beine? Welche Beine?", wunderte sie sich.

„Dein Bett sollte doch Beine haben", antwortete ich.

„Wozu?", wollte sie wissen.

„Beine, auf denen es steht, natürlich. Du kannst doch nicht ein Bett haben, das mitten in der Luft schwebt."

Sie schaute verwundert. „Warum nicht?"

„Nun, erstens gibt es ja die Schwerkraft…", begann ich zu erklären, aber sie verstand mich nicht. Da wurde mir klar, dass ich derjenige war, der nicht verstand, und dass es absolut keinen Grund gab, warum mein eigenes Bett nicht ebenfalls in der Luft schweben sollte, wenn ich dies so wünschte, denn es gibt natürlich auch für uns keine Schwerkraft.

So habe ich am Abend jenes Tages feierlich die Beine von meinem Bett entfernt und mit dem entschlossenen Wunsch, dass es stehen bleiben möge, stieg ich sehr vorsichtig hinein. Das Bett blieb an Ort und Stelle, aber ich fühlte mich gar nicht sicher, deshalb habe ich die Beine wieder darunter gesetzt.

Doch nun zurück zu Merella: Sie lag da und sah genau wie eine Elfenprinzessin aus. Das Bett bewegte sich sanft im Raum umher, und schließlich kam es geradewegs durch die Wand und schwebte vor meiner Nase vorüber. Ich muss wohl recht überrascht geschaut haben, weil sie laut auflachte. „Aber das ist doch lächerlich", sagte ich. „Woher weißt du denn, wohin du gerade unterwegs bist?"

„Das wissen wir nicht", antwortete sie. „Und es wäre nicht annähernd so aufregend, wenn wir's wüssten."

„Aber schläfst du denn niemals?", fragte ich.

„Unsere Reisen dienen unserer Erquickung", erklärte sie. „Du musst auch andere Sphären besuchen, wenn du schläfst."

„Ich weiß nicht…", sagte ich. „Falls ich das tue, so erinnere ich mich nicht daran. Erinnerst du dich immer an deine Reisen?"

„Aber natürlich tun wir das", antwortete sie, „und die Erinnerung an die Wunder, die wir gesehen haben, trägt uns durch die schwersten Aufgaben des Tages."

Ich bat sie, mir ein Beispiel zu erzählen. „Nun, letzte Nacht beispielsweise gingen wir schlafen, und als wir erwachten, war es stockdunkel. Zuerst dachten wir, dass wir immer noch zu Hause wären,

232

aber als wir versuchten, etwas zu sehen – denn ein wenig können wir immer sehen, auch wenn es auf der Erde dunkel ist –, konnten wir nichts erkennen. „Fürchtest du dich?", fragte Nuvic. „Nein, es ist aufregend", erwiderte ich, „und du?" – „Nein", sagte er etwas zweifelnd. „Lass uns aufstehen", schlug ich vor. „Aber wir können nirgendwo hingehen", meinte er, „es ist zu dunkel." – „Macht nichts, lass es uns trotzdem versuchen und sehen, was geschieht." Wir standen auf und warteten ab. Nuvic war nervös und ich brannte vor Erwartung, als ein großes „Bumm!" ertönte. Wir sprangen beide vor Schreck fast aus unserem Körper. Die Luft war so erfüllt von den Schwingungen dieses Geräusches, dass wir vermutlich in kleine Stücke zerrissen worden wären, wenn wir es zugelassen hätten. Wir standen jedoch fest, und nach einer Weile ließen die Schwingungen nach, beziehungsweise sie zogen sich zurück und nahmen uns mit.

Allmählich wurde es hell, und wir fanden uns am Rande einer weiten Ebene stehend. Sie war bedeckt von Blumen, Häusern und Elfenwesen", erklärte sie. „Jeder, der von der Erde kommt, wird immer herzlich willkommen geheißen", fuhr sie fort. „Jene, die bereits dort gewesen waren, fragen die Ankommenden, ob sich die Bedingungen auf der Erde verbessert haben, und die, die noch nicht auf der Erde waren, wollen Wissen aus erster Hand. Wir schwebten zwischen den Blumen einher – und was waren dies für liebliche Blumen, Peter! Ich denke, meine Schützlinge auf der Erde sind wunderschön, aber wenn ich bei den Blumen auf der Astralebene bin, erkenne ich, dass meine Pflanzen nur schlechte Nachbildungen sind. Die astralen Blumen lachen die ganze Zeit; hast du sie schon einmal gehört?", fragte sie besorgt. Ich schüttelte den Kopf. „Du achtest nicht darauf", vermutete sie. „Aber das tue ich", versicherte ich ihr. „Es hat jedoch keinen Wert, denn meine Ohren sind nicht empfindlich genug – aber das werde ich noch erreichen", versprach ich ihr. Sie setzte ihren Bericht fort: „Wir wurden geführt zu einem offenen Raum, wo gerade ein Treffen stattfand. Es wurde entschieden, welche Angehörigen der Gemeinschaft zu künftigen Führern ausgebildet werden sollten. Wir sahen, welche Arbeit jedes der Elfenwesen in den zurückliegenden hundert Jahren geleistet hatte, die für diese Beförderung vorgeschlagen wurden."

Seinerzeit hatte ich solche Blitz-Projektionen auf meiner eigenen Ebene noch nicht gesehen, und so wandte ich ein: „Aber das muss ja Stunden gedauert haben."

„Etwa drei Sekunden", korrigierte sie mich.

„Aber, Merella …", begann ich zu zweifeln. „Wie sollte das …?" Dann hielt ich inne. Wie sollte ich etwas über die Geschwindigkeit von Elfengedanken wissen? Ich bin immer noch auf Wörter angewiesen, und Merella spricht zu mir so, dass es ihr als ein Schneckentempo erscheinen muss. Ich weiß das, denn sie hat es mir gesagt. „In Ordnung", räumte ich ein. „Und was geschah dann?"

„Alle stimmten ab", sagte sie. „Wir auch", fügte sie stolz hinzu. „Dann gab es eine Feier für die Gewinner."

„Sind die anderen, die nicht gewinnen, sehr enttäuscht – ich meine, darüber, dass sie hundert Jahre gearbeitet haben und dann nicht auserwählt werden?", fragte ich.

„Hundert Jahre?", fragte sie zurück. „Das ist doch gar nichts…"

„Aber es kann viel passieren, in viel weniger Zeit als hundert Jahren", erinnerte ich sie.

„Wir sind uns begegnet...", sagten wir gleichzeitig und lachten beide vor Vergnügen, denn, wie du weißt, ist es eine sehr große Liebe, die uns verbindet. Ich bin ein Mann von 1,90 Metern, und Merella ist eine Elfe von etwa 15 Zentimetern, aber die Liebe ist eine unberechenbare Macht, die einschlägt, wo und wenn man es nicht erwartet. Sie ist eine große Kraft zum Guten, und ich weiß,

234

dass Merella und ich eines Tages aufgrund unserer Liebe Dinge verstehen werden, die wir sonst nie begreifen könnten.

Im Laufe der Zeit konnte ich mehr und mehr vom Interieur des Zuhauses meiner kleinen Freundin erkennen. Ich habe sie auch beobachtet, wenn sie meditierte und aufleuchtete wie ein kleiner Leuchtturm. Ihre Gedanken gleichen einer Million winziger Blitze, die ankamen und schon wieder verschwunden waren, bevor ich sie verstehen konnte.

Eines Tages fragte sie mich, ob ich mit ihr meditieren wolle. Dies würde ich liebend gerne tun, antwortete ich, doch ich befürchtete, durch meine Langsamkeit ihr Vorwärtskommen zu behindern. Merella bestand darauf, und so setzten wir uns unter den Kastanienbaum im Garten. Sie sagte mir zu, sie werde ihre Gedanken zügeln, sodass ich sie sehen könnte. Bis dahin hatte ich sie als Worte mental aufgenommen, aber nun bestand Merella darauf, dass ich lernte, ihre Gedanken zu sehen. „Wie kannst du eine Idee wertschätzen, wenn du nicht die Farbe prüfen und die Beschaffenheit spüren kannst?", fragte sie mich.

Ich gestehe, dass ich nie daran gedacht hatte, eine Idee in die Finger zu nehmen und sie zu beurteilen wie ein Stück Stoff. „Ist denn ein Gedanke jemals wirklich greifbar? Ich meine, könnte ich ihn jemals so berühren wie dich?", fragte ich und strich mit der Fingerspitze sanft über ihre Wange.

„Du könntest es, wenn du es wolltest, aber ich meine nicht diese Art von 'spüren'. Ich will, dass du ihn innerlich fühlst, als ob er ein Teil von dir wäre. Sieh her: „Ich ... liebe ... dich", hörte ich in mir.

„Hast du das gesehen?", fragte sie.

„Du sagtest, dass du mich liebst", antwortete ich lächelnd.

„Ich habe dich gefragt: „Hast du es *gesehen?*", wiederholte sie.

Ich musste mein Versagen eingestehen. „Dann sieh noch einmal her", forderte sie mich auf, und dieses Mal konzentrierte ich mich nicht darauf, Worte zu empfangen, sondern ich richtete mein ganzes Denken in meine Augen – und konnte sehen, dass Merella intensiv rosa wurde.

„Du bist rosa", sagte ich.

„Natürlich bin ich das. Du bist es auch. Wir sind das immer, wenn wir zusammen sind. Hast du das nicht gewusst?"

„Du bist für mich noch nie zuvor rosa gewesen", widersprach ich.

„Das ist, weil du nicht richtig hingesehen hast. Du musst besser beobachten", sagte sie, fast etwas eingeschnappt für Merella. „Nun, schau noch einmal her."

Dieses Mal strengte ich mich ganz besonders an, und ich sah definitiv eine dunkelrosafarbene Flamme, die am Scheitel ihrem kleinen Kopf entsprang. „Mach das noch einmal", bettelte ich, und eine weitere kleine Flamme kam zum Vorschein. Sie war sehr zufrieden mit mir, als ich ihr berichtete, was ich gesehen hatte.

„Aber hast du nicht das Gekräuselte am Ende gesehen?", stellte sie mich auf die Probe.

„Ich fürchte, nein", sagte ich. „War es denn so wichtig?"

„Das war überhaupt der springende Punkt", antwortete sie. „Es zeigt an, dass ich dich als einen Paris liebe und nicht nur als einen Freund. Ich habe in Gedanken meine Arme um dich geschlungen."

„Könntest du das nicht wirklich tun, anstatt nur in Gedanken?", fragte ich eifrig.

„Ich fürchte, dazu müsste ich noch ein wenig wachsen", meinte sie mit ihrem reizenden Zwinkern, „es sei denn, du möchtest … dass ich deine Nase umarme." Ich seufzte. Unsere sehr verschiedenen Körpergrößen hatten offenbar auch Nachteile. „Nun sieh wieder her", forderte sie mich auf. „Ich werde außer dem Kräuseln noch etwas anderes hinzufügen."

Ich sah aufmerksam zu ihr hin, und dieses Mal sah ich die dunkelrosa Flamme mit ihrem Kräuseln, und dann verblasste das Ganze nicht, sondern löste sich auf. „Das bedeutet, dass du mich bis zur Selbstauflösung liebst", verkündete ich feierlich. Sie klatschte in die Hände und lachte entzückt. „O Peter, du bist ein wunderbarer Schüler. Ich werde dir noch so viele Dinge beibringen." Und ich gebe dir mein Wort: Sie hat es getan.

Bei meinem nächsten Besuch meditierten wir wieder. „Dieses Mal musst du mir folgen", wies sie mich an. Ich wusste nicht genau, was sie damit meinte, aber bald verstand ich es. Meine Gedanken folgten buchstäblich den ihren, verschmolzen und wurden eins mit ihnen, während sie immer höher eilten.

Ich musste immer noch sehr aufmerksam beobachten, aber bald sah ich eine Spirale aus blauem Rauch, und augenblicklich spürte ich die Idee von Hoffnung für die Menschheit aus meinem Herzen aufsteigen. Nachdem ich mich auf Merellas sichtbare Gedanken konzentriert hatte, wechselte ich nun zu meinen und stellte fest, dass sie – abgesehen davon, dass sie größer und kräftiger waren – identisch aussahen. Meine Spiralen griffen in die ihren, und gemeinsam schwebten sie nach oben, wo sie schließlich zu einer einzigen verschmolzen, bevor sie meiner Sicht entschwanden. Normalerweise löst natürlich ein Gedanke den anderen ab in einer blitzenden Folge, doch bei jener Gelegenheit konnten wir beobachten, wie jeder Einzelne in der Ferne verschwand, bevor wir den nächsten Gedanken aussandten. Als Nächstes schwebte eine Reihe von goldenen Sternen nach oben, wo sie durch winzige, hellblaue Blumen miteinander verbunden wurden. „Liebe alle, denen du auf deinem Wege begegnest", sagte mein Herz, und einige größere Sterne eilten denen Merellas hinterher und überholten sie. Die Blumen schienen sich jedoch nicht zu materialisieren. Und so stimmte ich mich wieder auf ihr Denken ein, und als ich murmelte „... und führe sie sanft auf dem Pfade", eilten einige große Vergissmeinnicht-Blüten hinter der rasch entschwindenden Gruppe her. „Das ist wunderbar!", sagte ich ehrfürchtig und staunend.

„Pst!", ermahnte sie mich. „Wir haben unsere Meditation noch nicht beendet." Während sie sprach, schwebte eine blütenweiße, hauchdünne Lichtspur aus ihrem Kopf hervor. Doch anstelle nach oben zu eilen, wie es die anderen getan hatten, kam sie herüber und wand sich um meine Augen. Doch sie trübte nicht mein Sehvermögen, sondern schärfte es, und ich sah Merella, wie ich sie noch nie zuvor gesehen hatte. Sie war in ein ätherisches Licht getaucht und leuchtete so hell wie ein Stern am dunklen Nachthimmel. „Folge mir", sagte sie, und als ich mich entspannte, fühlte ich mich bereits durch die Luft schweben. Sie sauste nach oben und ich folgte ihr, so rasch ich konnte. Schneller und immer schneller ging es aufwärts, bis ich sie nicht mehr sehen konnte; doch ich wusste, dass sie vor mir war, denn ihre Schwingungen leiteten mich. Dann fühlte ich mich wieder in der Schwebe und dabei so herrlich entspannt und träge, dass ich mir nicht einmal vorstellen konnte, die Augen zu öffnen. „Wir sind da", sagte sie.

„Wo sind wir?", murmelte ich noch mit geschlossenen Augen. „Wach auf. Du kannst in dieser wunderbaren Atmosphäre nicht einfach einschlafen." Ich nahm einen tiefen Atemzug, und augenblicklich war meine Trägheit vergangen. Ich sah mich um, konnte aber nur sehr wenig sehen. „Könntest du meinen Augen nicht etwas mehr von jenem dünnen Zeug schicken?", fragte ich. „Ich kann nichts sehen."

„Wenn es notwendig ist, werde ich das tun", sagte sie mir zu, „aber du musst es erst *probieren*. Nun hebe deine Schwingungen."

Ich fühlte mich bereits, als ob ich mich unter dem Einfluss der sehr schnellen Schwingungen auflösen müsste, doch ich hob sie gehorsam ein wenig höher. „Mehr!", befahl sie.

„Ich kann nicht, Merella; ich zittere ja schon wie eine Blume im Wind!"

„Mehr!", war alles, was ich darauf zu hören bekam. Also nahm ich noch einen tiefen Atemzug, und – ein Wunder! – statt dass ich zersprang, wie ich gefürchtet hatte, wurde alles still und ruhig. Ich sah mich wieder um, und diesmal sah ich anstelle von blendenden Lichtblitzen eine kühle, deutlich erkennbare Landschaft mit anmutigen Bäumen. Sie schwankten sanft im Rhythmus der Musik, die die Atmosphäre erfüllte. „Wo sind wir?", fragte ich. „Ich weiß es nicht", antwortete sie, „aber ist es nicht wunderschön? Komm. Es gibt doch einen Grund, warum wir hier sind. Wir müssen ihn herausfinden." Ich stand auf und fühlte mich wie ein Blatt in einer leichten Brise. Wir ließen uns von dem sanften Wind in die Musik tragen, deren Töne uns weiter zu leiten schienen. Das ist schwer zu erklären, doch ich nehme an, dass man gleichsam auf den Flügeln einer Tonschwingung getragen wird wie von der Strömung eines Flusses. Vor einem echten Elfenpalast kamen wir zum Stillstand. Das Gebäude war strahlend weiß, und kleine Wolken schossen wie Pfeile zwischen den Türmen hin und her. Schwaden von weicher Substanz, die wie Watte aussahen, hatten sich um die Basis gesammelt. Ich nahm an, dass auch sie Wolken waren. Doch als wir uns näherten, verschwanden wir nicht in einem Dunst, sondern die Wolken teilten sich, ließen uns hindurch und schlossen sich wieder hinter uns. Merella führte mich unter den gewölbten Eingang, und augenblicklich waren wir von Elfen aller Gestalten und Größen umgeben. Manche waren so groß wie ich, andere wiederum waren schlichte, kleine Geschöpfe und nur etwa zwei bis drei Zentimeter groß.

Kurz darauf erklärte mir Merella, dass dies eine „Halle des Lernens" war, in der sich Elfen aller Kategorien auf ihren nächsten Besuch auf der Erde vorbereiteten.

Ich fragte die Elfen, ob sie denn alle auf die Erde zurückkehren wollten, und schon begannen sie viel zu schnell auf mich einzureden, als dass ich hätte erfassen können, was sie mir mitteilen wollten. „Sie sagen, dass sie leiden müssen", übersetzte mir Merella.

„Aber wie kann jemand leiden *wollen?*", fragte ich, und abermals ging eine Salve von Antworten in die Luft. Ich blickte fragend zu Merella.

„Sie sagen, dass sie die Vorstellung zu leiden natürlich nicht mögen, aber sie sitzen gewissermaßen alle fest. Wie sehr sie sich auch anstrengen, können sie in ihrer Meditation nicht höher gelangen, und so müssen sie sich entweder mit dem bescheiden, was sie erreicht haben, oder sich bereit erklären, auf die Erde zurückzukehren."

„Wisst ihr, das interessiert mich sehr", sagte ich zu ihnen. „Ich bin schon sehr lange nicht mehr auf der Astralebene gewesen, und alles hier ist so schön, dass ich mir nicht vorstellen kann, dass es jemals seinen Reiz verlieren könnte. Dann besuche ich auch die dritte Ebene, und bei diesen Gelegenheiten wird mir von Mal zu Mal mehr offenbart. Wie ist es möglich, dass da jemand stehen bleibt?"

„Wir haben das auch so empfunden", gaben sie zu. „Als wir zurückkamen, haben wir uns zuerst geschworen, niemals freiwillig wieder auf die Erde zu gehen – doch jetzt warten wir alle darauf, dass eine Stelle auf der Erde frei wird und uns die Möglichkeit gibt, mehr Erfahrung zu gewinnen, sodass wir wieder anfangen können zu wachsen." Es ist schwer zu begreifen, dass dies der allgemeine Trend in allen Evolutionen ist – zu leiden, um sich weiter zu entwickkeln. Ich kann nicht glauben, dass ich jemals an einen Punkt kommen werde, an dem ich wieder auf die Erde zurück gehen will – doch wahrscheinlich werde ich genau dies tun, wie offenbar alle anderen auch.

Sie führten uns weiter in das Gebäude hinein. Der Raum erschien mit riesig, und trotzdem war ich sicher, dass ich nur aufgrund meines mangelhaften Sehvermögens nicht noch viel mehr wahrnehmen konnte. Wir drehten um und wendeten, wo wir geradeaus gegangen sein könnten, und so vermutete ich, dass es da Wände oder eine Art von Begrenzungen gab, die ich nicht zu sehen vermochte. Ich bemerkte, dass die Elfen stets aufmerksam zu mir sahen, als erwarteten sie von mir, dass ich eine Meinung äußerte. Schließlich entschuldigte ich mich und gestand, dass es, so weit mein Auge reichte, nichts weiter als leeren Raum zu sehen gab.

„Aber Peter!", sagte Merella vorwurfsvoll. „Sind meine Lektionen denn ganz vergeblich gewesen?"

„Kannst du nicht jetzt etwas unternehmen, um mir zu helfen?", schlug ich vor. „Das hast du doch früher immer getan."

Sie dachte einen Augenblick nach, dann beschrieb sie mit dem rechten Arm einen Bogen. Ich hoffte, dass sie da eine Art unsichtbaren Zauberstab schwenkte, doch ihre Bewegung schien keine Veränderung bewirkt zu haben. Dann machten alle anderen Elfen sie nach. Als Nächstes beschrieb sie einen Kreis, und auch die Elfen bildeten einen Kreis mit ihren Körpern. „Was tut ihr da?", fragte ich.

„Wir versuchen, die Umrisse klarer zu machen", teilte sie mir mit. „Nun betrachte sie aufmerksam."

Dann folgte so etwas wie ein Spiel nach dem Motto „Folge meinen Bewegungen". Merella beschrieb Kreise, Würfel, Bögen und spitze Winkel, und zwischendurch verlor ich sie immer wieder ganz aus dem Blick. Wo immer sie hinging, folgten ihr die Elfen. Während sie pausenlos in Bewegung schien, blieben die Elfen und bildeten die verschiedenen Formen und Gestalten, die sie zeigte.

Langsam, aber immer deutlicher begannen Dinge zu passieren. Aus einem Kreis wurde eine Tür oder ein Fenster, aus einem Würfel so etwas wie eine Kiste, die mit Wissen gefüllt war. Ich weiß, dass diese Beschreibung recht merkwürdig klingt, aber eine passendere kommt mir nicht in den Sinn. Die Winkel wurden zu glitzernd schönen Alkoven, und allmählich entstand so Stück um Stück, und die sichtbar werdenden Teile enthüllten das Ganze – ein Elfenschloss von außergewöhnlichem Design und unglaublicher Schönheit. Es ist leider unmöglich, euch mehr darüber zu erzählen. Beschriebe ich einige der Formen und ihre Umgebung, würden sie lediglich seltsam und eher bedeutungslos anmuten, während in Wirklichkeit jeder Bogen und jede Linie einen tieferen Sinn zum Ausdruck brachten, der sich dem Betrachter erst nach einigen Minuten des Nachdenkens erschloss. Während ich Schritt für Schritt zu begreifen lernte, was ich sah, faszinierte und fesselte mich immer mehr die Übersetzung der Symbole. Jedes von ihnen hatte einen Bezug zum folgenden und war ein Teil von ihm; alle Symbole waren innerhalb ihrer Folge selbständig und doch zugleich ein notwendiger Teil des Ganzen. Mein Beschreibungsversuch ist gewiss scheußlich misslungen, doch die Idee war für mich so neu und die Übersetzung so spannend, dass mir damals kaum klar war, was ich gerade tat. Als ich es später zu analysieren versuchte, war bis auf die Lehre nichts mehr greifbar.

Als ich Merella wieder sah, fragte ich sie, wo sie gewesen war, als ich sie verschwunden meinte. „Peter, es war wundervoll", sagte sie.

„Du weißt, dass ich den Umrissen der verschiedenen Gegenstände und Formen folgte. Nun, manche von ihnen gingen einfach weiter und immer weiter in den Äther hinaus. Ich gelangte in die aller-wunderschönsten Umgebungen, schien dort aber nicht bleiben zu können. Die Unterweisung war mir zu hoch, aber inzwischen habe ich sehr viel darüber nachgedacht. Nuvic und ich sind in der Meditation mehrere Male wieder dort gewesen, und ich denke, dass ich jetzt ein wenig mehr davon verstehe."

„Was verstehe?", fragte ich

„Den Grund, warum ich nicht bleiben konnte."

„Und warum konntest du nicht bleiben?"

„Ich will versuchen, dir etwas über meinen ersten Versuch zu erklären", fuhr sie fort. „Der Weg führte offenbar zu 'vollkommener Beherrschung'. Als ich jedoch eine bestimmte Entfernung erreicht hatte, wurde ich aufgrund der Schwingungsfrequenz der mich um-gebenden Atmosphäre ganz aufgeregt. Ich verlor die Kontrolle über meine Emotionen – und schon fand ich mich wieder dort, von wo aus ich gestartet war."

Ich bat Merella, weiter zu berichten.

„Es gab noch eine andere Lektion, die ich kaum zu bewältigen vermochte. Ich probierte es wieder mit Nuvic, und zu meiner Über-raschung gelangte er höher als ich. Du weißt, in meinem kleinen Mann schlummern viele verborgene Talente", sagte sie ernst. Hätte dieses Gespräch mit irgendeiner jungen Frau aus meiner Bekannt-schaft stattgefunden, wäre ich an diesem Punkt zutiefst irritiert ge-wesen, aber bei Elfen ist es anders. Merella war entzückt über Nuvics Erfolg, obwohl sie selbst viel weiter fortgeschritten ist als er. In ihrer Aussage schwang keine Herablassung mit, nur Freude.

Merella fuhr fort: „Ausdauer war der Pfad dieser Lektion. Bis zu jener Gelegenheit war mir noch nicht klar, wie arm ich in dieser

Hinsicht tatsächlich war, doch als ich dazu kam, mich selbst zu analysieren, wurde mir bewusst, dass ich die Erfüllung meiner Wünsche in der Regel augenblicklich erlange. Ich brauche nicht mehr darum zu kämpfen, wie es früher nötig war. So war ich so etwas wie ein stehendes Gewässer geworden und blickte zufrieden auf das üppige Wachstum grüner Pflanzen, das ich hervorgebracht hatte."

„Aber Merella, jetzt bist du wirklich zu streng mit dir", warf ich ein.

„Das muss ich sein", antwortete sie aufrichtig, „weil ich andernfalls zu selbstzufrieden werde, und das wäre ein sehr törichter Fehler."

Sie erklärte mir, wie jeder Pfad durch seine jeweilige Qualität zu neuem Wissen führte, wie weit sie selbst auf den Pfaden „Tapferkeit" und „Vertrauen" gelangt war, aber auch, dass sie auf dem Gebiet der „Gelassenheit" noch keineswegs einen sicheren Stand erlangen konnte. „Sich selbst kennen zu lernen, ist die edelste Form der Erziehung", sagte sie. „Es gibt nur einen Weg, die Wahrheit herauszufinden. Du magst dich wohl selbst analysieren wollen und dabei die Absicht verfolgen, ganz ehrlich zu sein, doch du kannst niemals ein wirklich unparteiischer Richter sein, wenn es um deine eigenen Leistungen geht. Nun, die bereits genannten Lehr-Pfade sind anders; hier üben Schönheit, Sehnsucht oder Mitleid keinen Einfluss auf das Ergebnis aus. Die Pfade repräsentieren den Weg zur Wahrheit. In ihrer kompromisslosen Ablehnung des Schwachen sind sie streng, aber sie beweisen dir ohne den Schatten eines Zweifels, wo deine Stärken liegen. Sie zeigen dir deine Schwächen, und wenn du klug bist, machst du dich an die Arbeit, bis alle Pfade weit offen stehen und keiner deine Füße straucheln oder stolpern lässt."

„Du solltest eine Lehrerin sein, Merella. Ich hatte eben wirklich das Gefühl, als habe zumindest ein Farallis gesprochen", bemerkte ich.

„Ich hoffe, eines Tages, wenn ich mich genügend gefestigt habe, eine Farallis zu sein", antwortete sie. „Die Zeit wird kommen, wenn ich groß sein werde. Man sagt, dass ich kompromisslos sei, aber in Bezug auf mich selbst bin ich ebenso rücksichtslos. Ich toleriere keine Fehler, denn sie sind so heimtückisch wie die Krankheiten auf der Erde; was da klein anfängt, kann eitern und den ganzen Körper vergiften und zersetzen. Bei uns ist es nicht der Körper, sondern der Wille, der beeinträchtigt wird, und das ist hundertmal schlimmer."

„Was ist über dich gekommen, Merella?", fragte ich. „Ich habe dich noch nie so ernst sprechen hören."

Sie lächelte. „Ich glaube, ich mache dir Angst mit meinem wilden Streben nach Vollkommenheit. Aber sie ist das Einzige, was zählt, sie und die Liebe."

„Und was ist mit dir und Nuvic?"

„Ich weiß nicht genau", antwortete sie. „Zuerst akzeptierte ich ihn als meinen Paris, weil er so beharrlich war. Dann lernte ich, ihn aufgrund seines tiefen Verständnisses zu lieben. Ich wollte ihm auch helfen, weil er so wissbegierig war. In jüngster Zeit hat er sich jedoch verändert, oder vielleicht habe ich mich selbst verändert. Unsere höchsten spirituellen Erfolge erreichen wir gemeinsam, was natürlich der beste Weg ist – der Weg, der zur Vollendung führen könnte."

„Ich glaube, du liebst ihn wirklich", sagte ich

In ihre dunklen, blitzenden Augen kam ein etwas verträumter Blick. „Er hat alle die Qualitäten, die mir fehlen", gab sie zu. „Wir ergänzen einander ideal und könnten für Jahrmillionen ein vollkommenes Ganzes bilden, ohne dass einer von uns zur Vollendung gelangt."

„Hast du ihm gesagt, wie du empfindest?", fragte ich.

„Das muss ich nicht", sagte sie. „Er kennt jeden meiner Gedanken, fast bevor ich ihn selbst formuliert habe."

„Wenn du es ihm nicht mitteilst, obwohl er es weiß, dann bist du ein Narr", sagte ich. „Es ist eine Sache, es in deinem Innern zu wissen, doch es zum Ausdruck zu bringen, dass es alle Welt sehen kann, ist viel, viel besser."

„Ich denke, du hast Recht", räumte sie ein, „aber es ist nicht ganz so einfach, denn, weißt du, ich liebe dich auch."

„Das kann warten", sagte ich. „Wir sind noch nicht so weit. Wir müssen vermutlich auf die vierte Ebene gelangen, bevor unsere Zeit kommt – und wenn sie kommt, wird es ganz anders sein. Liebe vergeht nicht, wenn sie so echt ist wie unsere, doch es wird Jahre dauern, bis wir auf den Evolutionszweig des jeweils anderen ganz eingestimmt sein werden, oder auf jeden Fall so genau, dass wir die Ideen und Ideale des anderen ganz verstehen können."

„Du wirst warten, Peter, nicht wahr? Das ist eine Erfahrung, in deren Genuss nur verhältnismäßig wenige Wesen je kommen; wenn es aber geschieht, dann ist es anders als alles, was innerhalb eines einzigen Evolutionszweiges überhaupt stattfinden kann."

„Ich werde warten", versprach ich ihr, und ich weiß, dass ich das tun werde, selbst wenn ich noch hundert weitere Inkarnationen erleben werde und Millionen von Jahren vergehen müssen, denn Merella ist ein Teil von mir und wird es immer sein, unabhängig von Zeit, Raum und Evolutionszweig. Was ein Teil von einem ist, muss schließlich nach Hause kommen, bevor man die höchste Vollendung erreichen kann.

Nuvic
(von ihm selbst)

Rosen

Als ich auf der Astralebene lebte, hielt ich mich für den glücklichsten Elfenburschen, den es gab; die Luft dort ist so lieblich, und den ganzen Tag lang fühlte ich mich wie kurz vor einer großartigen neuen Entdeckung. Ich brannte vor Erwartung und Vorfreude, und obwohl niemals etwas wirklich Spektakuläres geschah, nahm meine Gewissheit nicht ab, dass es irgendwann geschehen würde.

Eines Tages wurde mir klar, dass ich selbst hinausgehen musste, um dieses große Erlebnis zu suchen, auf das ich so viele Jahre gehofft hatte. Ich bat meinen Führer um Rat, und er teilte mir mit, dass ich offensichtlich bereit sei, einen weiteren Schritt in meiner Entwicklung in Angriff zu nehmen – ich sollte auf die Erde zurückkehren.

„Aber ich bin hier so glücklich!", protestierte ich. „Ich will noch glücklicher sein. Die Erde ist der Planet des Kummers; was ich suche, kann ich dort nicht finden."

„Es mag in deinen Ohren befremdlich klingen, aber nur durch Kummer gelangen wir voran", antwortete er. „Du fühlst dich bereits fast unbehaglich mit deinem Verlangen, weiter zu wachsen, nicht wahr?"

„Ja, das stimmt!", bestätigte ich eifrig. „Es ist fast, als ob ich platzen müsste!"

Er lächelte. „Es ist in der Tat an der Zeit, dass du gehst. Ich will es dir erklären. Du erlebst dieses Gefühl von Anspannung oder Enge, weil in deinem kleinen Körper ein sehr großes Verlangen lebt, zu geben. Hier ist jedermann so glücklich, dass du deine überschüssige Liebe gar nicht loswerden kannst, und jetzt empfindest du so etwas

247

wie eine Stauung. Auf der Erde hingegen, wo so viel Elend und Not herrschen, gibt es nicht annähernd genug Liebe für jene, die ihrer bedürfen. Gehe dorthin und gib alles, was du erübrigen kannst, und ein tiefer Frieden wird in dich einkehren."

Ich fühlte mich von seinen Worten so inspiriert, dass ich auf der Stelle zustimmte. „Kann ich sofort gehen?", fragte ich.

„Das ist unmöglich", sagte mein Führer. „Du musst dich erst mehrere Jahre lang darauf vorbereiten. Deine Schwingungen sind zu hoch. Du musst lernen, sie allmählich zu senken, um in der irdischen Umgebung überhaupt existieren zu können. Ich warne dich: Es wird dir nicht leicht fallen, aber im Laufe der Zeit wird dir das Wissen, das du gibst, wo die Not so groß ist, einen weit größeren Lohn bringen als deine gegenwärtige Situation, in der du dich fast zum Platzen fühlst."

Ich hatte immer mit Sträuchern gearbeitet, doch nun wurde ich zu den Rosen versetzt. Die Jahre vergingen rasch, und schließlich wurde ich informiert, dass es eine freie Stelle für mich gab. Ich wurde ein wenig nervös, als die Zeit kam, auf die Erde hinab zu wechseln, denn ich wusste wohl von dem anfänglichen Unglücklichsein, durch das jedes Elfenwesen sich durchkämpfen und seinen Weg finden muss. Sechs lange Jahre wusste ich kaum, wie ich meine Arbeit bewältigen sollte. Wie sehr sehnte ich mich nach jenem Gefühl „fast wie zum Platzen", denn hier auf der Erde fühlte ich mich schwer wie Blei. Meine Ruhezeiten schenkten mir keine Erquickung, und selbst meine lieben Schützlinge vermochten mir keinen Trost zu vermitteln.

Schließlich wurde ich versetzt, und fast augenblicklich begann ich mich zu erholen. Es war mir ein Vergnügen, mit der Sonne aufzustehen, und jeder Tag brachte neue Freuden. Hin und wieder fühlte ich mich zwar noch unbehaglich, aber es war nicht mehr das niederschmetternde, bedrückende Unglück wie früher.

Dann ging viele Jahre lang alles reibungslos, und ich wurde schließlich dorthin versetzt, wo ich jetzt lebe. Die Gärten sind hier zwar klein, aber die gepflegten unter ihnen werden meist von liebevollen Besitzern anstatt von Gärtnern versorgt, die Blumen und Sträucher nicht immer lieben, wie es sein sollte.

Vom Tage meiner Ankunft an war ich hier glücklich, aber das größte Ereignis meines ganzen Lebens kam erst später. Die für die Samen zuständige Elfe sollte versetzt werden. Als die Nachfolgerin eintraf, wusste ich auf der Stelle: Wenn sie sich weigerte, die Meine zu sein, müsste ich von hier fortgehen. In ihrer Nähe zu sein und sie nicht lieben und mich um sie kümmern zu dürfen, wäre mehr, als ich ertragen könnte.

Es dauerte nicht lange, bis wir Kraft austauschten, und solche Ekstasen hatte ich noch nie erlebt. Ich fürchtete, dass das, was ich geben konnte, dürftig erscheinen musste im Vergleich zu den unbeschreiblichen Kraftstößen, mit denen sie mich umfing. Doch sie sagte mir, dass ich große Möglichkeiten hätte und sie mich gerne unterrichten würde. Merella ist weiter fortgeschritten als ich, und so zögerte ich natürlich nicht, ihr Angebot anzunehmen.

Viele Jahre lang fürchtete ich, sie zu verlieren, weil sie es so liebt, mit jedem willigen Elfen Kraft auszutauschen. Aber sie kommt immer wieder zu mir zurück, und so bin ich zufrieden, denn es hat niemals jemanden gegeben – und es wird niemals jemanden geben – wie Merella. Mein Leben mit ihr zu teilen, ist ein Privileg, das mir mehr bedeutet als alles andere.

Nuvic

von Andrew

Ich gehe mit dir zurück zu dem Tag, an dem ich den anderen in unserer Gruppe zum ersten Mal begegnete. Ich war zum Tee gebeten worden und hatte ein wenig Bammel. Ich wusste, dass ich einige von Daphnes Freunden kennen lernen sollte und dachte, diese Leute gehörten wohl eher zu ihrer Klasse als zu meiner. Jedenfalls kam ich dort an, sie hießen mich herzlich willkommen und ich hatte vom ersten Moment an das Gefühl, zu ihnen zu gehören.

Dann gab es auch Elfenwesen. Daphne hatte mir schon einmal ermöglicht, Normus zu sehen, und nun gelang es mit vereinten Kräften der Anwesenden, dass ich noch einen anderen kleinen Burschen sehen konnte. Ich erfuhr, dass er mein spezieller Kamerad sein sollte, und wir haben uns auch auf Anhieb gemocht. Seine Freundin Merella war ein sehr freizügiges Mädchen, aber das ist bei Elfen natürlich etwas anderes als bei uns. Sie ist ziemlich verknallt in Peter, und Nuvic war etwas außen vor. Da war ich ganz froh, den kleinen Burschen bei mir zu haben und mit ihm zu reden; so konnte er mir einige Dinge zeigen, die ihm wichtig sind.

Am ersten Tag saß er rittlings auf meinem Knie und redete wie ein Wasserfall. Seine spezielle Aufgabe sind Rosen, und er liebt sie, wie das manche Leute auch tun. Sie sind für ihn auch so etwas wie Leute, und er kennt sie genau und behandelt sie wie Individuen.

Ich versuche einmal, ihn dir zu beschreiben. Nuvic ist etwa dreizehn bis fünfzehn Zentimeter groß und sein Gesicht ist so braun wie eine Beere. Er lacht viel, und seine Augen zwinkern ständig, während er redet. Meistens trägt er Rot, eine Art von Purpur- oder Weinrot, wie du es wohl nennen würdest. Er hat einen vorne geknöpften Rock mit Taschen, der von einem Gürtel zusammenge-

halten wird. Manchmal trägt er Kniehosen und Stiefel, die aussehen, als wären sie aus Rinde gemacht, dabei fühlen sie sich weich an;
sonst hat er etwas Ähnliches wie Strümpfe an, die an den Fußspitzen
lang und am Ende nach oben gebogen sind. Er hat braunes, glattes
Haar und mag es, wenn es um sein Gesicht weht, deshalb trägt er
keinen Hut.

Nuvic sagte, es mache ihm nichts aus, dass Merella sich amüsierte, weil dies zu ihrem Wachstum beitrage. Es erscheint mir eigenartig, doch er ist nicht eifersüchtig, obwohl er verrückt nach ihr ist.

Eines Tages nahm er mich mit, um mir ihr Häuschen zu zeigen,
und ich sage dir: Die hat einen ganz eigenen Geschmack. Es erin-
nert ein wenig an ein Schlösschen. Er ließ mich niederknien, damit
ich hineinsehen konnte, aber als ich es probierte, konnte ich nichts
sehen. „Nuvic", sagte ich, „machst du dir selbst etwas vor, oder hältst
du mich zum Narren? Da ist ja nichts drin!"

„O Andrew, ich habe schon befürchtet, du würdest gar nichts
sehen", sagte er. „Ich wollte, dass du etwas siehst. Ich dachte, dass
Merellas Kraft die Dinge vielleicht für dich verfestigt. Wir werden
uns konzentrieren, und ich bin sicher, dass du dann etwas sehen
wirst." Wir probierten es, aber es hatte keinen Zweck, auch nicht
beim nächsten Mal. Beim übernächsten Mal jedoch konnte ich innen etwas Farbe sehen, ein blasses Grün in dem Raum, in dem sie
schlafen.

„Ihr habt euer Zimmer grün gestrichen, das sehe ich", sagte ich.

„Das ist keine Farbe, Andrew. Es sind Blätter", sagte er.

„Ihr habt ein Zimmer aus Blättern?", sagte ich.

„Aber freilich. Wenn du es nur richtig sehen könntest, würdest
du erkennen, wie hübsch das ist."

Beim nächsten Mal sah ich es dann, und hübsch war nicht das
richtige Wort. Es scheint albern, so etwas zu sagen, aber es sah aus

wie im Märchen – aber so war es eben. Da waren noch verschiedene Kleinigkeiten; ich nehme an, das waren die Möbel. Nuvic lag auf irgendeinem albernen Teil, dann saß er auf etwas anderem, und dann verschwand er. „Andrew, hier bin ich!", hörte ich ihn rufen, und ich sah ein winziges Licht, das hoch oben auf dem Zweig eines kleinen Baumes saß.

„Wenn du da oben zu Bett gehst, wirst du dir eines Nachts noch das Genick brechen!", sagte ich. Er lachte. „Du kannst dir nichts brechen, was nicht da ist", sagte er. „Außerdem würde ich mir bald wieder ein neues machen."

„Ich wünschte, ich könnte mich dir anschließen", sagte ich. „Ich wüsste zu gerne, wie es sich so anfühlt ohne Körper."

„O Andrew! Lerne es doch", sagte er. „Wir könnten so viel Spaß haben". Und so ging ich los und versuchte es zu lernen, aber es brachte nichts. Ich konnte meine Schwingungen nicht hoch genug bekommen. Ich konnte noch nicht mal eine Zehe abwerfen.

Je öfter ich Nuvic treffe, desto näher komme ich den Elfenwesen. In der Zwischenzeit mache ich mir eine Menge Gedanken und frage alle möglichen Leute, die eine bisschen Ahnung davon haben könnten. Meistens finde ich dann, dass ich und die anderen in der Gruppe viel mehr echte Erfahrung haben mit den Elfenwesen als die Leute, denen ich begegne, aber wenn ich anfange, über sie zu reden, dann steigere ich mich so hinein, dass ich nicht mehr weiß, wo ich aufhören soll.

Ich habe auch mit einigen von denen da oben gesprochen. Sie sagen, dass es am besten ist, wenn ich mich mit so vielen treffe, wie ich kann, und mit ihnen rede. Sie schienen überrascht, dass ein rauer Bursche wie ich etwas wissen wollte, aber ich denke, sie freuen sich auch darüber.

Ich komme jetzt auf meinen kleinen Kumpel zurück. Weißt du, es scheint doof, aber ich liebe ihn wirklich. Es ist blöd, nicht wahr – ich, der Zwei-Zentner-Mann, und er, das Fliegengewicht auf meiner Hand. Aber wenn du siehst, welche Begrüßung ich bekomme, wirst du denken, ich wäre der König in Person.

Jetzt erzähle ich dir noch etwas mehr über das Haus. Peter kann mehr sehen als ich – oder ich sehe es anders –, aber das macht es nur interessanter. Die Eingangshalle ist so groß wie bei einem kleinen Schloss, darüber ist ein rundes Dach wie auf einer orientalischen Moschee. Alles ist beleuchtet mit bunten Lichtern. Ich weiß nicht, woher sie kommen – ich kann keine Fassungen sehen –, aber Nuvic sagt, sie kommen aus der Luft. Ich fragte ihn, warum ich sie nicht immer sehen könne, wenn sie doch die ganze Zeit da seien, und er sagte, wenn ich hinschaute, könnte ich sie sehen. Ich habe hingeschaut, aber ich kann sie immer noch nicht sehen, außer bei speziellen Gelegenheiten, wenn ich sie sehen soll."

Der Fußboden sieht weich aus. Ich steckte meinen Finger durch die Tür, und es fühlte sich an wie Satin. Ich hatte Angst, den feinen Stoff mit meiner rauen Haut zu verderben, aber Nuvic sagte, ich könnte es nicht einmal beschädigen, wenn ich wollte: „Es ist aus Gedanken gemacht, und wenn man das gelernt hat, wird das Material unzerstörbar."

Er zeigte mir eine silbrige Kugel in der Mitte der Kuppel und erzählte mir, dass sie der Erzeugung von Kraft diente. „Ah", sagte ich, „das ist etwas nach meinem Geschmack. Da kenne ich mich aus. Erzählt mir mehr davon." Er nahm die Kugel herunter und brachte sie nach draußen. Ich fragte ihn, ob ich sie in der Hand halten könne, und es hat gar nicht gekitzelt! Ich fragte ihn, wie es funktionierte, und er nahm die äußere Schale ab. Dabei hat er sie nicht berührt, sie entfernte sich von selbst.

„Nun schau, was du angerichtet hast", sagte ich. „Du hast es kaputt gemacht!" Aber das hatte er nicht, denn als ich wieder hinschaute, war die Abdeckung bereits zurück. „Das ist ja wie mit einem Zauberstab!", sagte ich, und dann war es wieder fort. Nun, ich weiß alles über die Stromerzeugung, aber das hat mich doch verblüfft. Da war eine Menge von Fäden, dünner als ein Haar. Sie führten nirgendwo hin, noch waren sie irgendwo befestigt; sie schwebten einfach in der Luft. „Ich bin sprachlos!", sagte ich. „Schalte es wieder ein." Ein kleiner Kraftstrahl ging von ihm aus, und die Haare begannen, wie wild zu vibrieren, sodass ich das Ding kaum in der Hand halten konnte. Es war wie eine Menge winziger Nadeln, die mich piekten. „Okay. Es funktioniert", sagte ich und gab es ihm zurück.

Als ich Nuvic wieder sah, schien er recht zufrieden. „Was ist los?", fragte ich ihn. „Du siehst heute ziemlich stolz aus."

„Das bin ich auch", sagte er. „Merella und ich fanden letzte Nacht einen wunderbaren Ort."

„Ich bin vielleicht auch auf eine hohe Ebene gekommen", sagte ich.

„O Andrew, ist das wahr? Erzähle mir davon", sagte er und war Feuer und Flamme.

„Ich habe es gar nicht schlecht gemacht", sagte ich, hielt inne und begann auf einem Grashalm zu kauen, nur um ihn etwas auf die Folter zu spannen.

„Erzähle es mir", sagte er, „bitte."

Ich kann ihm nicht lange widerstehen. „Okay", sagte ich. „Ich habe eine schöne Frau gesehen."

„Nein, das hast du nicht", sagte er.

„Warum sollte ich nicht?", sagte ich.

„Du weißt, dass ich dir glaube", sagte er. „Wo war sie?"

„Auf der Astralebene, aber ziemlich weit oben. Muss an der Grenze zur dritten Ebene gewesen sein."

„Was hat sie gesagt?"

„Das möchtest du wohl gerne wissen?", neckte ich ihn.

„Andrew, ich sage dir auch immer alles. Sind wir nicht Kumpel?", bettelte er, und ich konnte sehen, dass er wirklich gespannt war.

„Ich werd's dir erzählen", sagte ich rasch. „Sie wird mir helfen, in meiner Meditation noch höher zu gelangen."

Er klatschte in die Hände. „Wann fängst du damit an?"

„Auf der Stelle. Sie zeigte mir ihr Zuhause. Ganz schön feudal, kann ich dir sagen."

„Wie groß war es?", fragte er.

„Etwa so groß wie der Buckingham Palace", sagte ich.

Als ich Nuvic das nächste Mal sah, war er ganz aufgeregt wegen des Kongresses. Wir waren im Hinblick auf diese Veranstaltung alle ziemlich aufgeregt, deshalb wollte ich gerne hören, was sie vorbereitet hatten. „Komm und schau dir das Haus an, das ich gemacht habe", sagte er.

„Was, du ganz allein?", sagte ich.

„Ja … nein", sagte er. „Aber ich habe es *ausgedacht*. Die anderen gaben nur Kraft dazu, weil es immer wieder verschwinden wollte."

Es lag versteckt in einer Ecke, abseits von den Dörfern.

„Hat da jemand etwas zu verstecken?", fragte ich ihn. Er blickte mich ganz ernst an, dann sah er, dass ich einen Spaß gemacht hatte.

„Es ist für jemanden sehr Wichtiges", sagte er.

„Wen?", fragte ich.

„Mich", sagte er.

„Aber du hast doch ein Haus", sagte ich.

„Aber das ist ein Beobachtungsposten."

„Aha, du spionierst eure Gäste aus. Du solltest dich schämen", sagte ich.

Er nahm mich erst einen Augenblick ernst.

„Ich werde dort sein, um ihnen zu helfen", sagte er. „Ich werde nicht die ganze Zeit dort sein, aber einer von uns wird da sein für den Fall, dass jemand etwas will."

„Lass uns einmal sehen", sagte ich. Wir gingen zu dem Steingarten, und dort, an den Zaun hinauf gebaut, sah ich eine kleine Kiste mit einem Loch darin wie bei einem Fahrkartenschalter. „Wie bist du nur auf diesen Gedanken gekommen?", fragte ich und tat überrascht.

„Ich habe es mit dir gesehen, aber dann habe ich es etwas geschlossener gebaut, damit sie mich nicht sehen können."

„Buckingham Palace, Schilderhäuschen", sagte ich. Er grinste.

„Wo ist dein Pferd?", fragte ich.

„Andrew, du musst jetzt wieder ernst sein. Das ist sehr wichtig. Schließlich könnte ja jemand verloren gehen oder so."

„Nun, wenn sie hier sind, können sie ja nicht weit verloren gehen."

„Unsinn", sagt er. „Ich sagte dir, dass dies ein Beobachtungsposten ist. Ich habe eine Menge Instrumente im Innern."

„Nun, dann wollen wir die einmal sehen", sagte ich. Ich legte mich auf den Steingarten, dessen Steine mir in den Bauch drückten, und presste mein Auge an das Schalterfenster. Im Innern war es stockdunkel. „Komm schon, komm schon. Mach das Licht an", sagte ich. Aber nichts geschah.

„Ich werd' verrückt!", sagte ich. „Wozu hängen da alle die Bärte herum?"

„Das sind Schwingungsfänger", sagte er.

„Und was machst du, wenn du die Schwingungen gefangen hast?", fragte ich.

„Sie sind *sehr* clever", erklärte er; „jeder ist anders."

„Für mich sehen sie alle gleich aus", sagte ich.

„Nun, aber für mich nicht. Dieser hier", sagte er und deutete auf einen vom Typ Weihnachtsmann, „fängt die Kleine-Kummer-Schwingungen auf. Dieser dort", sagte er, „fängt die Frage-Schwingungen auf, und dieser hier die Schreck-Schwingungen."

„Was passiert dann?", fragte ich.

„Ich werde es dir zeigen", sagte er und verschwand. Nach ein oder zwei Sekunden schien der erste Bart mit einer Art von Strom aufgeladen zu sein; statt dass er nach unten hing, wie es sich für einen Bart gehörte, streckte er sich waagerecht aus. Dann fiel er zurück, und Nummer Zwei kam an die Reihe, dann Nummer Drei, der nicht nur die Waagerechte erreichte, sondern bis Richtung Dach hinauf ausschlug. Dann kam Nuvic zurück.

„Was hast du gemacht?", fragte ich.

„Nun, zuerst habe ich mich verlaufen. Dann wollte ich wissen, wo die Rezeption war. Und schließlich habe ich *dich* zu sehen bekommen", sagte er seelenruhig.

„Was hast du noch da?", fragte ich und ignorierte seinen Scherz. Er schaltete eine Art Abdeckschirm an, denn ich konnte etwas sehen, das aussah wie ein leeres Bild in einem Rahmen.

„Fernsehen", sagte ich.

„Ach was", winkte er ab, „du und dein albernes, altes, zweidimensionales Spielzeug. Wir wissen alles darüber." Ich fühlte mich völlig vernichtet, auf vollen 1,90 Metern Länge.

„Okay, zeig uns also mehr."

Ich sah eine kleine Gestalt bei einer großen Blume. „Hallo, Merella", sagte ich.

„Sie kann dich nicht hören, wie dumm. Sie ist ganz am anderen Ende unseres Territoriums." Dann sah ich Normus, dann Lyssis und dann Daphne in ihrem Wohnzimmer.

„Hast du das gemacht?", fragte ich.

„Unsinn", sagte er. „Das haben sehr wichtige Leute für eine sehr wichtige Gelegenheit gemacht."

„Haben alle Elfen solche Sachen?"

„Nein", sagt er, „sie hätten nicht die Kraft, um sie zu bedienen."

„Würde es bei mir funktionieren?", fragte ich.

„Ich weiß nicht", sagte er. „Aber du darfst es nicht ausprobieren. Zu viel Kraft könnte es zerstören."

„Dann besorge ich mir ein paar falsche Bärte und hänge sie in meinem Zimmer auf, um damit zu üben", sagte ich.

„Sie sind *sehr* clever", wiederholte er und platzte fast vor Stolz darüber, dass er für sie verantwortlich war.

„Ich widerspreche dir nicht", sagte ich. „Ich wünschte nur, *ich* wäre clever genug, um zu sehen, wie sie funktionieren."

„Armer Andrew", sagte er herablassend. „Vielleicht wirst du es eines Tages verstehen. Du weißt, ich werde alles tun, was ich kann, um dir zu helfen."

„Weißt du, wie sie funktionieren?"

Er zögerte. „Ich habe es dir doch gezeigt", sagte er.

„Verstehst du die wissenschaftlichen Zusammenhänge, die bewirken, dass sich die Bärte verhalten wie Balletttänzer?", bohrte ich weiter.

Er grinste. „Nicht besser als du", sagte er, als er von dem Wachhäuschen sprang. Als ich mich aus dem Steingarten emporgearbeitet hatte, stand er auf dem Abfallhaufen und hielt die Finger an seine Nase; diesen Trick hatte ich ihm gezeigt. Ich sprang ihm hinterher, aber er war schon weg, als ich dort war. So setzte ich mich hin und wartete darauf, dass er weniger frech gelaunt wieder auftauchte.

Nuvic hatte vorgeschlagen, mir mehr von seinem Haus zu zeigen, und als ich ihn das nächste Mal traf, schlug ich vor, es gleich zu versuchen.

„Schau wieder in unseren Ruheraum", sagt er. „Du wirst ihn wahrscheinlich leichter sehen können als die anderen."

Also ging ich wieder auf Hände und Knie. Ich muss gestehen, dass ich froh bin, dass die Leute mich nicht sehen können; denn ich biete da bestimmt einen reichlich bescheuerten Anblick. Ich legte also mein Auge ans Fenster, und da war Nuvic bereits, um mir alles zu zeigen.

„Hast du deinen Fremdenführer dabei?", neckte ich ihn.

„Hier ist er", sagte er grinsend und zeigte mir etwas in seiner Hand, das aussah wie ein Buch.

„Du bist dran", sagte ich. „Was zeigst du mir als Erstes?"

„Dies", sagte er und deutete in den Raum.

„Ich kann nichts sehen", sagte ich.

„Doch, du kannst", sagte er. „Beobachte mich. Ich werde mit der Hand an den Umrissen entlang fahren."

Hast du jemals jemanden gesehen, der etwas in den leeren Raum zeichnet? Das sieht schon reichlich seltsam aus. Zuerst zeigte er ein Quadrat, dann einen Würfel. Dann stellte er einen Kreis oben drauf. „Das ist bestimmt eine Frisierkommode mit einem runden Spiegel", sagte ich. „Du hast die Schubladen vergessen."

„Du musst mich nicht necken. Das hier ist sehr wichtig und sehr kostbar."

„Tut mir Leid", sagte ich.

„Nun schau genau hin", sagte er, und er wiederholte alles, doch dabei konzentrierte er sich tiefer. Dieses Mal strengte ich mich wirklich an – und sah es: Es war eine kleine Kiste, anscheinend aus Gold, mit einer glänzenden goldenen Kugel darauf.

„Was ist das?", fragte ich.

„Es ist unser Schmuckkästchen", sagte er.

„Mach es auf", sagte ich, und sehr behutsam hob er die Kugel und brachte sie zum Fenster. „Es gehört Merella", sagte er ganz ernst.

„Das ist hübsch", sagte ich. „Was ist es?"

„Es ist ihr Kopfschmuck", sagte er. „Sie sieht liebenswert darin aus, Ihre Aura scheint hindurch, sodass es überall aufleuchtet."

„Wann trägt sie das?", fragte ich.

„Sie hat es noch nicht lange, und es gab noch keine passende Gelegenheit, es zu tragen, aber ich denke, eines Tages wird es einen Anlass geben."

Behutsam legte er das Stück zurück und zog das Kästchen näher. Dann öffnete er den Deckel, und Edelsteine blinkten im Licht.

„Du kannst sehr stolz auf dich sein", sagte ich.

„Merella hat mehr als ich. Du weißt, ich bin sehr froh, sie zu haben. Ich kann nicht begreifen, wie mir das je gelungen ist. Jeder will Merella, aber ich habe sie. Doch ich kann nicht davon ausgehen, dass ich sie immer haben werde", fügte er traurig hinzu. „Ihre Erdenzeit endet vor der meinen, und sie wird einen anderen gefunden haben, bevor ich ankomme."

„Nun, was geschehen soll, das geschieht auch", war alles, was mir dazu einfiel, weil ich mir nicht vorstellen konnte, dass Merella längere Zeit ohne einen Paris blieb.

Er zog eine kleine rote Halskette hervor. „Ich habe ihr geholfen, sie zu bekommen", sagte er mit großem Stolz.

„Warum hast du die Kette dann nicht bekommen?"

„Nun, ich würde wohl ziemlich albern aussehen mit einer Halskette, meinst du nicht?", sagte er.

„Du könntest sie um den Bauch legen und deine Gärtner-utensilien daran hängen", schlug ich vor, um ihn zum Lachen zu bringen, was mir auch gelang. „Sag mir: Was hast du getan, um sie zu verdienen?"

Er hielt die Kette weiterhin ins Licht, sodass sie farbige Muster auf den Boden warf. „Merella wollte immer einen roten Schmuck, aber sie hat es nie geschafft, über blaue Stücke hinaus zu kommen, bis wir vor nicht allzu langer Zeit meditierten. Du weißt, dass Merella sich in letzter Zeit verändert hat; sie ist jetzt viel ruhiger."

„Erzähle weiter", sagte ich. „Du wirst mir bestimmt gleich verraten, dass sie sich nun charakterlich gebessert hat."

„Aber ich will gar nicht, dass sie sich charakterlich bessert", sagte er. „Ich liebe sie, wie sie ist. Doch jetzt ist sie manchmal fast nachdenklich. Sie hat bisher immer geführt, natürlich, weil sie viel weiter fortgeschritten ist als ich. Aber in jüngster Zeit hat sie ein- oder zweimal vorgeschlagen, dass ich die Meditation leite, und es ging gar nicht so übel."

„Du solltest sie nicht führen. Du solltest sie an den Haaren pakken und schleifen", sagte ich. Er war nicht sicher, ob ich ihn damit auf den Arm nahm. „Merella braucht man nicht zu schleifen", sagte er und tat beleidigt. „Nein, bestimmt nicht, wenn man zufällig Hosen trägt und nach ihr pfeift", sagte ich. „Ich bin nicht sicher…", meinte er zögernd. „Neulich nachts lehnte sie es ab, mit einem anderen Burschen Kraft auszutauschen, weil sie versprochen hatte, mit mir zu meditieren."

„Vielleicht verliebt sie sich gerade in dich. Wie lange seid ihr schon zusammen?", fragte ich.

„Siebzehn Jahre", sagte er.

„Hm. Typisch Merella", sagte ich. „Unberechenbar, so ist sie. Und gerade wenn du denkst, dass sie sich langweilt und verschwindet, beginnt sie, dir aus der Hand zu fressen."

261

„Ich bin nicht sicher…", sagte er wieder, aber er sah dabei mächtig zufrieden aus.

Jetzt habe ich den mir zustehenden Raum fast verbraucht, deshalb will ich dir von einem Abenteuer erzählen, das Nuvic und ich neulich gemeinsam erlebten.

Er hatte mich gefragt, ob ich mit ihm meditieren wollte, und ich sagte: „Einverstanden. Wir werden uns zur Meditation setzen, wenn ich das nächste Mal zu dir komme." Das taten wir denn auch, bevor wir unser übliches Gequatsche begannen, und los ging es.

Ich wollte in Nuvics Interesse gut sein, aber wir schienen weiter und immer weiter zu gehen, ohne je irgendwo anzukommen. Schließlich hielten wir an und waren – mitten im Nirgendwo. Grasland erstreckte sich meilenweit in alle Richtungen, und es war kein Haus oder Baum in Sicht.

„Reißt mich nicht vom Stuhl, was du da ausgesucht hast", sagte ich, aber er wusste, dass ich es nicht ernst meinte, weil wir selbst nicht beeinflussen können, wohin wir gelangen.

Er blickte ein wenig enttäuscht drein. „Ich gehe davon aus, dass wir aus einem guten Grund hier sind", sagte er.

„Darauf kannst du wetten. Sie haben uns hier nur abgeladen, um zu sehen, wie lange es dauert, bis wir einander langweilen. Doch wir werden's ihnen zeigen und trotzdem etwas Gutes daran finden. – Welche Richtung?", fragte ich. Er zuckte die Achseln. Ich ließ eine Münze drehen. „Kopf ist links, Zahl ist rechts, und wenn es auf dem Rand stehen bleibt, gehen wir nach oben." Und ob du's glaubst oder nicht, die Münze blieb auf dem Rand stehen. „Also aufwärts", sagte ich und schon zog es uns nach oben. Wir kamen schnell voran, und ich bekam schon fast keine Luft mehr, als wir zum Stillstand kamen. Als ich die Augen öffnete, blieb mir vollends die Luft weg.

„Wir sind im Märchenland!", rief ich. Ich war richtig aufgeregt, das kann ich dir sagen. Ich war dort schon einmal gewesen und habe wiederholt versucht, wieder dorthin zu gelangen, aber es hatte nie geklappt. Nun waren wir hier, Nuvic und ich ... aber als ich mich umschaute, war es nicht Nuvic, sondern ein deutlich größerer Bursche, etwa dreißig Zentimeter groß.

„Na, sieh mal an! Was ist denn mit dir passiert?", rief ich.

„Was soll mit mir sein?", fragte er.

„Du bist ganz in Ordnung", sagte ich. „Du bist ein verdammter Rudolph Valentino geworden!" (Hollywood-Star der Stummfilmzeit, 1895-1926 – Anm.d.Ü.) Und so war es auch. Nuvic war schon immer hübsch gewesen, aber nun war er wirklich eine Wucht.

„Du siehst auch nicht so schlecht aus", erwiderte er.

„Komm, lassen wir das", sagte ich. „Hören wir auf, uns zu bewundern und schauen wir uns um."

Alles funkelte wie eine Kiste Juwelen. Die Bäume, die Blumen, das Gras und sogar der Himmel glitzerten und versprühten Millionen von bunten Strahlen. Nuvic strahlte über das ganze Gesicht. „Eines Tages werde ich mit Merella hier oben leben", sagte er. „Dann kommst du und wirst uns besuchen." – „Dann haltet mir ein Gästebett bereit", sagte ich. „Ich werde wohl recht oft zu Besuch kommen."

Ich versuchte, die Landschaft in mich aufzunehmen, sie zu trinken wie unsere eigene Umgebung, aber es schmerzte. „Tut es dir weh, hier zu atmen?", fragte ich ihn und hielt meinen Bauch.

„Natürlich nicht. Ich fühle mich auch innen ganz funkelnd, als ob ich vor Aufregung übersprudelte und platzen möchte."

„Ich wünschte, das könnte ich jetzt", sagte ich. „Es würde die Spannung erleichtern."

„Du hast deine Schwingungen sinken lassen", bemerkte er. „Du musst sie wieder heben, sonst verschwindest du."

Ich hob meine Schwingungsfrequenz. Nuvic hatte Recht gehabt, die Schmerzen waren vergangen. „Was tun wir jetzt?", fragte ich ihn.

„Ich gehe voraus", schlug er vor. „Folge mir."

„Einverstanden", sagte ich. „Geh los." Er machte sich auf, und ich folgte ihm. Die Halme knirschten unter meinen Füßen, und ich schaute nach, um zu sehen, ob ich sie zerbrach. Aber statt dass ich sie niedertrat, kamen sie geradewegs durch meine Schuhe herauf. Ich bewegte die Zehen, um festzustellen, ob ich durchbohrt wurde, doch sie schienen in Ordnung. Als ich aufsah, war Nuvic nicht mehr zu sehen. Ich schickte ihm eine Schwingung nach und rief ihn zurück.

„Du bist so langsam", sagte er. „Komm, wir haben etwas zu tun."

„Was denn?"

„Du wärst überrascht, wenn du es wüsstest", sagte er.

„Du auch", sagte ich, und er grinste. „Nun geh schon; ich dachte, du bist der Führer", sagte ich.

„Bin ich auch, und hol' mich bloß nicht wieder zurück. Du musst Schritt halten." Und fort war er, aber diesmal blieb ich in seiner Nähe und sauste knapp über die Hecken, als flöge ich in einem Flugzeug.

„Weißt du, wohin es geht?", rief ich ihm hinterher.

„Nein", rief er und beschleunigte sein Tempo. Ich hatte es schon fast aufgegeben, irgendwohin zu gelangen, als ich ein riesiges Gebäude sah, das sich in der Ferne abzeichnete. Als Erstes sahen wir ein paar Spitzen, dann einige Türmchen, und schließlich brach der ganze Bau unmittelbar vor uns aus dem Boden hervor. Ich musste anhalten, denn ich war geblendet. Dieses Weiß war heller als alles, was ich je zuvor gesehen hatte. Du denkst jetzt, es war weiß wie Schnee, und dass es funkelte, wenn die Sonne darauf schien. Nun, das war es – und das war es doch nicht. Ich versuchte, die Augen zu öffnen, aber es hatte keinen Wert. „Halte die Augen geschlossen, und betrachte es so", riet mir Nuvic.

„Geh weiter", sagte ich.

„Geh selbst weiter", sagte er. Und das tat ich auch, und es war wunderschön, auch mit geschlossenen Augen.

„Wer wohnt da? Muss doch mindestens ein Hiarus sein", vermutete ich.

„Nein, ein Hiarus würde auf einer höheren Ebene wohnen, als wir sie erreichen können. Es könnte aber ein Farallis sein."

„Dann beeilst du dich besser und wirst auch einer", sagte ich. „Ich hätte nichts dagegen, ein hübsches Wochenende bei dir hier zu verbringen."

Nuvic hörte nicht zu, jedenfalls hörte er mir nicht zu. Er war gespannt wie eine Katze, die einen Vogel anpirschte. Ich blickte in die gleiche Richtung wie er, und ich sah, dass sich die Tore des Palastes öffneten. Nun war ich auch gespannt und fragte mich, was wir jetzt zu sehen bekämen.

Ein großer, funkelnder Strahl schoss durch das Tor, und auf ihm kam ein wunderschönes Mädchen auf uns zu. Ich nehme an, sie war eine Elfe, aber so etwas Schönes hatte ich noch nie gesehen. Keiner meiner Ausdrücke wie „Knüller", „Wucht", „tolle Puppe" usw. paßten da – und die feineren Ausdrücke verwende ich nicht –, deshalb musst du dir die lieblichste Dame vorstellen, der zu begegnen du je geträumt hast. Ihr Haar war nicht schwarz oder blond, und ihre Haut war nicht rosa oder braun – sie funkelte einfach überall, in allen Farben, die du dir vorstellen kannst. Als sie lächelte, wurde ihr Strahl stärker, und ich wusste: Ich würde alles tun, was sie je von mir verlangte.

Als ihre Aura nun sogar noch stärker funkelte, wusste ich, dass die Schöne sprach, aber was sie sagte, konnte ich nicht verstehen.

Ich war so verwirrt von ihrer Erscheinung, dass ich es wohl auch dann nicht verstanden hätte, wenn sie so langsam gesprochen hätte wie unsere Elfen (was sie ohnehin nicht tat).

Meine Lady führte mich zu einer Art von Thron. Ich besann mich auf meine Manieren und versuchte, ihr da hinein zu helfen, aber sie schüttelte den Kopf und zeigte mir, dass er für mich war. Hättest du das gedacht? Ich, auf einem Thron sitzend?! Ich dachte, Nuvic würde sich kaputt lachen, aber das hat er nicht getan. Auch er komplimentierte mich Richtung Thron. Nun, was sollte ich tun? Ich setzte mich eben. Bequem war es auch. Alles luftgepolstert, ob Gold oder nicht. Ich saß kerzengerade und fragte mich, was nun als Nächstes geschehen würde.

Meine Lady war verschwunden, leider, aber selbst das konnte mich nicht daran hindern, mich wohl zu fühlen. Ich war ganz oben, und alles hatte seine Richtigkeit.

Dann passierten Dinge. Ich bin nicht sicher, was zuerst kam, weil meine Augen sich nicht richtig einstellen konnten. Dann fügte sich das Durcheinander von Edelsteinen zu einem Muster, das in Bewegung kam und sich schließlich um einen zentralen Punkt drehte. Dann erkannte ich, was hier geschah. Sie tanzten, und meine Lady war die Gestalt, um die herum sich das Muster ständig veränderte. Ich darf nichts sagen, Mann. Es würde nicht passen. Ich weiß nicht, was ich sagen soll. Es war das Schönste und Lieblichste, was ich jemals gesehen habe. Ich habe sogar ein wenig verstanden – jedenfalls genug um zu wissen, dass sie von meinem Vorankommen angetan waren und mir gerne helfen würden, wenn ich wollte.

Nun, wie sollte ich das wissen bei dieser Menge tanzender Gestalten, wirst du mich fragen. Und das Schlimmste dabei ist, dass ich es dir gar nicht sagen kann. Ich wusste es einfach, wie wir immer die Dinge wissen, die wir wissen sollen. Genauer kann ich es nicht sagen. Ich wünschte nur, ich könnte es. Dann geschah etwas Lustiges: Ich stellte fest, dass ich mit ihnen tanzte. Nun, ich habe dir ja gesagt, dass ich zwei Zentner wiege, und ich bin auch kein Tänzer, aber ich fühlte mich, als wäre ich ein bisschen Distelwolle, das im Winde umher geweht würde. Nenne mich ruhig bekloppt, das macht mir nichts aus. Ich habe es genau so beschrieben, wie es war, und wenn du nicht weißt, wie es sich anfühlt, ein bisschen Distelwolle zu sein, dann ist es dein Pech. Ich weiß es jedenfalls. Ich habe dabei auch dauernd die Farbe gewechselt. Ich wette, das ist für dich wahrscheinlich auch etwas Neues. Für mich war es neu. Ob ich aufgeregt war? In meinem ganzen Leben war ich noch nie so aufgeregt. Ich wusste nicht, was ich als Nächstes tun würde. Und nicht nur dies: Ich machte mir darüber auch keine Gedanken. Die Elfenlady war mir bei jenem Tanz näher, als du jemals einer lebenden Seele nahe gewesen bist, und das ist keine Übertreibung. Wir haben einander überlappt. Verstehst du, was ich meine? Ich werde das nie vergessen, und wenn ich ewig leben würde. Ich wollte auf der Stelle sterben. Ich dachte: „Ich werde niemals etwas besseres kennen lernen. Ich gehe nicht zurück auf die Astralebene. Ich kann nicht."

Aber ich tat es. Da kam ein Punkt, an dem ich es übertrieben haben musste. Ich konnte es nicht mehr aushalten, weißt du. Ich wusste, ich war kurz davor, in Stücke zu gehen, aber ich musste weiter tun, was auch immer ich tat, und schon war es geschehen.

In meinem Bett wachte ich auf. Es war Mitternacht, und ich war noch angezogen. Aber ich erinnerte mich an alles. Sogar das Gefühl kam zurück. Es wird dich nicht überraschen, dass ich in jener Nacht kein bisschen geschlafen habe.

5 – Nixus und Lyssis
(Beobachter: John)

Nixus
(von ihm selbst)

Gras

Ich will dir zuerst erzählen, wie ich Lyssis kennen gelernt habe. Ich war eines Tages sehr beschäftigt, mit Hilfe meiner Kraft einige Unites zu lenken. Mit meinem Denken war ich ganz auf diese Aufgabe konzentriert, als es ganz plötzlich „Pfff" zu machen schien. (Ich kann mir kein geeigneteres Wort denken, um das Bild zu übersetzen, das er mir übermittelte – das Bild von seinem Kopf, der wie eine aufgeblasene Papiertüte zerplatzte. – D.C.) Im ersten Augenblick konnte ich mir nicht vorstellen, was geschehen war; ich war wie betäubt. Dann erkannte ich, dass es eine Schwingung war, die diesen seltsamen Eindruck bewirkt hatte. Als ich mich vollends gesammelt hatte, wurde mir bewusst, dass jemand vor mir stand – Lyssis. Sie war und ist schöner als ein Stern, und ich wusste sofort, dass ich sie mit jeder Faser meines Wesens liebte. Ich brachte kein Wort heraus. Ich streckte einfach meine Hand aus und berührte sie. Weißt du, ich konnte nicht glauben, dass sie real war. Sie lächelte mir zu, und ihre Freundlichkeit schien den Bann zu lösen, unter dem ich stand. Ich zog mich beschämt zurück, aber sie lächelte immer noch. Da wusste ich, dass sie nicht beleidigt war, und ich sagte: „Du bist die lieblichste Elfe, die ich je gesehen habe. Bitte sag' mir, woher du kommst." Zu meinem Entzücken lebte sie keine fünf Kilometer entfernt und besuchte gerade unser Territorium, um eine seltene Blume zu untersuchen, die sie nie zuvor gesehen hatte. „Ich werde sie dir zeigen", sagte ich, denn die Pflanze hatte auch mir schon viel Freude bereitet. Gemeinsam machten wir uns auf den Weg, um sie zu betrachten, und in Lyssis' Gegenwart schien die Blume eine neue Strahlkraft anzunehmen.

„Ich wünsche mir so sehr, eine ähnliche Blumen zu haben, um die ich mich kümmern darf", sagte sie und seufzte.

„Warum hilfst du nicht dieser hier beim Wachsen?", schlug ich eifrig vor. „Ich bin sicher, dass der Elf, der für sie verantwortlich ist, glücklich sein wird, wenn du kommst, so oft du magst."

Ihr Gesicht leuchtete auf. „Bist du sicher?", rief sie aufgeregt.

„Er ist mein Freund", antwortete ich. „Er wird entzückt sein, das weiß ich. Lass uns gleich gehen und ihn fragen. Er kann nicht weit von hier sein."

Aber wir fanden ihn nicht. Wir machten uns auf mit der Absicht, ihn zu finden, doch schon bald verloren wir seine Schwingung und wanderten glücklich auf den rosigen Pfaden der Liebe.

Lyssis kam jeden Tag. Zuerst gaben wir vor – auch uns selbst gegenüber –, dass sie kam, um nach der Blume zu sehen. Ich wagte gar nicht, etwas anderes zu denken, obwohl ich es bereits damals besser wusste. Jeden Tag besuchten wir die Pflanze und gaben ihr Kraft, und jeden Tag bewunderten wir ihr Wachstum und ihre immer schönere Gestalt, obwohl wir mit unseren Gedanken ganz woanders waren.

Da kam der Punkt, an dem ich diesen kurzen Kontakt mit Lyssis nicht mehr ertragen konnte. Ja, es ist wahr, dass wir uns auch jeden Abend trafen, unsere Auren ineinander fließen ließen und Kraft austauschten, aber auch dies war mir nicht genug. Ich wollte sie immer bei mir haben. Ich fragte sie, ob sie das Leben mit mir teilen wollte, und sie stimmte eifrig zu.

Unsere Meditationsabende bei Daphne sind immer hochinteressant, denn jedes Mal lernen wir etwas Neues. Ich möchte dir sehr gerne von einem Besuch im Ceres-Sektor erzählen, der völlig anders war als alle Regionen, die wir zuvor besucht hatten.

Farben spielen im Leben jeder Elfe eine ungeheuer wichtige Rolle, aber noch nie hatten wir so intensive, kräftige Farbtöne gesehen wie an jenem Abend. Für dich ist Farbe nur eine Frage des Sehens, wir hingegen nehmen sie ganz in unser Wesen auf, und jede Farbe übt eine andere Wirkung aus.

Der Ort, den wir besuchten, war wunderschön. Es gab Bäume und ein Tal mit einem Fluss, der sich träge seinen Weg zum Horizont hin bahnte. Daran ist nichts Ungewöhnliches, wirst du sagen. Doch es waren die Farben. Das Tal zeigte sich in einem breiten Spektrum von Rottönen, angefangen mir Purpur über Scharlachrot bis hin zu einem blassen Rosa. Der Himmel war feurig, dabei wirkte er friedlich. Kannst du dir das vorstellen? Es ist eigentlich nicht möglich, doch der Himmel war beides zugleich. Der Fluss war blau, aber das Wasser war ganz anders als alles Wasser, das wir je zuvor gesehen hatten. Es war von einem tiefen, intensiven Blau, dabei absolut klar. Wir starrten in seine Tiefe und sahen viele leuchtend bunte Fische und wunderschöne Pflanzen. Nachdem wir das eine Zeit lang betrachtet hatten, machte sich ein wunderbarer Frieden in uns breit. Wir spürten, dass der Fluss alles rund um uns und durch uns wusch, und dass er alle unsere Schwierigkeiten mit sich forttrug. Ein Gefühl der Erquickung erfüllte uns, als wir uns wieder erhoben und unserem Führer* über die Ebene zur Quelle des Flusses folgten.

„Von diesem Fluss könnt ihr etwas lernen", sagte er. „Sein friedliches Strömen ist nicht nur ein geographisches Phänomen. Jeder Tropfen, aus dem er besteht, musste erst zu seinem derzeitigen Zu-

---

* Der Marano Majol, einer der Leuchtenden der Ceres-Evolution.

stand der Ruhe gelangen. Nachdem er Jahrhunderte lang heftig gegen Felsen und Steine geschlagen hatte, lernte er Beherrschung und die Freuden der sanften Fortbewegung. Später werde ich euch an das Meer mitnehmen, in das der Fluss mündet und dessen stille Oberfläche kaum ein Kräuseln beeinträchtigt."

Wir betrachteten erneut das endlose Fließen und Strömen, und dieses Mal war uns, als gewahrten wir in seinen stillen, ruhigen Tiefen eine Vision von seiner früheren Wildheit. Es war nur ein kurzer Augenblick, und schon strömte der Fluss wieder in völliger Ruhe seiner Bestimmung entgegen.

Nun verengte sich das Gewässer, und wir stiegen seitlich eines brillanten Wasserfalls hinauf. Doch selbst hier, trotz eines Höhenunterschiedes von dreißig Metern, gab es kein Spritzen und kein erkennbares Zeichen von Aufgewühltsein oder Unruhe.

Wir folgten dem Wasser bis zu einer Höhlung im Berghang, wo er aus langsam aufeinander folgenden Tropfen des gleichen unbeschreiblichen Blaus entstand.

„Und was könnt ihr daraus lernen?", fragte unser Führer. Wir alle wussten die Antwort: „Auch große Dinge entstehen aus kleinen Anfängen."

Lyssis
(von ihr selbst)

Niedere Blumen
Auf der Astralebene gehörte ich zu einer großen Elfengemeinschaft. Ich kann mich nicht erinnern, dass ich jemals woanders war. Wir lebten in einer wunderschönen Umgebung – fern von den Menschen – in unserem eigenen Sektor, wo die Luft funkelt und alle

Pflanzen vor Lebenskraft strotzen. Ich war immer so beseelt von meinem Wunsch, viel zu leisten, dass ich mich nie müde fühlte; meine Ruhezeiten nahm ich nur, weil ich so geheißen wurde.

Wie wunderschön waren jene stillen Stunden, in denen mein Körper leicht zu schweben schien, während mein Geist so still wurde, dass ich das Gefühl hatte, dass mir nichts im Universum entgehen könnte.

Meine Arbeit galt immer den kleinen Blumen, zu denen ich zärtlichstes Mitgefühl hege. Es gibt so vieles, gegen das sie ihre Existenz behaupten und kämpfen müssen – nicht nur Unkraut, sondern auch die höheren, kräftigeren Pflanzen.

Auf der Astralebene sind die Dinge natürlich besser geordnet als hier unten; dort hat alles Raum, um sich zu entfalten. Da gibt es keine großen, überschattenden Blätter, die Sonnenwärme und Erfrischung abhalten oder auffangen, und die kleine Blumen haben nichts anderes zu tun, als in dem sanften Licht und in der warmen, feuchten Erde zu ihrer vollen Schönheit heranzuwachsen. Der Wind liebkost sie und wird niemals zu der rauen Macht, gegen die sie alle ihre zerbrechliche Stärke aufbringen müssen.

Selbst jenen, die Blumen lieben und verstehen, vermag ich nicht die außerordentliche Schönheit unserer Schützlinge zu erklären. Sie lächeln den ganzen Tag, und obschon sie Zufriedenheit kennen, streben sie stets nach noch größerer Schönheit, mehr Farbe, mehr Duft und einer noch vollendeteren Art und Weise, ihrem Wesen Ausdruck zu verleihen. Es ist in der Tat wie ein Wunder, dass sie mit ihrem winzigen Bewusstsein offenbar wissen, wozu das Leben da ist, und natürlich tue auch ich alles, was ich kann, mit meinen Gedanken, meiner Liebe und meiner Kraft, um sie dem Ziel ein wenig näher zu bringen, das zu erreichen wir alle bestrebt sind.

Das Gefühl des Glückes scheint um uns und in uns zu sein und uns immer weiter und zu größerer Aktivität zu drängen, bis wir es nicht länger ertragen können. Es klingt vermutlich seltsam, dass man zu viel Glück empfinden kann, aber ich kann dir nur versichern, dass es tatsächlich so ist. Trotz der konstanten Aktivität wird man rastlos, und die Phasen der Ruhe schenken einem nicht mehr den Frieden, den sie bringen sollten.

Wenn dieser Zustand erreicht ist, wissen unsere Führer, dass wir überredet werden müssen, auf die Erde zurückzukehren. Als mir dieser Vorschlag gemacht wurde, fing ich fast an zu weinen. Ich hatte keinesfalls den Wunsch, mein schönes Zuhause zu verlassen, um dort unten mit unbekannten Schwierigkeiten kämpfen zu müssen. Meine Führerin zwang mich nicht, weil sie wusste, dass ich, sobald ich Zeit hatte, darüber nachzudenken, zu der Erkenntnis gelangen würde, dass ich leiden musste, wenn ich weiter vorankommen wollte.

Eine Weile wehrte ich mich gegen diese Vorstellung. Ich verbrachte viel Zeit in der Meditation, da ich mir beweisen wollte, dass es mir möglich war, mich auch in meiner derzeitigen Umgebung weiter zu entwickeln. Doch dies war ein Irrtum. Ich konnte mich nicht konzentrieren, und anstatt Ruhe und tiefe Entspannung zu genießen, drehte sich mein Geist endlos im Kreise, und ich fand keine Ruhe.

Schließlich erklärte ich mich einverstanden, auf die Erde hinunter zu gehen, und meine Vorbereitungszeit begann. Als ich nach fünfundzwanzig Jahren die Erlaubnis erhielt, auf die Erde hinabzusteigen, konnte ich es kaum noch erwarten.

Zuerst litt ich wie alle, die auf die Erde kommen, aber allmählich gewöhnte ich mich an die neuen Bedingungen und wurde wieder glücklich. Diesmal jedoch hatte ich ein größeres Verständnis. Ich ging von Ort zu Ort, und jedes Mal begegnete mir neues Leid, das zu größerem Wissen führte und meine Entschlossenheit stärkte, Erfolg zu haben.

Nixus hat dir bereits von unserem Kennenlernen und unserer daraus resultierenden Freude aneinander erzählt. Wir wissen, dass wir noch junge Geister sind und blicken mit freudigem Herzen in die Zukunft, denn unsere Liebe zu einander und unsere Arbeit sichern unser Glück.

Beziehungen zwischen Menschen und Elfen

(Meine Anregung, dass meine astralen Freunde ein Elfenpaar adoptieren sollten, erwies sich als so erfolgreich, dass mir später die Idee kam, zu weiteren Kontakten zwischen den beiden Evolutionszweigen zu ermutigen. Ich wandte mich an Betty und bat sie, die menschliche Seite der Angelegenheiten zu übernehmen, und schlug den beiden Hauselfen Sheena und Pino sowie Namsos, Sirilla, Nixus und Lyssis vor, dass sie mit den Elfen verhandeln sollten. So entstand die Organisation, die wir das „Zentrum für die Beziehungen zwischen Menschen und Elfen" nannten; die folgenden Einzelheiten berichteten John und Nixus. – D.C.)

John:

Vor kurzer Zeit lud Daphne Nixus und Lyssis ein, gemeinsam mit Namsos und Sirilla zu arrangieren, dass mehr Elfen menschliche „Paten" bekommen. Sie waren sichtlich überrascht, da sie in Bezug auf ihre eigenen Leistungen sehr bescheiden sind; die Tatsache, dass sie für diese neue Aufgabe ausgewählt wurden, erfüllte sie nun mit Begeisterung.

Mit Sirilla und Namsos sind sie ohnehin besonders gut befreundet, und die Aussicht, an diesem überaus wichtigen Projekt mit ihnen zusammenzuarbeiten, gefiel ihnen sofort.

Viele der Elfen aus der Umgebung pflegen sie zu besuchen und lassen sich mit wachem Interesse über alles informieren, was Namsos und Sirilla mit mir erlebt haben. Schon manches Mal waren sie gefragt worden, ob ich vielleicht jemanden wüsste, der sich auch gerne mit einem Elfenwesen anfreunden wollte. An Samstagen, wenn ähnliche Anfragen auch an andere Angehörige unserer Gruppe gerichtet worden waren, hatten wir diesen Gedanken schon mehrere Male besprochen, aber so gerne wir die Sache auch weiter verfolgt hätten, sind wir alle so beschäftigt, dass wir manchmal unsere liebe Mühe haben, die Zeit zu finden, um uns mit unseren eigenen Elfen zu treffen, die uns sehr am Herzen liegen.

Eines Samstages teilte uns Betty mit, dass Daphne sie gebeten habe, die menschliche Seite der Sache zu organisieren, während die vier bereits Erwähnten, zusammen mit Sheena und Pino als den Repräsentanten der Hauselfen, die andere Seite regeln sollten.

Betty war ganz aufgeregt, dass man sie gebeten hatte, zweifelte aber, ob ihr Organisationstalent ausreichte, die sehr komplizierte Aufgabe zu erfüllen, die zueinander passenden Menschen- und Elfenwesen zu finden. Es wäre offensichtlich unklug, einem überaus fleißigen jungen Mann ein schelmisches Elfenmädchen zuzuteilen – obwohl diese Kombination sich in manchen Fällen auch als großer Erfolg erweisen mag. Doch in der Regel ist es besser, auf Nummer Sicher zu gehen und zu versuchen, Menschen- und Elfenwesen zu finden, die auf annähernd der gleichen Entwicklungsstufe stehen und ähnliche Interessen aufweisen.

Betty sagte mir, sie sei sich sicher, dass sie Hilfe erhalte und der ganze Plan von weiter oben organisiert sei. Sie scheint instinktiv zu wissen, welches Elfen- zu welchem Menschenwesen paßt, selbst wenn sie beide nie zuvor gesehen hat. Dies gilt auch für die Elfen.

Als das Projekt bekannt gemacht wurde, kamen buchstäblich Tausende, um sich zu melden. Sie mussten ihren Namen, die Dauer ihrer Erdenzeit, ihr Arbeitsgebiet und ihre Hauptinteressen in ihrer Freizeit angeben. Alle diese Einzelheiten werden in Gedankenformen gebracht; die Elfen verfügen offenbar über eine sehr effiziente Methode der Datenverarbeitung. Bitte frage mich nicht nach Einzelheiten, weil diese mein Verständnis bei weitem übersteigen. Eine ähnliche, schriftliche Form wird den Menschen angeboten, wobei anstelle der Dauer der bereits absolvierten Erdenzeit Alter und Zahl der Jahre auf der Astralebene vermerkt werden. Jede Woche tauschen Betty und die Elfen Listen aus, und beide Seiten versuchen, zwei oder mehr Antragsteller miteinander zu kombinieren; in der folgenden Woche besprechen sie ihre Entscheidungen. Sie berichteten mir, dass die Zahl erfolgreicher Verbindungen auf beiden Seiten recht erstaunlich ist. Die Menschen- und Elfenwesen, die identische Resultate bieten, werden augenblicklich zusammengeführt, unähnliche Kombinationen werden besprochen und die wesentlichen Punkte aller Vorschläge genau geprüft. Neue Fakten über die Charaktere beider Beteiligter, die im Voraus natürlich nur gemutmaßt werden konnten, werden ans Licht gebracht, und eine Seite beugt sich dem Urteil der anderen.

Die Zeit ist das Einzige, was einer größeren Zahl gegenseitiger „Adoptionen" im Wege steht. Sowohl Menschen- als auch Elfenwesen nehmen ihre Treffen sehr ernst, weil sie erkennen, wie viel sie von ihren neuen Freunden lernen können, die ihnen Dinge aus der Sicht des jeweils anderen Evolutionszweiges darstellen und zeigen.

Nixus:

Abgesehen von unserer Arbeit mit der Natur interessiert uns wohl am meisten die Tätigkeit für das „Zentrum für die Beziehungen zwischen Menschen und Elfen". Ein Grund dafür mag sein, dass wir hier mehr Verantwortung tragen als in jedem der anderen Projekte, bei denen wir Daphne assistieren, so wichtig sie auch sind.

Fast jeden Abend besuchen wir Namsos und Sirilla und denken gemeinsam über die Namen nach. Für die meisten Menschen ist ihr Name nur ein Name, ohne große Bedeutung, doch wir, die wir unseren eigenen Namen alle verdient haben, nehmen ihn mit anderen Augen wahr.

Natürlich haben wir schon immer gewusst, dass jeder Name eine Bedeutung besitzt. Mein Name „Nixus" zum Beispiel zeigt an, dass ich meine Arbeit gewissenhaft mache; „Lyssis" wiederum verrät, dass da, wo ihre Arbeit liegt, auch ihr Herz ist. Doch die Bedeutung von Namen zu übersetzen, reichte nun nicht mehr aus. Zuerst wussten wir nicht, wie wir den Charakter jedes Elfenwesens aufgrund der ersten kurzen Begegnung verstehen sollten, und mehr Zeit konnten wir keinem Bewerber einräumen. Dieser Umstand bereitete uns Sorgen. Eines Tages, als wir fast verzweifelt auf die immer länger werdende Liste blickten, wurde uns bewusst, dass ein Farris bei uns war. Er kam jeden Abend, und allmählich fanden wir heraus, dass wir durch gemeinsames Aussprechen eines Namens eine Schwingung erzeugten. Zuerst war es für uns nur eine weitere Schwingung, doch dann lernten wir, sie zu analysieren, und heute sind wir in der Lage, anhand der Namensschwingung binnen Sekunden die Vorgeschichte jedes Elfenwesens zu erkennen.

Dies mag dir unfair erscheinen, doch sobald wir eine Notiz über wesentliche Charakteristika gemacht haben, verschwindet der Eindruck aus unserer Erinnerung – und es ist uns ohnehin nicht möglich, so viele Daten in unserem Bewusstsein zu bewahren, nachdem sie einmal ihren Zweck erfüllt haben.

Mindestens einmal in der Woche kommt Betty, und wir tauschen unsere Entscheidungen aus. Manchmal sind wir uns über die Eignung einer Mensch-Elfen-Kombination nicht einig, aber nach weiterem Nachdenken gibt stets die eine oder die andere Seite zu, dass sie sich geirrt hat. Dieses Kombinieren von Menschen- und Elfenwesen ist eine endlos faszinierende Angelegenheit. In Wirklichkeit sind es natürlich nicht wir, die entscheiden, welche Wesen zueinander passen werden. Wir selbst erfahren es indirekt, und da bisher jede Begegnung ein großer Erfolg gewesen ist, wird offenbar nicht zugelassen, dass wir Fehler machen.

Manchmal kommt es vor, dass wir eine Namensschwingung betrachten und dabei nicht die Vorgeschichte des Individuums lesen können. Wir halten uns dann nicht länger damit auf – wie wir es anfangs getan haben – und vergeuden damit kostbare Zeit, sondern wir trennen diesen Namen von den übrigen. Wir haben gelernt, dass diese schwachen Schwingungen von Elfen stammen, die nicht unbedingt einen schlechten Charakter haben, sondern von einer mächtigen Begeisterung getragen sind, wenn ihnen eine neue Idee präsentiert wird, dann aber nicht die notwendige Entschlossenheit besitzen, damit irgendetwas anzufangen. Die Träger solcher schwachen Namensschwingungen – das wissen wir – haben vermutlich nach kurzer Zeit vergessen, dass sie überhaupt eine Bewerbung abgegeben habe, weil ihr Interesse bereits so nachgelassen hat, dass wir praktisch nicht darauf bauen können.

Viele immer stärker wachsende Bande der Freundschaft sind nun entstanden, und jede dieser Verbindungen hilft uns beim Bau der Brücke, die die Kluft zwischen den beiden Evolutionszweigen überspannt. Oft denken wir an jenen großen Fluss zurück, der seinen

Ursprung in einer ganz kleinen Quelle hatte. Unsere derzeitige Arbeit bildet die Tropfen, die im Laufe der Jahre wachsen und zunehmen werden, bis ein Fluss entsteht, der sich ruhig seinen Weg bahnt, nicht nur über die Erde und durch die Astralebenen, sondern noch viel weiter, sodass die Kommunikation zwischen RA-AR-US und dem Menschen auf Erden schließlich eine vergleichsweise normale Angelegenheit wird und nicht mehr das kostbare Erlebnis nur sehr Weniger bleibt.

Nixus und Lyssis
(Beobachter: John)

Als ich die Menschen kennen lernte, mit denen ich nun so gut befreundet bin, wusste ich nur sehr wenig über Elfenwesen. Ich wusste, dass sie existierten, weil ich, nachdem Daphne mir über sie erzählt hatte, selbst Nachforschungen anstellte und mehrere Bücher las.

An jenem ersten Nachmittag konnte ich keines dieser Wesen hören, doch bei der nächsten Gelegenheit, als wir uns trafen, hörte ich Normus, und eine Woche später lernte ich Lyssis kennen.

Wenn du noch nie ein Elfenwesen gesehen hast, stellst du dir leicht eine traditionelle Gestalt vor – mit einem Zauberstab und einem Stern auf dem Kopf und etwa dem Aussehen einer Wachspuppe. Als ich Lyssis sah, erkannte ich, wie falsch solche Vorstellungen sind. Sie war einfach ein Mädchen im Kleinformat, und sie lächelte mir höflich zu wie irgendeine junge Frau, die einem Mann vorgestellt wird. Ich selbst fühlte mich eher sprachlos und brachte keinen Ton heraus, da ich im Umgang mit Damen nicht viel Erfahrung hatte. Ich denke, sie merkte, dass ich schüchtern war – wer hätte je von einem großen Mann gehört, der einer kleinen Elfe gegenüber schüchtern ist? –, weil sie meine Hand tätschelte und mich einlud, ihr Zuhause zu besichtigen.

Damit war das Eis gebrochen, und wir machten uns auf den Weg zu einem Garten weiter oben an der Straße; Lyssis saß dabei auf meiner Hand. „Du wirst am Anfang nicht viel sehen können, aber zumindest wirst du wissen, wo wir wohnen", sagte sie.

Ich ging vorsichtig, weil ich Angst hatte, sie fallen zu lassen, aber sie schien mir ganz zu vertrauen. Unterwegs unterhielten wir uns, und ich konnte sie mir genauer betrachten. Lyssis ist etwa zwölf Zentimeter groß, also etwas kleiner als die anderen Elfen, und hat ihr glattes, blondes Haar aus dem Gesicht gekämmt, sodass es hinter ihrem Rücken bis zur Taille hinunter fällt. Ihr Kleid war adrett und sittsam und schien aus cremefarbener Baumwolle gearbeitet zu sein. Es wies einen steifen weißen Kragen und weiße Manschetten an den Ärmeln auf, die bis zu den Ellbogen reichten. Ihr Gesicht ist das eines Engels. Vielleicht sollte ich dies nicht sagen, weil echte Engel noch viel schöner sein müssen als sie, aber nach irdischen Maßstäben ist sie engelsgleich.

Sie sieht ein wenig ernst aus, bis ein Lächeln ihre Züge aufhellt; dann verändert sie sich ganz und wirkt heiter wie ein Kind. Ihre Haut ist hell wie die Kleider, die sie gewöhnlich trägt, ja mit ihrem hellblonden Haar sieht sie fast aus, als wäre sie aus Licht.

Schließlich kamen wir an. Sie hatte Recht gehabt: Ich konnte nicht einmal das Haus sehen. Lyssis schlug vor, dass wir uns in die Nähe setzten in der Hoffnung, dass ich wenigstens die Schwingung des Häuschens fühlen könnte. Nach einer Weile habe ich tatsächlich ein Beben wahrgenommen, das durch mich ging. Sie hatte mir nicht gesagt, in welcher Richtung das Gebäude lag, und war nun entzückt, als ich an die richtige Stelle zeigte.

Nixus war natürlich auch bei uns, obwohl er für mich nicht sichtbar war; doch er konnte ganz frei sprechen. Er war interessiert zu erfahren, dass es mein irdischer Beruf gewesen war, Häuser zu verkaufen und zu vermieten. Ich erklärte ihnen, dass auf der Erde die materiellen Mittel der Menschen Größe und Schönheit der Häuser bestimmen, in denen sie leben können. Dies, meinten sie, sei überaus unfair. „Unser Haus ist das kleinste in der Gruppe, aber das ist nur recht, weil wir noch nicht weit fortgeschritten sind", teilten sie mir mit. „Doch wir lernen schnell und hoffen, schon bald die Erlaubnis zu erhalten, einen Raum für unsere Meditation hinzuzufügen. Wir sind auch darin nicht besonders gut; unser Denken macht sich immer wieder selbständig, und es scheint uns nie zu gelingen, uns länger als eine oder zwei Sekunden zu konzentrieren."

Es beeindruckte mich sehr, dass auch Elfenwesen diese Schwierigkeit kennen. Ich hatte gerade erst mit Versuchen angefangen, meine eigenen Gedanken zu beherrschen, war aber noch nicht weit genug gelangt, um es mit einer Meditation zu probieren, da ich auf die gleiche Schwierigkeit stieß. Die beiden Elfen versprachen mir bereitwillig, mir Bescheid zu geben, sobald sie eine Methode gefunden hätten, ihr launisches Denken zur Räson zu bringen; ich würde das Gleiche für sie tun.

In der Woche vor meinem nächsten Besuch studierte ich aufmerksam und lernte, meine Schwingungen zu heben, um mich besser auf die Elfen einzustimmen. Ich stellte auch fest, dass ich ein wenig nervös war, aber dieses Mal bekam ich es besser in den Griff, und so vermochte ich schon bald nicht nur Lyssis zu sehen, sondern auch einen kleinen Mann, der neben ihr stand. Nixus ähnelt nicht so sehr einem kleinen Männchen wie Lyssis einem Mädchen im Kleinformat, aber vielleicht beruht dies auf seiner Kleidung. Hätte er Flanell und ein Sportsakko getragen, ähnelte er wohl einem winzigen Mann, aber wie ich ihn sah, entsprach er mehr meiner Vorstellung von einem traditionellen Elfenmann. Er trägt in der Regel Braun, ein Wams mit einem Ledergürtel und langen braunen Strumpfhosen. Auf dem Kopf schmückt ihn eine kleine runde Kappe, die ganz umgekrempelt ist und deshalb aussieht, als wäre sie aus einer alten Socke gemacht. Sein Gesicht ist ebenfalls sehr braun, zeigt aber eher einen ernsten Ausdruck. Ich denke, dass es diesen beiden jungen Elfenwesen bestimmt ist, aus ihrem Leben einen Erfolg zu machen. Ihnen ist bewusst, dass sie alle Aufmerksamkeit auf ihre Arbeit richten müssen, um mit den schon höher entwickelten Angehörigen ihrer Gruppe Schritt zu halten. Was ihre Leistungen betrifft, sind sie stets sehr bescheiden, und ich habe den Entschluss gefasst, ihnen nach bestem Vermögen zu helfen.

Ich war nicht sicher, ob Elfen einander die Hände schüttelten, aber Nixus schien zu verstehen, was ich wollte, und legte feierlich seine Hand in meine ausgestreckte Handfläche. „Wirst du mit uns kommen?", fragte er höflich.

Wir machten uns auf den Weg, abermals zu ihrem Heim. „Heute werde ich es sehen", sagte ich mit großer Entschlossenheit, als wir uns niedersetzten; ich saß zwischen meinen beiden kleinen Begleitern.

„Erwarte aber kein großes Haus", warnten sie mich.

„Ich will kein großes Haus sehen", antwortete ich. „Ich will ein richtiges Elfenhaus sehen. Wisst ihr, ich habe es mir die ganze Woche über vorgestellt, und ich kann mich nicht von der Vorstellung trennen, dass es aus rosa und weißem Puderzucker besteht."

„Das tut es ganz und gar nicht", sagten sie entschuldigend. „Es ist aus roten Ziegeln gebaut wie jenes Haus dort", und sie deuteten auf eines der hübschen kleinen Gebäude in der Nachbarschaft.

Ich begann meine Schwingungen zu heben, und nach kurzer Zeit sah ich ein kleines Haus, das in jeder Hinsicht mit dem identisch war, das sie mir gerade gezeigt hatten. Es wies sogar cremefarbene Vorhänge und einen Türklopfer auf.

„Ich kann es sehen!", rief ich und hoffte, dass ich begeistert genug klang, obwohl ihr kleines Haus beileibe nicht so war, wie ich es mir ausgemalt hatte.

„Gefällt es dir?", fragten sie fast ängstlich.

„Ich denke, es ist ein liebes kleines Häuschen, auf das ich stolz wäre, wenn ich es in meinem Angebot hätte", versicherte ich ihnen.

Sie schienen erfreut, dass ihr Haus meinen professionellen Ansprüchen gerecht wurde. „Im Innern ist es noch hübscher", sagte Lyssis. „Wir haben zwei Zimmer, eines zum Schlafen und eines zum Arbeiten, Meditieren und Unterhalten.

Wenn du meditieren möchtest", fuhr sie fort, „ist es sehr hilfreich, alle gewöhnlichen Gedanken aus deiner Umgebung zu entfernen, aber es ist noch besser, wenn du ein spezielles Zimmer dafür hast, denn darin hegst du dann nichts anderes als hohe Gedanken."

„Bitte sagt mir mehr darüber", bat ich. „Ich weiß eigentlich nie, was hohe Gedanken sind. Sie kommen mir nicht so leicht in den Sinn, und wenn ich, wie es in den Büchern verlangt wird, mich zu entspannen versuche, damit schöne Gedanken fließen können, dann kommt gar nichts. Schon kurze Zeit später wirbelt mir wieder der gleiche alte Wirrwarr und Unsinn im Kopf herum."

„Hast du ein Symbol?", fragte Lyssis.

„Was meinst du – ein Kreuz oder so etwas?"

„Ein Kreuz wäre geeignet, oder ein Ring oder ein fünf- oder zwölfzackiger Stern."

„Ich fürchte, ich wüsste gar nicht, was es bedeutet, außer vermutlich bei einem Kreuz."

„Das macht nichts", sagte Nixus. „Nimm einen Kreis. Wenn du keinen Ring hast, kannst du ihn zeichnen. Betrachte ihn und achte darauf, was geschieht. Lass uns dies jetzt gleich ausprobieren", fuhr er fort und zeichnete einen Kreis auf den Boden. „Nun, was kommt dir in den Sinn?"

Ich dachte einen Moment nach. „Eine Hochzeit", antwortete ich.

„Das ist eine Vereinigung, nicht wahr?", sagte er. „Vereinigung mit was? Das musst du dich fragen. Vereinigung mit dem Unendlichen. Verstehst du?"

„Hm", sagte ich. „Sag mir noch etwas."

Er zeichnete ein gleichseitiges Dreieck. „Was kommt dir diesmal in den Sinn?"

„Gleichheit", sagte ich zweifelnd.

„Nur weiter", drängte er. „Frage dich: „Gleichheit von was?"

„Gleichheit von was?", wiederholte ich gehorsam und verstummte. „Von was?", wiederholte ich entschuldigend.

„Gleichheit des Bewusstseins mit den Großen."

„Oh, das besitze ich nicht. Ich würde nicht einmal wagen, daran zu denken", protestierte ich.

„Aber das musst du", beharrte er. „Dein Bewusstsein kommt von Gott. Ihres auch. Er gibt jedem von uns die gleiche Menge. Bei uns schlummert es noch. Jene haben ihr Bewusstsein weiter aufgeweckt als du, das ist alles."

„So hatte ich es noch gar nicht gesehen", sagte ich zweifelnd.

„Aber dazu gibt es ja die Meditation; damit du solche Dinge denken kannst. Damit du sie denken und auch verstehen kannst."

An diesem Punkt musste ich sie verlassen, doch die Unterweisung wurde bei meinem nächsten Besuch fortgesetzt. Diesmal nahmen wir einen fünfzackigen Stern als Symbol.

Geistesabwesend starrte ich auf den Stern. „Nun?", fragte Nixus ermutigend.

„Ich kann nur an eine Reise denken", sagte ich. „Es klingt vielleicht töricht, aber eine Reise zu den Sternen scheint mich irgendwie anzusprechen."

Etwas enttäuscht blickte er mich an. „Ist das alles?", fragte er.

Ich versuchte es noch einmal, aber mir kam nichts anderes in den Sinn.

„Fange beim Beginn deiner Reise an. Das ist hier", zeigte er.

„Hm", sagte ich, nicht viel klüger geworden. „Ich weiß. Ich überlege mir, was ich auf meine Reise mitnehmen werde. Fünf Dinge. Ist das richtig?"

Nixus lächelte und Lyssis stimmte offenbar auch zu. Ich dachte mir, dass ich sie jetzt nicht damit enttäuschen durfte, dass ich eine Zahnbürste und ein paar Zigaretten einpackte, deshalb begann ich mit: „Hoffnung".

„Halt", sagte Nixus. „Jetzt musst du über Hoffnung meditieren."

Mir wurde langsam klar, dass ich nicht so leicht davonkommen würde.

„Hoffnung worauf?", fragte ich mich pflichtbewusst. „Die Hoffnung, zu finden, was ich suche. Hoffnung, …"

„Nein, nein. Du sollst nicht gleich weitergehen. Was ist es denn, das du zu finden hoffst?"

„Die Wahrheit", sagte ich triumphierend. Das war einfach. „Hoffnung, …"

„Nein, nein, John, du gehst viel zu schnell vor. Was du gesagt hast, ist glänzend geeignet für eine sehr fruchtbare Meditation. Es gibt Millionen von Aspekten der Wahrheit. Darüber musst du erst nachdenken."

Ich konzentrierte meine Aufmerksamkeit auf Wahrheit, aber keiner der Millionen Aspekte offenbarte sich. Ich verzweifelte fast. Wenn es so viele Aspekte gab, sollte ich mich doch wenigstens auf einen besinnen können.

„Die Wahrheit ... der Liebe ... dass Dienen Glück bringt ... das es die Pflicht aller ist, anderen zu helfen, sich weiter zu entwickeln ... dass Gott in jedem Menschen wohnt ...“ Ich war so fasziniert von dem Fluss meiner Gedanken, dass ich fast den Ausdruck der Zustimmung auf den Gesichtern meiner kleinen Freunde übersah. „Muss ich an die ganze Million von Aspekten denken?“, fragte ich, muss aber gestehen, dass ich diese Art zu meditieren viel interessanter fand, als ich anfangs vermutet hatte.

„Das musst du nicht“, sagten sie, „aber du solltest an so viele denken, wie du kannst.“

Mehrere weitere Aspekte kamen mir ganz leicht in den Sinn. „Nun seid ihr dran“, sagte ich, und reihum zählten wir weitere Aspekte auf. Es war verblüffend, wie uns ein Gedanke ganz natürlich auf den nächsten brachte, und je länger wir uns damit befassten, desto leichter wurde es. Wir waren immer noch weit von dem millionsten Aspekt entfernt, als ich feststellte, dass ich Nixus und Lyssis wieder verlassen musste.

Von da an verbrachten wir mindestens einen Teil meiner Besuche damit, die Meditation zu üben, bis Nixus eines Tages feststellte, dass ich sie nun auf eine Reise begleiten könnte. Alle anderen in der Gruppe hatten diese mentale Loslösung bereits erlebt, und ich war schon sehr erpicht darauf gewesen, es allein auszuprobieren. Da aber Nixus und Lyssis die Aufgabe übernommen hatten, mich zu unterweisen, hielt ich es nur für fair, damit zu warten, bis sie feststellten, dass ich bereit war, sie zu begleiten.

Wir entspannten uns, und ich schloss die Augen. „Wir nehmen wieder den Stern“, sagte Nixus, „versuchen, ihm so nahe zu kommen, wie wir können.“ Es war ein strahlend heller Tag, doch ich hätte schwören können, dass ich mit geschlossenen Augen einen Stern blinken sah, der uns Reiselustige über Millionen von Meilen hinweg zwinkernd einlud. Eine recht lange Zeit geschah gar nichts, dann dachte ich daran, etwas Kraft anzuschalten. Fast augenblicklich begannen wir uns fortzubewegen – aufwärts, immer weiter –, bis ich sicher war, dass wir schon jenseits des Sternes gelangt sein mussten, den ich von unten aus gesehen hatte.

Schließlich hielten wir an. Ich öffnete die Augen und rechnete halbwegs damit, dass das Land in einen Punkt neben mir zusammenliefe und verschwände, sodass nichts als leerer Raum übrig bliebe. Doch es war ganz und gar nicht so. Grünes Weideland und Blumen erstreckten sich in alle Richtungen. Nixus und Lyssis hielten einander noch in den Armen; sie sahen wirklich wunderschön aus. Ich war sicher, dass ihre Gedanken viel höher reichten als der Ort, an den wir gelangt waren – eine offenbar vergleichsweise niedere Sphäre der Astralwelt. Ich stand auf und machte einige Schritte. Ich empfand ein gewaltiges Glücksgefühl in mir und überall um mich aufsteigen und fühlte mich sehr energiegeladen – als ob ich etwas tun sollte. „John, John!", hörte ich kleine Stimmen bei meinen Füßen. „Warum bist du fortgegangen?"

„Ihr habt so zufrieden ausgesehen", antwortete ich, „da wollte ich euch nicht stören."

„Aber wir haben hier etwas zu tun", sagten sie.

„Ich dachte mir, dass es so ist", antwortete ich. „Wisst ihr denn, was wir zu tun haben?"

„Nein", gaben sie zu, „aber bald werden wir es wissen." Sie gingen voraus und ich folgte.

„Wisst ihr, wohin wir gehen?", wollte ich wissen.

„Wir folgen dem Pfad", sagten sie.

Ich konnte kein Anzeichen einer Spur oder Straße sehen, wollte dies aber nicht zugeben. Allmählich verließen sie den Boden und begannen nach oben zu schweben. Ich war nicht sicher, ob ich ihnen folgen könnte. Mit geschlossenen Augen zu schweben, war etwas anderes, als bewusst über nichts zu gehen, wenn man festen Boden unter den Füßen gewohnt ist. Ich dachte mit Bestimmtheit: „Es *gibt* einen Weg. Nimm ihn" – und da sah ich ihn, zu meiner großen Erleichterung. Er war auch recht solide, wie eine erhabene Fahrbahn, die nach beiden Seiten abfiel. Langsam stiegen wir immer höher, die Bahn drehte und wand sich wie eine Gebirgsstraße, bis wir hinter einer der zahlreichen Kurven erkannten, dass wir das Ende unseres Weges erreicht hatten – vor uns ragte ein echter Elfenpalast in die Wolken.

„Was ist das?", fragte ich.

Ratlos sahen sie mich an. „Wir sind noch nie so weit oben gewesen. O John, ist das nicht aufregend?"

Das war es in der Tat, und ich war sehr erleichtert, dass unsere Reise auch aus ihrer Sicht ein Erfolg war, denn ich hatte befürchtet, dass meine Unwissenheit sie zurückhalten würde.

„Meint ihr, wir sollten hineingehen?", fragte ich.

„Ich denke schon", sagten sie. „Lass uns dort hinauf gehen, dann werden wir es wissen."

Sie hatten ganz recht, aber es war keine Frage des Wissens. Einen Augenblick waren wir etwa zehn Meter von dem geschlossenen Tor entfernt, um im nächsten Moment bereits auf der anderen Seite zu sein; bis heute habe ich nicht herausgefunden, ob wir durch das Tor gegangen sind oder es ganz anders hinter uns brachten.

Sobald wir im Innern des Schlosses waren, wusste ich den Zweck unserer Reise. Hier benötigte jemand unsere Hilfe – vielleicht jemand, der plötzlich von der Erde getrennt worden war und sich nicht auf die neue Umgebung umstellen konnte. Nixus und Lyssis begannen zu laufen; ich musste nur längere Schritte machen, um mitzukommen. Ich war sicher, dass viele Leute uns führten, doch ich konnte keine Seele sehen. Schließlich stoppten wir genau in der Mitte eines großen, gewölbten Raumes. Augenblicklich spürte ich die Notschwingung, die offenbar aus einer der Ecken kam. Von meiner Arbeit mit den Erdgebundenen her bin ich an diese Schwingungen gewöhnt, deshalb ging ich ihr nun einfach nach. Wir kamen zu ihrem Ursprung, aber noch immer konnte ich nichts sehen. Ich konzentrierte mich stark – und dann sah ich sie, eine kleine Elfe, die recht verwahrlost und unscheinbar aussah. Meine beiden Freunde versuchten bereits, sie zu trösten, aber sie schien wie betäubt.

„O John, das ist wie bei einer erdgebundenen Menschenseele", erklärten sie. „Sie muss ihre Schwingungsfrequenz erhöht haben – was uns nicht erlaubt ist, solange wir auf der Erde sind –, und vermag nun kein einziges Elfenwesen mehr oder dieses schöne Haus hier zu sehen." Tröstend wendeten sie sich wieder der Elfe zu, und dann kam mir der Gedanke, ihr etwas Kraft zu geben. Die Veränderung trat augenblicklich ein. Die Elfe verlor ihren gequälten Ausdruck und klammerte sich an Lyssis, als wollte sie sie nie wieder loslassen. Dann begann sie zu reden, jedoch viel zu schnell, als dass ich ihr damals hätte folgen können; Nixus gab mir später ihre Geschichte wieder.

Sie erzählte ihnen, wie sie eines Nachts von ihrem Führer getadelt worden war, weil sie ihre Arbeit vernachlässigt hatte. Ihr war es elend gegangen, seit sie auf die Erde gekommen war, und sie war sich sicher, dass es nichts Schlimmeres geben könne. Es war ihr gleichgültig, wie sehr sie bestraft wurde; die Aussicht auf weitere siebenundneunzig Jahre des Unglücks war zu viel für sie. Dann hatte sie an ihr früheres Zuhause gedacht und hatte ihre Schwingungen erhöht. Sie schluchzte auf. „Aber ich bin nicht dahin gelangt", klagte sie.

„Ich habe niemanden gesehen, bestimmt seit Jahren nicht. Es ist alles dunkel und ich friere immer – nicht nur manchmal, wie auf der Erde. Bin ich denn nicht genug gestraft?"

An diesem Punkt wandten sich die Elfen an mich. Dies war das erste Mal, dass sie einer an die Astralwelt gebundenen Elfe helfen sollten, und sie wussten noch nicht alles.

„Sagt ihr, dass Schuldgefühle und Unglück immer eine Barriere zwischen uns und unseren Wünschen bilden", sagte ich. „Sie ist offenbar nicht ganz auf der Astralebene, sondern irgendwo dazwischen, in einem Niemandsland.

Ihr müsst sie dazu bringen, dass sie selbst auf die Erde zurückkehren will; so wie sie aussieht, denke ich nicht, dass ihr damit große Schwierigkeiten haben werdet", ermutigte ich sie. Sie wandten sich wieder der unglücklichen Elfe zu, und ich konnte beobachten, wie ihr Gesichtsausdruck sich veränderte. Zuerst war sie voller Angst; dies ist auch bei den Erdgebundenen gewöhnlich die erste Reaktion: Angst vor weiteren Strafen, Vorwürfen, Anklagen, oder Beharren auf unangenehmer Buße. Wenn sie dann entdecken, dass wir ihnen nur helfen und nicht an ihnen herumnörgeln wollen, folgt die Erleichterung. Danach kommt die Hoffnung, dass es für sie in diesem endlos erscheinenden Leben am Ende vielleicht doch etwas Besseres geben könnte, und schließlich die Bereitschaft, neu anzufangen und den anderen zu beweisen, wozu sie wirklich in der Lage sind. Bei dieser kleinen Person war es das Gleiche; sie hatte ebenfalls einen großen Fehler gemacht. Schon bald wandten wir uns um und kehrten, eine Elfe an jeder Seite, zur Erde zurück. Dort angekommen, verließ ich meine kleinen Mitreisenden, weil ich wusste, dass nun Normus konsultiert werden musste, um über die Unterkunft für die Nacht und die Rückkehr der Elfe zu ihrem richtigen Zuhause am nächsten Morgen zu entscheiden.

Es war eigenartig und zugleich befriedigend, dass ich, eines der bescheidensten Mitglieder unserer Gruppe, zusammen mit zwei der bescheideneren Elfen ihrer Gruppe auserwählt schien, unserer Arbeitsgemeinschaft die Möglichkeit eines zusätzlichen Hilfsangebotes an Notleidende vorzutragen. Diese Rettungstätigkeit ist inzwischen zu einer unserer regulären Aufgaben geworden, und unser soeben geschildertes Erlebnis war das erste – wenn auch bei weitem nicht das letzte – auf diesem Gebiet.

Von einem Treffen zum nächsten bin ich gespannt und voller Vorfreude, zu erfahren, was wir beim nächsten Mal tun und wohin wir gehen werden.

Gemeinsam haben wir Dinge gesehen, von denen ich gar nicht gewusst hatte, dass sie existieren, und Nixus und Lyssis haben mich fast alles gelehrt, was ich heute über Meditation weiß. Jetzt versuche ich nicht nur zu lernen, weil ich alles in meinem Umkreis verstehen will, sondern weil sie beim gemeinsamen Besprechen neu entdeckter Tatsachen das jeweilige Thema immer irgendwie aus einer anderen Perspektive betrachten. Sie enthüllen mir jeden neuen Aspekt dessen, was sie selbst gerade lernen, sei es auf dem Gebiet des Heilens, über ihre Arbeit mit menschlichen Erdgebundenen oder deren Entsprechung in der Elfenwelt. Sie ermutigen mich bei meinen bislang vergeblichen Bemühungen, in engeren Kontakt mit meinem Ceris (einem Angehörigen eines anderen Evolutionszweiges – D.C.) zu gelangen, und wenn ich nicht hören kann, was er zu mir sagt, so vermitteln sie als Übersetzer. Sie unterrichten mich über die vielen Wesenheiten, von denen ich mit meiner weiteren Existenz in meiner derzeitigen Form abhängig bin. Über sie weiß ich sogar noch weniger als über meinen Ceris.

Angesichts all der vielen Dinge, die mich umgaben, hatte ich vor einiger Zeit das Gefühl, wenn ich einmal auf sie alle eingestimmt wäre, würde das Ganze in heilloser Verwirrung enden. Heute verstehe ich jedoch, dass dies nicht wahr ist. Wenn man sich auf einen anderen Zweig der Evolution einstimmt, wird ein ganz neuer Sektor im eigenen Geist belebt, der es einem ermöglicht, mehr und immer mehr Wissen aufzunehmen.

Wenn man erkennt, dass jeder Zweig der Evolution sein eigenes Schwingungsspektrum hat und dass alles, was mit ihm und um ihn wächst, ebenfalls rascher oder langsamer schwingt als alle anderen Evolutionszweige, dass ferner jeder Zweig seine eigenen Pflanzen und Tiere birgt, andere Arten von Häusern, Instrumenten, Musik und allen übrigen Künsten, dann wird einem klar, dass es auf viele, viele tausend Jahre hin keinen einzigen langweiligen Augenblick geben wird. Jeder neu gelernte und erfahrene Aspekt öffnet den Weg und die Pforte zu weiteren.

Ich habe zu vielen Leuten über die anderen Evolutionszweige gesprochen, und sie scheinen darüber sogar noch weniger zu wissen als die Elfen. Dies beweist erneut, dass jemand, nur weil er verstorben ist, nicht unbedingt viel weiß – falls er überhaupt mehr weiß als du.

In einer Hinsicht sind wir euch jedoch voraus: Sobald wir anfangen, über ein neues Thema nachzudenken und einige Erkundigungen darüber einzuziehen, dauert es nicht lange, bis wir „zufällig" jemandem begegnen, der Antworten auf die Fragen weiß, die uns noch ein Rätsel waren. Nur wenig später geschieht es ebenso „zufällig", dass wir jemandem über den Weg laufen, der gerade Vorlesungen über das Thema hält, das uns brennend interessiert. So werden wir Schritt für Schritt von einem Lehrer zum nächsten geführt, bis wir bereit sind, den praktischen Aspekt in Angriff zu nehmen, um unser neu erworbenes Wissen unter Beweis zu stellen.

Ich könnten fortfahren und noch endlos weiter schreiben, aber das darf ich nicht, deshalb musst du einfach hoffen, dass uns eine weitere Gelegenheit gegeben sein wird, euch eines Tages noch mehr zu erzählen – vorausgesetzt, du hast Interesse an unseren Abenteuern im Elfenland.

Kapitel VI

Die Aufgabe

Normus
Beobachter: Pater John

Normus (von D.C.)

Kinderstreiche

Nachdem ich ihn kennen gelernt hatte, machte ich es mir zur Gewohnheit, jeden Abend in den Garten hinaus zu gehen, um Normus gute Nacht zu sagen. Anfangs war er fast immer frech, und ich musste ihn mit Bestimmtheit in seine Schranken weisen. Doch nach einiger Zeit änderte er sich und unsere Gespräche wurden ernsthafter; so erfuhren wir beide interessante Dinge über den Evolutionszweig des anderen. Etwa ein Jahr später machte ich eine Bemerkung über diesen Wandel und sagte: „Anfangs schien dir, wenn wir aus trafen, nichts wichtiger gewesen zu sein, als uns allen zu zeigen, was für ein schlauer Bursche du warst; du hattest gar keine Zeit für die Art von Gesprächen, wie wir sie heute führen."

„Mhm", bestätigte er. „Weißt du, ich hoffte eben, dich auszustechen."

„Und ... ist es dir gelungen?", fragte ich ihn.

„Nein", antwortete er heiter, „aber ich probiere es weiter."

Schon sehr bald, nachdem wir uns kennen gelernt hatten, begann mich Ronald, einer meiner verstorbenen Freunde, zu besuchen. Ich pflege alle meine guten Bekannten zum Abschied zu küssen; auf der Astralebene ist dieses Verhalten ganz normal und wird nicht von erzürnten Ehemännern als Anlass für einen lebhaften Streit hergenommen. Eines Tages wurde mir plötzlich bewusst, dass Normus, der mit uns gesprochen hatte, fast hysterisch geworden war. Bis er es bei mir erlebte, war Küssen für ihn eine lächerliche Angelegenheit – wie es etwa uns vorkommt, dass es in manchen Ländern Brauch ist, dass Freunde zur Begrüßung die Nasen aneinander reiben. Ich möchte jedoch hinzufügen, dass die Elfen seitdem zu der Erkenntnis gelangt sind, dass Küssen recht lustig ist; die Mädchen umarmen meine astralen Freunde gern, und ich gebe Normus immer einen Gutenachtkuss.

Doch nun zurück zu jener ersten Gelegenheit: Ich sah, wie Normus vorwärts und rückwärts schwankte und sich sehr auffällig bemühte, seine Heiterkeit zu verbergen, indem er sich die Hände vors Gesicht hielt.

„Was ist los, Normus?", fragte ich.

„Oh, du siehst so komisch aus", platzte er heraus.

„Wenn du dich nicht benimmst, bekommst du eines auf den Hintern!", drohte ich. Er schüttelte sich weiterhin vor Lachen, aber diesmal schützte er seinen kleines Hinterteil mit den Fingern. „Normus", sagte ich ernst, „wenn du nicht aufhörst, werde ich dich fürchterlich verdreschen!"

Ich weiß nicht, wie diese grobe Drohung in Elfensprache klingt, aber er hörte augenblicklich auf. „O Daphne, das würdest du doch nicht wirklich tun, oder?", fragte er verunsichert.

„Das werde ich ganz bestimmt, falls ich dich beim Lachen ertappe, wenn ich wieder einen meiner Freunde küsse", bestätigte ich. Ich weiß nicht, ob er meine Drohung ernst nahm oder ob er sich an den Anblick gewöhnte, der ihn deshalb nicht mehr allzu sehr erheiterte; jedenfalls sah ich ihn nie wieder unter ähnlichen Umständen über mich lachen.

Bei einer anderen Gelegenheit wollte ich, dass er George für mich unterhielt. „Normus, bist du da?", fragte ich, obwohl ich wusste, dass er sich nie fern halten könnte, wenn ich Besuch hatte. Das Verlangen, sich mit seinen lustigen Einfällen zu produzieren, war für Normus so unwiderstehlich wie bei jedem frühreifen Schulkind.

Er gab keine Antwort. Ich sah mich ein zweites Mal um und war überzeugt, dass er da war. „Normus", sagte ich, „du *bist* da. Führe mich nicht an der Nase herum."

„Ja, ich bin da", platzte er heraus.

„Nun, Normus", sagte ich, „du solltest es wirklich besser wissen. Wenn du nicht antwortest, wenn ich dich rufe, ist das, als versuchtest du, eine arme, blinde Frau auszutricksen, und so etwas ist gar nicht freundlich."

„Pah!", rief er ungerührt, „du kannst ganz gut sehen, wenn du es versuchst!"

Nägel und Nasen

Mich bei meiner Arbeit zu unterstützen, hat den Elfen wiederum bei ihrer weiteren Entwicklung geholfen, aber manchmal wird *ihr* Vorwärtskommen für *mich* zum Verlust. Einige Zeit war Normus nie ganz sicher, ob ich ihn aufzog oder nicht, und er schwankte hin und her und wusste nicht, was er denken sollte.

Eines Tages beschloss ich, ihm einige Fragen über den Körper der Elfenwesen zu stellen. „Habt ihr Fingernägel?", fragte ich. „Klar, haben wir", sagte er fast streitlustig. „Was macht ihr mit ihnen?", wollte ich weiter wissen. Er hielt einen Moment inne. Offenbar brauchte er keinen seiner Körper für seine Arbeit, und seine Nägel dienten nur der Dekoration. Er konnte keine Antwort finden, und so sagte er: „Wofür brauchst du denn deine?"

„Um in der Nase zu bohren", antwortete ich feierlich. Er schaute mich fragend an, dann strahlte er triumphierend: „Du nimmst mich auf den Arm!"

„Im Gegenteil", widersprach ich, „ich meine es ganz ernst."

„Nein, das tust du nicht", sagte er, „du kannst mich nicht mehr auf den Arm nehmen, du hast eine andere Farbe – du bist jetzt hell malvenfarben." Ich wusste schon seit einiger Zeit, dass höher entwickelte Wesenheiten wie Pater John die Stimmung an der Farbe der Aura ablesen können, aber für Normus war dieses Kunststück etwas recht Neues.

„Was hast du denn oben in der Nase?", fragte er mich ernst.

„Nun, ich denke, wir atmen Staubteilchen ein, die dort mit einer gallertartigen Substanz umhüllt werden, vermutlich, damit sie nicht in die Lungen, unsere Atmungsorgane, eingeatmet werden können."

„Und was passiert mit den kleinen Dingern, wenn du sie nicht hervorpflückst?", wollte er wissen.

„Wir schnäuzen sie in ein Taschentuch", antwortete ich, und ich erzählte ihm weiter, wie wir, wenn wir einen Schnupfen bekommen, schnäuzen und blasen müssen, wie unsere Augen tränen und unsere Nasen rot werden.

„Ich glaube nicht, dass ich dich mit einem Schnupfen sehen möchte", stellte er fest.

„Nun, das brauchst du wahrscheinlich auch nicht", antwortete ich, „weil ich mich weigere, einen zu bekommen; außerdem siehst du sowieso meinen Astralkörper, und der würde keine rote Nase bekommen, dessen bin ich sicher."

Füße

Normus hatte mehr über menschliche Nasen erfahren als ich über seine Fingernägel, und ich hatte gute Lust, meine Befragung fortzusetzen, und so nahm ich eine andere Gelegenheit wahr und bemerkte: „Manche Elfenwesen, die ich kenne, tragen lange, spitz zulaufende Schuhe. Stecken denn überhaupt Füße in den Schuhen, oder sind diese meistens einfach leer?"

„Klar sind da Füße drin", sagte er.

„Nun, sind das Füße wie meine, oder füllen sie die ganze Länge der Schuhe bis zu den Spitzen aus?"

„Es sind Füße wie deine", sagte er.

„Warum biegt ihr die Spitzen eurer Schuhe nicht nach oben und hängt ein kleines Glöckchen daran? Ihr könntet es in der Form einer Glockenblume gestalten, und es würde bestimmt hübsch aussehen und klingen."

Normus war bezaubert von der Idee und sagte: „Warte einen Augenblick, das mache ich gleich."

„Klingen sie auch?", fragte ich, als er seine Handarbeit – oder sollte ich sagen: Gedankenarbeit – stolz präsentierte, und schon vernahm ich ein zartes Klingeln.

„Schau her, schau her", rief er, als er von meiner Schulter flog und einen kleinen Tanz aufführte, mehr zu seinem eigenen Vergnügen als zu meinem. „Ich werde die ganze Nacht nicht schlafen, ich werde nur tanzen", kündigte er an.

„Das würde ich nicht tun", sagte ich. „Du hast morgen Arbeit zu erledigen und solltest dich davor ausruhen. – Wäre das nicht eine Überraschung für die anderen Elfen? Wenn sie am Morgen nicht aufstehen, kannst du die Glöckchen genau vor ihren Ohren erklingen lassen."

Er sprudelte immer noch über vor Aufregung, als ich ihn verließ, und als ich am Morgen wie gewohnt das kleine Volk begrüßte, hörte ich ein zartes Klingeln.

„Wie gefallen euch die neuen Schuhe von Normus?", fragte ich.

„Oh, sie sind reizend", antworteten sie im Chor.

„Zeigt sie den Hauselfen", sagte ich.

Dann hörte ich eine kleine Stimme: „Macht es dir etwas aus, wenn wir sie kopieren?"

Normus antwortete: „Nun, das dürft ihr jetzt nicht. Ich möchte sie selbst behalten."

„Aber Normus!", sagte ich mit sanftem Tadel. „Wenn sie auch welche möchten, warum lässt du das nicht zu?"

„Ich werde ihnen Gelegenheiten geben, es sich zu verdienen", antwortete er.

„Hattest du sie dir verdienen müssen?", fragte ich liebevoll. Er schwieg.

„Hm, nein, ich glaube nicht. Dann sollen sie sie besser auch haben, wenn sie wollen."

„Ich habe eine gute Idee", fuhr ich schnell fort, um ihn nicht weiter in Verlegenheit zu bringen. „Morgen ist Samstag, und deine astralen Freunde werden zum Tee kommen. Wollt ihr sie nicht überraschen?"

„O ja, o ja", riefen sie eifrig.

„Wenn sie sich bequem niedergelassen haben und essen, könnt ihr alle auf einmal auf sie herabstürzen und wie verrückt mit den Glöckchen klingeln." Sie waren hellauf begeistert, und ich habe keinen Zweifel, dass die Planung, die Ausführung und der Erfolg dieser einfachen Idee sie mehrere Tage lang beschäftigte und erfreute.

Weitere Späße

Nachdem ich den Elfenwesen mit der Liebesschwingung, die es ihnen ermöglichte, die Astralebene als Gruppe zu besuchen, so viel
Freude bereitet hatte, entschied ich, dass Normus, als ihr Anführer
ebenfalls dieses Privileg genießen sollte.

Als sein Körper beim Eintreten in eine höhere Schwingung er-
mattete, trug ich ihn in die Ecke des Gartens, wo das Gemeinschaftshaus steht, zurück und legte ihn zu Bett – nicht in seinem eigenen
Zimmer, weil ich nicht weiß, wo es ist, sondern in ein menschliches
Bett im Kleinformat, das ich mit Gedanken erschuf. Zuerst gab es
nur dieses Bett, doch bei der nächsten Gelegenheit legte ich Normus
in einen rot-weiß-gestreiften Pyjama. Das war ein großer Spaß, der
alle Elfenwesen sehr erheiterte. Stück für Stück ergänzte ich in der
Folge weitere Utensilien, zu deren Gebrauch ich jeweils am folgenden Morgen Erklärungen geben musste. Ich gab ihm einen Nacht-
tisch mit Büchern, als Nächstes wurde eine elektrische Lampe hin-
zugefügt, dann eine winzige Whisky-Karaffe und ein Sodasiphon.
Natürlich war es unausweichlich, dass mein Sinn für Humor mit
mir durchging, und am Morgen nach meiner letzten Ergänzung des
Schlafgemachs wurde mir die nahe liegende Frage gestellt: „Aber
Daphne, was war denn das Ding *unter* dem Bett?"

Woher kommen die Elfen?

Eines Tages fragte ich Normus, wie Elfen geboren werden, und er
erzählte mir, dass sie niemals Babys sind, wie wir sie in unserer
menschlichen Evolution kennen. Dies scheint anzudeuten, dass die
altüberlieferten Geschichten vom Wechselbalg (dem meist hässlichen,
missgestalteten Kind, das nach früherem Volksglauben der Wöch-
nerin von bösen Geistern oder Zwergen untergeschoben wurde –

Anm.d.Ü.) auf einem Irrtum beruhten, und es beruhigt mich, daraus zu schließen, dass jene unangenehmen Kleinkinder lediglich die „Problemkinder" ihrer Zeit waren. Normus erklärte mir, dass sich am Anfang ein kleines Materieteilchen zu verdicken beginnt und im Laufe der Jahre allmählich greifbarer wird, bis es so weit entwickelt ist, dass eine Elfenseele eintreten kann. Dies führt jedoch nicht zu einem plötzlichen Gewahrsein ihrer Existenz, da die Seele noch schlummert und ihr Bewusstsein nur ganz allmählich zunimmt, bis schließlich das Stadium eines Rudimis erreicht ist, einer jener winzigen Wesenheiten, deren einziges Mittel zum Selbstausdruck ihre konstante Bewegung ist.

In der Zwischenzeit habe ich in Erfahrung gebracht, dass diese Beschreibung nicht ganz akkurat ist, doch ich bin überzeugt, dass sie der Wahrheit weit näher ist als viele Märchen, die heute zum Glück als fast gänzlich veraltet gelten.

Ich bin fest davon überzeugt, dass es unklug ist, Behauptungen über Angelegenheiten aufzustellen, die nicht bewiesen werden können. Doch ich möchte dir meine festen Überzeugungen nach meinem derzeitigen Erkenntnisstand und Verständnis vermitteln, auch wenn sie in der Zukunft möglicherweise aufgrund besseren Wissens zu korrigieren oder gar zu verwerfen sind.

Ich glaube, dass Elfen und Menschen und alle anderen Zweige der Evolution einem identischen Ursprung entstammen und lediglich aus unterschiedlichen Atomen bestehen.

Ich glaube nicht, dass es ohne jede Unterscheidung oder Gerechtigkeit geschieht, wenn wir auf der Erde als Babys in das Haus einer Königs- oder einer Bettlerfamilie geboren werden. Ich glaube, dass wir im Verlauf von unzähligen Millionen von Jahren über andere Planeten und durch andere Sonnensysteme gegangen sind – nicht nur als Menschen, sondern als feinstoffliche, nicht fassbare Materie, als Mineralien, als Steine, Metalle, Edelsteine, Pflanzen und Tiere. Ich glaube, dass wir viele Lebzeiten auf Erden kennen gelernt haben, an die die meisten Menschen sich nicht zu erinnern vermögen, weil sie heute einen anderen Körper und damit ein anderes Gehirn haben. Ich glaube, dass ein jeder in diesem Leben für die Sünden leidet, die er in seinen vorausgegangenen Leben begangen hat, und dass wir entsprechend unserem heutigen Verhalten sowohl drüben, auf der anderen Seite, belohnt werden, als auch durch die verbesserten oder ungünstigeren Bedingungen und Umstände, in denen wir uns bei unserem nächsten Erscheinen auf der Erde befinden werden. Am Ende werden wir alle Lektionen gemeistert haben, die hier zu lernen sind, und dann von der Notwendigkeit befreit, erneut zurückzukehren. Ich glaube nicht, dass es gute und schlechte Menschen gibt, sondern dass die anscheinend Guten ältere Seelen sind und deshalb weiter fortgeschritten als die Schlechten – und ich glaube, dass fast alle guten Menschen vor vielen Lebzeiten auf genau die gleiche Weise gehandelt haben wie die Kriminellen, Trunkenbolde und Tyrannen von heute.

Normus

(von ihm selbst)

Wie du weißt, melden sich Elfenwesen freiwillig, um auf die Erde herabzukommen und hier Erfahrungen zu sammeln. Da herrscht ein scharfer Wettbewerb, weil eine Spanne von hundert Jahren auf Erden mehr lehrt als vielleicht tausend Jahre auf der Astralebene.

Als ich meinen Führer zu diesem Thema ansprach, fragte er mich, ob es eine bestimmte Aufgabe gebe, die ich gerne übernehmen wollte. Ich hatte daran keinerlei Zweifel, und so antwortete ich, dass ich gerne weiterhin mit den Bäumen arbeiten wollte.

„Hast du jemals daran gedacht, mit den Menschen zu arbeiten?",
fragte er mich.

„Nicht viel", antwortete ich. „Ich bin immer ein Naturelf gewesen, und so weit meine Fähigkeiten reichen, kenne ich meine Aufgabe."

„Es ist gut, abwechselnde Erfahrungen zu haben", sagte er. „Überlege dir die Sache und lass mich wissen, ob du deine Meinung geändert hast."

Ich dachte mehrere Tage nach, und obwohl ich das Gefühl hatte,
er wünschte, dass ich diese neue Erfahrung erwerben würde, brachte ich es nicht übers Herz, meine Bäume zu verlassen, mit denen zu
arbeiten ich besonders liebte.

Dreißig Jahre vergingen, dann erhielt ich einen Ruf von meinem
Führer. Ich war fast sicher, warum er mich sehen wollte, und obwohl ich mehr als alles andere wünschte, auf die Erde zu gehen,
muss ich gestehen, dass ich mich davor ein wenig fürchtete. Man
lehrt uns immer, dass wir nichts fürchten müssten, weil das Gute
immer über das Böse siege, und wenn wir unsere Gedanken nur auf
das Gute konzentrierten, könnten wir nicht scheitern. Deshalb ließ
ich meine Befürchtungen fallen. Ich dachte daran, welches Glück
ich hatte, dass mir diese wunderbare Gelegenheit zur Weiterentwicklung geboten wurde, und fand schließlich Ruhe im Innern.

Der große Tag war da. Ich hatte bereits traurigen Abschied von
meinen Freunden genommen, die ich zurückließ. „Was sind schon
hundert Jahre?", hatten sie tröstend gesagt. „Das ist doch nur ein
Augenblick in der Ewigkeit des Lebens."

„Warum versucht ihr es dann nicht?", fragte ich.

„Wenn du zurückkommst und uns alles darüber erzählst, werden wir es vielleicht probieren", hatten sie lachend geantwortet.

Ich senkte meine Schwingungen in dem Wissen, dass es mir für hundert Jahre nicht erlaubt sein würde, sie – außer während der Meditation – wieder zu heben.

Ich schloss mich einer Gruppe von Elfen an, die auf einigen Feldern arbeiteten, und begann gleich nach der Ankunft unverzüglich mit meiner Tätigkeit. Mehrere Monate lang fühlte ich mich sehr elend und gänzlich unfähig, mich den neuen Bedingungen anzupassen.

Zuerst war der Regen für mich eine Plage, und ich wurde so schlapp wie die Blätter, denen zu helfen ich mich bemühte. Ich übernahm die Stelle eines Elfen, der seine Erdenzeit vollendet und natürlich große Fertigkeit im Bewältigen seiner Schwierigkeiten erlangt hatte, und fürchte, dass meine armen Schützlinge von diesem Wechsel nicht gerade begeistert waren. Natürlich ist es meine Aufgabe, den Bäumen zu helfen, aber seinerzeit waren sie es, die mich unterstützten.

Doch auch diese schwere Zeit ging vorüber, wie es immer geschieht, und ich gewöhnte mich nicht nur an den Wind und den Regen, sondern ich lernte sogar, sie zu lieben. Ich entdeckte, dass die Bäume vom Regen genährt und erfrischt werden und der Wind sie kräftigt und es ihnen ermöglicht, Bewegungen zu vollführen, die ohne seine Hilfe unmöglich wären.

Ich arbeitete mit jeder Elfengruppe zwanzig Jahre lang, dann wurde ich auf ein großes Anwesen auf dem Lande versetzt, wo es zwei Gärtner gab. Zuerst hielt ich mich von ihnen möglichst fern, doch allmählich gewöhnte ich mich an sie und vergaß sogar, dass sie da waren.

Eines Tages näherte ich mich einem der Männer, und etwas nervös schlüpfte ich in seine Aura, die nicht sehr groß war, sodass ich seinem Körper sehr nahe kommen musste. Doch dies war nicht so unerfreulich, wie ich erwartet hatte. Zuerst war ich recht ängstlich, aber die anderen Elfen waren alle schon in die Aura des Gärtners geschlüpft und hatten es überlebt, deshalb war ich entschlossen, nicht aufzugeben. Nach einer Weile begann ich das Kribbeln fast zu genießen, und ganz gewiss war es mit nichts zu vergleichen, das ich je zuvor erlebt hatte. Nach jener ersten Erfahrung schlüpfte ich etwa einmal in der Woche in die Aura des Gärtners, um mich daran zu gewöhnen, denn ich wusste, dass ich eines Tages wieder versetzt würde, um dann Bäume zu hegen, wo viele Menschen lebten. Ich war fest entschlossen, mich darauf so umfassend wie möglich vorzubereiten.

Die Jahre vergingen auf angenehme Weise, weil ich mich an die Bedingungen auf der Erde völlig akklimatisiert hatte, und wieder einmal war ich der glückliche kleine Bursche, der ich immer gewesen bin.

Manche Zeit verbrachte ich bei Spaßen und Scherzen mit den anderen Elfen, und weil ich nicht denke, dass ihr die gleichen Tricks und Streiche machen könnt, möchte ich dir von einigen der Dinge erzählen, die uns herzlich lachen ließen.

Wenn ich zwei Elfen sehe, die sich offensichtlich sehr füreinander interessieren und versuchen, sich darüber klar zu werden, ob sie ihre Auren miteinander vermischen wollen, dann gebe ich einer von ihnen einen kleinen Schubs – und beiden damit eine kleine Entscheidungshilfe. Ihre Überraschung, wenn sie entdecken, dass sie das bereits tun, worüber zu entscheiden sie so viel Energie aufgewendet haben, bewirkt, dass sie eine eigentümliche malvenfarbene Tönung annehmen – und ich weiß, dass mein Trick ein Erfolg gewesen ist. Manchmal, wenn ich denke, dass sie nicht zueinander passen werden, hebe ich meine Schwingungen ein wenig und schwebe zwischen die beiden. Natürlich können sie mich nicht sehen, aber wenn einer einen Schritt macht, um in die Aura des anderen einzutreten, so kann er es nicht. In der Regel wissen sie, wer sie da zum Narren hält, und dann folgt eine muntere Jagd, wobei ich meine Schwingungen hebe und senke, um unsichtbar zu bleiben. Sie geben sich große Mühe, mich zu fangen, und wenn es ihnen gelingt, sind wir alle so erschöpft vom Jagen, Fliehen und Lachen, dass die beiden Elfen nicht mehr in der Stimmung sind, sanft miteinander Liebe zu machen.

Es gibt noch einen anderen Streich, der mich so zum Lachen bringt, dass ich meine, ich müsste platzen. Ich verstecke mich hinter einer Pflanze und warte, bis ein Elf vorbeikommt, tief in Gedanken versunken. Ich muss hinzufügen, dass ich mich dabei in meinem physischen Körper befinde, der Elf, dem ich auflauere, muss jedoch ohne seinen materiellen Körper sein. Ich springe also hoch in die Luft und lande genau auf ihm, sodass mein schwerer physischer Körper ihn so platt drückt wie ein Blatt; dabei bewirkt der Schreck, dass mein Opfer zahlreiche bunte Funken verschießt. Er bittet mich um Gnade, und je mehr er bettelt, desto mehr Funken fliegen, und desto mehr kitzelt mich seine Gegenwehr. Ich lache so sehr, dass ich mich nicht mehr rühren kann, selbst wenn ich wollte. Dann zieht sich der in die Falle geratene Elf mit einer gewaltigen Anstrengung zu einem bloßen Strich zusammen und kriecht stückweise durch die Ritzen zwischen meinem Körper und dem Boden hervor. Dann werde natürlich ich, schwach und hilflos vor Lachen, zum Opfer, und es folgt ein großes Handgemenge. Wenn ich dies einem Elfenmädchen antue, ist meine Strafe stets schlimmer, weil die Elfen mich so lange kitzeln, bis ich in großer Not alles verspreche, damit sie nur aufhören. Manchmal schwatzen sie mir eine zusätzliche Stunde Freizeit ab, und dann muss ich ihre Arbeit für sie erledigen. Merella zwingt mich gewöhnlich, ihr mehr Kraft zu geben, als sie eigentlich bekommen sollte, aber ich bin hilflos.

(Einige Zeit, nachdem ich dies geschrieben habe, musste ich schwören, einen herrlichen neuen Streich nicht zu verraten. Normus hatte ihn seinerzeit erst an Movus ausprobiert, und er wollte noch alle anderen Elfen damit verwirren. Der Eingebung des Augenblicks folgend, musste ich an jenem Morgen zu ihm kommen, als er sehr schnell geflogen war, um Movus einzuholen, mit dem er sprechen wollte. Er war gerade im Begriff, seinen nichts ahnenden Freund zu überholen, als er plötzlich auswich und geradewegs durch ihn hindurch flog und ihn in alle Richtungen verstreute. „Er sah so komisch aus, ganz in Stücke", berichtete er und brüllte vor Lachen, als er wieder daran dachte. „Er war so überrascht." Das konnte ich durchaus verstehen, und ich denke, dass ich ganz froh bin, dass keiner derlei lustige kleine Streiche mit mir spielen konnte. – D.C.)

Wieder kam die Zeit, da ich umziehen musste, und wieder einmal war ich traurig. Doch zwei Freunde, Movus und Mirilla, kamen mit mir, was die Trennung vom Rest der Gruppe etwas erleichterte. Wir schworen uns ewige Freundschaft und versprachen einander, uns auf der Astralebene zu treffen, falls sich unsere Pfade nicht noch einmal auf der Erde kreuzen würden.

Wir kamen wieder in einen ansehnlichen Garten, aber diesmal waren wir in der Nähe einer großen Stadt. Wenn wir gerade nicht arbeiteten, konnten wir verschiedene laute Geräusche hören, die uns dreien zunächst Angst einjagten, doch die anderen Elfenwesen versicherten uns – und wir selbst erfuhren bald –, dass diese Geräusche uns nicht zu schaden vermochten. Später gewöhnten wir uns sogar an sie, und schließlich nahmen wir sie gar nicht mehr wahr.

Das Leben war weitgehend das gleiche, außer dass es hier nun mehrere Kinder gab. Ich war entzückt, als sie das erste Mal in den Garten kamen, dann aber enttäuscht, weil sie mich nicht sehen konnten. Sie schienen sehr undiszipliniert, und ich erkannte bald, dass sie junge und turbulente Geister waren. Häufig rissen sie unsere schönsten Blumen aus und ließen sie welkend liegen, wo sie sie hingeworfen hatten. Sie pflückten Früchte, bevor sie reif waren, jedoch nicht um sie zu essen, sondern um mit ihnen nach einander zu werfen. Doch dies war ein gutes Training für mich, und ich begann, Geduld zu lernen. Als ich zum ersten Mal die armen Blumen sah, wie sie auf der Erde lagen, weinte ich, aber mein Führer gebot mir, mich zusammenzureißen. „Weinen ist das Schlimmste, was du tun kannst", sagte er. „Die Blume ist traurig genug, auch ohne dass du ihr unglückliche Schwingungen gibst. Es ist deine Aufgabe, ihre Bürde zu erleichtern, nicht sie noch zu vergrößern. Sage ihr, dass sie auf der Astralebene ein Glück kennen lernen wird, das größer ist als alles, was sie auf der Erde erlebt hat, und wenn sie tapfer ist und lächelt, wird sie dort einen weitaus schöneren Körper bekommen als den, den sie hier unten gehabt hat."

Auch die Bäume wurden aufgebracht, wenn die Früchte ihrer Anstrengungen eines ganzen Jahres grob von ihnen abgerissen und dann heillos herumgetreten und zerschmettert wurden. Ich sprach ihnen zu und erinnerte sie, dass sie immer noch andere Früchte hatten, die außerhalb der Reichweite der Kinder wuchsen, und riet ihnen, alle ihre Kräfte einzusetzen, um jene Früchte, die ihnen blieben, größer und stärker werden zu lassen, als sie sonst geworden wären. Zuerst hörten sie nicht auf mich, aber nach einer Weile konnte ich sehen, dass sie meine Worte verstanden hatten und versuchten, danach zu handeln.

Die Schwingungen dieser Kinder waren alles andere als angenehm. Eines Tages schlüpfte ich in die Aura des einen, die sogar noch kleiner war als die des Gärtners, aber ich war außerstande, dort länger als ein oder zwei Sekunden zu verweilen; anstelle des angenehm kribbelnden Gefühls empfand ich eine Reihe schmerzhafter

Stiche. Ich experimentierte recht häufig in der Hoffnung, mich an diese neue Situation zu gewöhnen, wie ich mich auch schon an andere Bedingungen und Empfindungen gewöhnt hatte. Ich hoffte, dass das unangenehme Gefühl nachlassen und sich in etwas Angenehmes verwandeln werde, aber dies geschah nie. Als die Kinder größer wurden, wuchsen auch die Stiche und wurden so schmerzhaft, dass ich ganz und gar aufhören musste, in die Kinder-Auren zu schlüpfen.

Es war in der Zeit, als ich in diesem Garten arbeitete, dass ich meine erste Erden-Paris kennen lernte. Ich war gerade hoch oben in einem Baum tätig, der über die Straße hing, als ich im Gras unter mir ein Elfenmädchen sah, das eine Schar jener winzigen Wesenheiten lenkte, die die grünen Halme durch ihre ständige Bewegung anregten. „Psst", sagte ich, und sie blickte empor. Ihr Gesicht war nicht so hübsch, wie ich es aufgrund der Anmut ihrer Figur erwartet hatte, aber sie lächelte kokett. „Was hältst du von einem Flug hier herauf?", fragte ich. Sie runzelte die Stirn, als sie über meinen Vorschlag nachdachte. „Es wäre etwas Neues", gab sie zu. „Aber wie soll ich wissen, ob ich dir vertrauen kann?"

„Was heißt vertrauen?", fragte ich zurück.

„Dass du mich nicht fallen lässt", sagte sie.

„In dieser Hinsicht kannst du mir vertrauen, aber ich mache keine weiteren Zusagen, wenn ich dich erst einmal hier oben habe." Sie blitzte mir einen Komm-her-Blick zu (Ich probierte mehrere andere Adjektive aus, da ich zweifelte, dass Normus diesen Ausdruck gebrauchte, aber er bestand darauf, dass dies eine gute Übersetzung sei. – D.C.), und pfeilschnell schoss ich nach unten, nahm sie in meine Arme und stieg bis zum höchsten Zweig auf. Ich hatte das Gefühl, in Flammen zu stehen und begann ihr schon Kraft zu geben, bevor wir aufleuchteten. Zuerst lag sie in meinen Armen und nahm meine Kraft gierig auf. Dann begann sie sie in raschen kleinen Pfeilen zurückzugeben, welche an Intensität zunahmen, bis der Schmerz fast unerträglich wurde; doch zugleich war es überaus befriedigend. Ich hatte noch nie zuvor auf diese Weise Kraft erhalten und konnte deshalb nicht von ihr ablassen. Ich wusste, dass sie nicht sehr weit entwickelt war und mich, abgesehen von meiner Kraft – denn schon damals war ich recht produktiv – nicht liebte. Sie war ein eitles kleines Ding, aber als sie mit Licht gefüllt war, sah sie fast schön aus, und so lebte ich eine Zeit lang in der Illusion, sie zu lieben.

Sie war sehr ichbezogen, und nach einer Weile wollte sie nur noch meine Kraft und gab mir kaum etwas von der ihren zurück. Natürlich brachte mich das auf, nicht nur weil ich es genoss, Kraft von ihr zu erhalten, sondern weil man, wenn man liebt, auch selbst geben muss, und weil ich aufgrund ihrer Enthaltung wusste, dass ich ihr nichts bedeutete.

Nach einiger Zeit trug ich diese Schwierigkeiten meinem Führer vor. „Ich kann nicht ohne sie auskommen", sagte ich. „Aber ich weiß, dass sie meine Stärke anzapft und meine Bäume darunter leiden." Mein Herz war schwer, denn es ist traurig zu wissen, dass man nicht geliebt wird. Der Anführer wandte sich an eine höhere Quelle, und da es für mich etwa wieder an der Zeit war, weiterzuziehen, wurde ich in einen anderen Garten – vielmehr in eine Reihe von Gärten – versetzt, wo ich bis heute arbeite, in einem angenehmen Teil der Stadt und fern vom Verkehrslärm. Dort sind große Bäume zu versorgen, und ich wusste augenblicklich, dass ich dort glücklich sein würde. Zuerst litt ich natürlich körperlich und seelisch, aber allmählich ließ der Schmerz nach, und ich konnte meine kleine Paris im wahren Lichte sehen. Ich erkannte, wie töricht ich gewesen war, und gelobte, mich nie, nie wieder von irgendeinem Elfenmädchen irreführen zu lassen.

Nach einigen Jahren schickte mein Gruppenführer nach mir. „Ich habe nur noch fünf Jahre meiner Erdenzeit vor mir", teilte er mir mit. „Ich wurde gebeten, einen geeigneten Kandidaten zu benennen, der meinen Platz einnehmen sollte. Ich denke, dass du der tüchtigste Arbeiter in der Gruppe bist, und obwohl du dazu neigst, etwas zu schelmisch zu sein, bin ich der Meinung, dass die Verantwortung des Führeramtes hier als eine wirksame Bremse dienen wird. Nun, was hast du für ein Gefühl dazu?"

Ich war völlig überrascht. In Dramons Rang erhoben zu werden, war mir niemals in den Sinn gekommen. „Würde das bedeuten, dass ich keinen Spaß mehr haben könnte?", fragte ich ihn.

„Natürlich nicht", sagte er mit einem Zwinkern. „Ich denke nicht, dass irgendetwas im Universum dich lange davon abhalten könnte, Streiche zu spielen. Du entscheidest über die geeignete Zeit, das ist alles: Während der Arbeitszeit keine Narreteien, aber sei in der übrigen Zeit so fröhlich, wie es dir gefällt."

„Nun, wenn du sicher bist, dass ich dazu befähigt bin, wie könnte ich ablehnen? Es ist eine große Ehre, und ich bin wirklich sehr bewegt, dass du mich ausgewählt hast."

„Hättest du es nicht verdient, hätte ich es nicht getan", schloss er.

Offenbar wurde die Nominierung angenommen, denn ich wurde von den Bäumen abgezogen, um die nächsten fünf Jahre an Dramons Seite zu arbeiten.

Du kannst dir vorstellen, wie sehr ich mich freute, als ich feststellte, dass es mein alter Freund Movus war, der meinen Platz einnehmen sollte. Er, der mit den Sträuchern gearbeitet hatte, wechselte nun zu den Bäumen, und Movus übernahm seine Schützlinge. Die Elfe, die mit den großen Blumen gearbeitet hatte, wurde ebenfalls versetzt, sodass Mirillas Aufgabe unverändert blieb. Ich staunte über ihre Erscheinung. Sie war schon immer eine süße und hübsche

312

Elfe gewesen, aber nun war sie dabei, eine ganz besondere Schönheit zu werden. Movus und ich umarmten einander freundschaftlich, und noch am gleichen Abend feierten wir ein großes Fest.

Ich wurde natürlich in ihr Häuschen eingeladen, und wir verbrachten viele glückliche Stunden miteinander. Als ich sie betrachtete, wie sehr sie in ihrer Liebe füreinander verbunden waren, galten meine Gedanken wieder einmal den Freuden der Vereinigung, und ich sehnte mich danach, selbst eine Paris zu haben. Es ist gut, nach seiner Zwillingsseele zu streben, denn dies ist ein Aspekt vom Sinn des Lebens, und solange man sie nicht gefunden hat, kann man nicht wirklich zur Ruhe kommen. Aber so zu suchen, wie ich es tat, war töricht. Man muss geduldig sein – und darauf vertrauen, dass sie kommen wird, wenn man für diese Erfahrung reif ist, und dann *weiß* man es.

Ich aber suchte ungeduldig und ohne Vorsicht. Ich spürte es: Wenn ich geeignet war, ein Anführer zu werden, dann sollte ich weiter sein als die anderen Elfen in unserer Gruppe. Sie aber hatten fast alle ihre Paris, warum hatte ich dann keine? Die Tatsache, dass ich bei der Arbeit tüchtiger war, bewies nicht, dass ich auch emotionell reifer war; allein der Umstand, dass ich suchte, wie ich suchte, bewies vielmehr, dass die anderen mir in dieser Hinsicht weit voraus waren.

Eines Tages, während ich arbeitete, fühlte ich eine wachsende Erregung in mir aufsteigen. Ich drehte mich um und sah ein Elfenmädchen vorüberfliegen. Sie war auf eine ungezügelte Art und Weise schön. Sie hatte langes, blondes, lockiges Haar, das hinter ihr in der Brise wehte; ihr Kleid war durchscheinend, und ich konnte ihre Glieder recht deutlich sehen. Elfen lieben es, ihre Beine und Arme zu zeigen – manchmal auch ihre Schultern oder die zarte Kurve, wo ihre Brüste sich abzuheben beginnen –, doch in der Regel behalten

313

sie den Blick auf die noch schöneren Teile ihres Körpers jenen vor, die sie lieben.

Ich beobachtete sie und war überzeugt, sie hatte sich auf den ersten Blick in mich verliebt, da sie wusste, dass ich ihr Duo war. Sie wollte mir diese Erkenntnis mitteilen, indem sie mir das zeigte, was mein war. Ich erinnere mich nicht, irgendetwas aktiv getan zu haben. Ich wurde einfach wie benebelt von Kraft, von wilder, zügelloser Kraft, die mehr gab und empfing, als mit Behagen oder Vergnügen irgendwie möglich war. Nach einer Weile waren wir beide erschöpft, nicht etwa erquickt und froh, wie wir hätten sein sollen. Ich fühlte mich sowohl mental als auch körperlich niedergeschlagen, als hätte ich etwas getan, das nicht erlaubt war, und so beschloss ich, die Elfe in Zukunft zu meiden, denn ich war an diesem Tage nicht mehr in der Lage, irgendeine Arbeit zu erledigen.

Achtundvierzig Stunden später kam sie wieder, und abermals – noch bevor ich Zeit hatte, meine Kraftfelder vor ihr zu verschließen – fand ich mich inmitten eines Sturmes unbeherrschter Emotion. Wieder war ich erschöpft, aber sie schien dieses Mal erquickt zu sein. Ich hoffte, dies als Signal für den Beginn einer weniger stürmischen Liebe verstehen zu dürfen, deren Kern Süße bergen würde, wie es sein sollte. Aber das war ein Irrtum. Der Elfe war es lediglich irgendwie gelungen, ihre eigenen Kanäle zu schließen, sobald sie mich in dem Strudel des Verlangens gefangen hatte; auf diese Weise vermochte sie alle meine Kraft aufzunehmen, ohne selbst irgendetwas abzugeben. Ich bat sie, von mir abzulassen, denn dieses Mal fühlte ich mich wirklich krank, aber sie lachte nur wild und ließ mich erschöpft im Gras liegen.

Als ich mich genügend erholt hatte, ging ich zu Dramon. „Aber Normus", meinte er, „das ist doch lächerlich. Sie könnte nicht all deine Kraft abzapfen, wenn du es nicht zulassen würdest."

„Ich fühle mich ins Zentrum des Geschehens gerissen, bevor ich auch nur den Rand gewahre", erklärte ich deprimiert.

„Du musst deine Alarmsysteme nutzen, um vor ihrer Annäherung gewarnt zu werden."

„Aber Dramon, die Alarmsysteme werden nur gebraucht, um Böses fern zu halten. Ich könnte sie nicht gegen sie verwenden, wenn ich sie liebe."

„Du liebst sie *nicht*", sagte Dramon bestimmt. „Obwohl es äußerst schlimm für dich ist, liebst du die Erfahrung, alle deine Kraft von dir abgezapft zu bekommen."

„Das tue ich nicht, wirklich nicht", versicherte ich ihm. „Ich fühle mich danach schrecklich elend und krank."

„Ich weiß, aber selbst das genießt du", erwiderte er. „Ich werde alles tun, was ich kann, um dir zu helfen, aber du *musst* dich anstrengen, sie selbst zu zügeln. Sie lebt für dieses gierige Kraft-Abziehen, und bisher ist es noch keinem Elfen gelungen, den sie sich zur Beute auserwählt hat, ihren Launen zu widerstehen. Sie wurden allmählich geschwächt, bis sie für sie keinen Wert mehr besaßen, dann wurden sie verlassen; sie aber wendet sich ihrem nächsten Opfer zu. Du, Normus, wirst ihr *nicht* erlauben, mit dir das Gleiche zu machen. Du bist der am weitesten entwickelte Elfenmann, der bisher in ihre Falle getappt ist, und du bist natürlich auch am attraktivsten für sie. Ohne Kampf würde sie dich nicht gehen lassen. Du hast eine schwere Aufgabe vor dir. Gehe hin, nimm den Kampf auf dich und siege."

An den beiden folgenden Tagen bekam ich nicht viel Ruhe, ich war zu beschäftigt mit Pläneschmieden. Zum Glück ließ mich Drogetta – denn so hieß sie – während dieser Zeit in Ruhe, und so konnte ich meine Gedanken ordnen. Die ganze Zeit hatte ich meine Alarmgänge offen gelassen, aber es geschah nichts, bis zum drit-

315

ten Tage. An diesem aber fühlte ich mich immer heißer und merkte daran, dass sie in der Nähe war. Ich arbeitete weiter, war aber vorbereitet, und als sie sich näherte, schaltete ich meine Kraft auf volle Kapazität. Das war etwas ganz anderes, als wenn die eigene Kraft von außen angeschaltet wird; dieses Mal war ich es, der die Situation unter Kontrolle hatte. Drogetta bemerkte es zuerst nicht. Sie hatte alle ihre Aufnahmekanäle weit geöffnet, und ich konnte sehen, dass jene Gefäße, durch die sie hätte Kraft abgeben sollen, fest geschlossen waren. So rasch, wie ich mich geöffnet hatte, verschloss ich mich nun selbst.

„Nun, meine Hübsche", dachte ich, „jetzt wird es interessant!" Sie inhalierte weiter, doch anstelle der schönen Kraft sog sie plötzlich einen Strom reiner Luft ein. Wenn man dies beabsichtigt, ist Luft wohltuend und wirkt sehr reinigend, wenn man aber Kraft erwartet, empfindet man sie, als würde einem ein Eimer kalten Wassers über den Kopf geschüttet. Drogetta japste: „Gib mir etwas Kraft, schnell!", verlangte sie, sobald sie sich genügend erholt hatte, um zu sprechen.

„Nicht, wenn du mir nicht ebenfalls welche gibst", sagte ich mit fester Stimme.

„Normus, bitte, du weißt nicht, was du mir antust."

„Ich weiß es", antwortete ich. „Denn genau dies hast du mir angetan, obwohl ich es – töricht, wie ich war – nicht gemerkt habe." Sie bettelte, aber ich blieb eisern, obwohl ich fast nachgegeben hätte, weil sie so durchnässt und elend aussah. Drogetta stahl sich davon, aber am nächsten Tage war sie wieder zur Stelle; diesmal probierte sie eine ganz andere Taktik. Sie kam auf mich zu und glühte vor Kraft wie ein kleiner Leuchtturm. „Schau, was ich für dich habe", lockte sie und lächelte mir schelmisch zu.

„Das ist wunderbar", sagte ich. „Ich bin mehr als begierig, es zu

316

bekommen." Sie begann auszuatmen, bis mir schwindlig wurde, aber es gelang mir, mich zu beherrschen, und als sie gab, gab auch ich. Doch schon bald hörte sie auf.

„Was ist mit dir los? Hast du deine Kraft verloren?", forderte sie erzürnt. Ich grinste sie an.

„Nimm diesen lächerlichen Ausdruck aus deinem Gesicht!", fuhr sie mich an. Ich grinste noch breiter, denn nun wusste ich, dass ich die Oberhand hatte.

„Ich kann dir beweisen, das ich sie nicht verloren habe", sagte ich und ließ einen kräftigen Schub ab. Sie absorbierte ihn augenblicklich, aber ihre Ekstase währte nur eine Sekunde.

„Gib mir mehr!", schrie sie.

„Nicht, wenn du es nicht auch tust", beharrte ich.

„Ich bin nicht sehr kräftig", jammerte sie. „Du hast schon alles bekommen, was ich habe."

„Dann kannst du mir das Wenige zurückgeben, das du soeben von mir erhalten hast."

„Ach, geh und behänge dich selbst mit Girlanden!", rief sie, als sie mich verließ. (Dieser Ausdruck amüsierte mich so sehr, dass ich Normus nach seiner genauen Bedeutung fragte. Er erklärte, dass es sehr beleidigend war und bedeutet, dass man sich mit seiner eigenen Kraft umgeben sollte. – D.C.)

Ich wusste, dass Drogetta besiegt war, und ich war erstaunt, wie einfach das ging. Da dämmerte mir, wenn ich nur innerlich klar und entschlossen war, dann gab es nichts, was ich nicht tun oder bewältigen konnte. Die wirkliche Schwierigkeit einer Aufgabe liegt darin, die richtige geistige, innere Einstellung zu finden, und nicht die daraus resultierende Tat im Äußeren.

Der nächste große Schritt in meiner Entwicklung kam, als Dramon ging. Da nur etwa alle zwanzig Jahre ein neuer Anführer eingesetzt wird, gibt es immer ein großes Fest, wenn der frühere seinen goldenen Gürtel an seinen Nachfolger im Amt übergibt. Ich werde nie vergessen, wie glücklich und stolz ich mich fühlte, als er mir den Gürtel umschnallte. Alle Elfengruppen aus der Umgebung waren gekommen, um Dramon zu verabschieden und mir in meiner neuen Position die Ehre zu erweisen. Es war eine riesige Versammlung mit Musik und Tanz und natürlich auch einer mächtigen Kraftkugel. Nachdem ich nun einem höheren Status gerecht werden musste, hütete ich mich, nicht zu oft in das Kraftfeld zu steigen; es wäre sehr entwürdigend gewesen, hätte man den neuen Führer später von Wolkenfeuchtigkeit durchnässt gefunden.

Als ich mit meiner eigentlichen Arbeit als Führer begann, war ich noch ein wenig unsicher. Bis dahin hatte ich Dramon immer in der Nähe gewusst, der mir half, wenn ein Problem aufkam, dessen Lösung mich überforderte, doch nun war ich es, vor den alle anderen Elfenwesen ihre Schwierigkeiten und Nöte brachten. Dramon hatte versprochen, mir von der Astralebene aus weiterhin zu helfen, aber ich hatte mir vorgenommen, dass ich mich nur in Fällen von dringendster Notwendigkeit an ihn wenden würde. Er hatte seine Erdenzeit abgedient, und ich hielt es für nur gerecht, dass er nun ungestört die Früchte seiner Bemühungen genießen konnte. Doch alles ging gut, und die Schwierigkeiten, mit denen ich gerechnet hatte, traten nicht ein – außer in sehr geringem Umfang.

* * * * *

Die oben geschilderten Ereignisse fanden innerhalb der ersten sechs Monate unserer Treffen statt; dann widmete ich meine Freizeit der Aufzeichnung der einzelnen Geschichten, die die anderen Elfenwesen übermittelten. Normus, als der Anführer, kam zuerst, und ich finde es nur fair, dass er eine weitere Gelegenheit erhält, einige der Dinge zu schildern, die sich im Laufe der dazwischen liegenden achtzehn Monate zutrugen. – D.C.

* * * * *

Eine Reihe von Monaten ist vergangen, seit ich Daphne meine Geschichte erzählt habe, und ich denke, dass im Laufe dieser kurzen Zeit mehr interessante Dinge geschehen sind als in meinem übrigen Leben.

Wir haben gelernt zu heilen und nicht nur Menschen, sondern auch Elfenwesen zu helfen, die in Not sind. Wir haben eine immer stärker werdende Verbindung mit den Ceres aufgebaut und werden ermutigt, festere Bande der Freundschaft auch zu allen anderen Evolutionszweigen zu knüpfen. Diese sind für uns zwar größtenteils unsichtbar, weil sie sich in einem anderen Schwingungsbereich aufhalten, gleichwohl arbeiten sie mit uns Seite an Seite, sowohl bei unseren Bemühungen für das Naturreich als auch für den Menschen.

Jede Person, jede Pflanze und jeder Gegenstand hat eine/n Ceris. Während wir Angehörige des Elfenreiches dem Astralkörper der Pflanzen Kraft geben, kräftigen die Ceres den Geist oder das Bewusstsein.

Ferner gibt es die Harneles, die die Farben in allem auffüllen, was du siehst.

Die Gravines wiederum geben den Duft, sei es einem Stück Eisen oder einer Rose, denn alle Dinge haben ihren individuellen Duft – und manche Düfte sind alles andere als angenehm.

Wir haben auch Kontakt zu den Thormes aufgenommen, den Wesenheiten, die dem Ton und Klang ihre Kraft geben. Vielleicht hast du nie daran gedacht, dass alles auch seinen individuellen Ton besitzt. Wir sind noch nicht weit genug gelangt, um unseren eigenen Ton zu kennen, doch erst kürzlich haben wir den mantrischen Ton unserer Evolution und auch den des Menschen gehört.

Jede Person, ja jedes lebende Wesen im Universum hat eine Schwingung, sie fällt in den Zuständigkeitsbereich der Drones. Je nachdem, wie sie deine Schwingung versorgen oder jene Schwingungen, die sie zu dir lenken, reagierst du auf bestimmte widrige Umstände oder Geschehnisse. Natürlich liegt die Entscheidung nicht allein in den Händen der Drones, weil auch dein eigener Wille eine Rolle spielt. Wenn du unkontrolliert einem Kummer erliegst, sind die Drones natürlich ebenfalls betroffen, und in ihrem Elend ziehen sie dann ähnlich unglückliche Schwingungen an, die sie zu dir weitergeben.

Wenn du hingegen versucht, deine Schwierigkeiten zu meistern, dann nehmen die Drones deine Stärke deutlicher wahr als dein Elend, und sie lassen sich beflügeln von ihrem Wunsch, weitere Schwingungen zu finden, die dir helfen.

Wir haben erfahren, dass auf jeder Ebene Vollendung herrschen wird, wenn sich die Kräfte aller Evolutionszweige verbinden. Ist eine solche Vermischung in den höchsten Sphären verwirklicht, ist Beinahe-Vollkommenheit erreicht.

Auf der Erde sind alle Zweige der Evolution getrennt, und die Großen wünschen, dass wir alles tun, was in unserer Macht steht, um sie einander näher zu bringen.

Täglich vereinen wir bereits erfolgreich unsere Kräfte mit denen der Ceres, wenn wir den Friedensstrahl aussenden.

Letztes Jahr hatten wir unseren eigenen Kongress, aber diesen Sommer wird es eine gemeinsame Konferenz der Elfen und Ceres geben, in deren Rahmen wir gemeinsam Komitees abhalten und unsere Ideen zusammentragen werden. So hoffen wir, mit der zusätzlichen Stärke, die aus der Vereinigung unserer Kräfte erwächst, wichtige Entscheidungen fällen zu können.

Zweifellos werden sich Jahr für Jahr einer oder mehrere von den weiteren Evolutionszweigen anschließen, und dabei lernen wir, uns besser aufeinander einzustimmen, bis – jedenfalls innerhalb des begrenzten Spektrums der geringen Zahl von Wesenheiten, mit denen wir Kontakt aufnehmen – der Keim der Einheit sich entfalten wird.

Inzwischen mache ich jede Woche drei Besuche auf der Astralebene oder darüber, und von dreien solcher Begegnungen möchte ich dir jetzt erzählen. Der Erste fand vor etwa acht Monaten statt, als ich in unserem eigenen Sektor eine höhere Sphäre als je zuvor besuchte. Alles um mich herum funkelte, und ich spürte eine mächtige, ungeduldige Spannung in mir aufsteigen. Ich wusste nicht warum, aber ich war sicher, dass etwas geschehen würde und ich nicht an diesen Ort gebracht worden war, um mich hier zu erholen oder zu arbeiten.

Ich wartete, weil ich warten musste. Ich versuchte, in verschiedene Richtungen zu fliegen, aber jedes Mal wurde ich an den gleichen Punkt zurückgebracht, und so blieb ich nach drei Versuchen, wo ich war.

Allmählich begann ich, überall ein Kribbeln zu fühlen. Meine gespannte Erwartung steigerte sich, bis ich meinte, platzen zu müssen, aber noch immer geschah nichts. Als ich einen fast unerträglichen Zustand erreichte, jenseits dessen mir keine Existenz mehr möglich schien, begann ich mich fortzubewegen. Es ging in ungeheurem Tempo geradeaus, das Gefühl der Geschwindigkeit war sogar noch vorhanden, nachdem ich zum Stillstand gekommen war. Ich rührte mich nicht vom Fleck, aber meine Atome waren immer noch in einem Prozess lebendiger Verwandlung. Ich fühlte mich so erregt, dass ich kaum wusste, wie ich mich zusammenreißen sollte.

Allmählich ließ die innere Aktivität nach, und bald fühlte ich mich so friedlich wie nach einem mächtigen Sturm. Ich hätte mich gerne in eine entspannte Position sinken lassen, um meine Empfindungen während des rasenden Fluges zu rekapitulieren, doch bevor ich mein Vorhaben in die Tat umsetzen konnte, wurde ich erneut und sogar mit noch größerer Geschwindigkeit nach oben gerissen.

Als ich wieder stoppte, wirbelte alles wie in einem wilden Kaleidoskop. Ich bemühte mich, meine Schwingungen zu heben, aber ihre Frequenz hatte bereits das Maximum erreicht. Ich versuchte, mich zu entspannen, doch die Landschaft um mich rotierte unvermindert weiter.

Ich wartete, so geduldig ich konnte, bis das Drehen sich verlangsamte und schließlich zum Stillstand kam. Auch jetzt fühlte ich mich noch ein wenig schwindelig, aber es gelang mir, auf die Füße zu kommen – und dabei sehr zu erschrecken: Meine Füße waren so mindestens anderthalb Meter entfernt! Ich war in heller Aufregung. Schon immer hatte ich mich danach gesehnt, groß zu sein. Ich stelle mir vor, groß zu sein. Ich denke nach und plane, aber außer wenn es mir gelingt, mich für eine oder zwei Sekunden groß zu fühlen, messe ich nie mehr als achtzehn Zentimeter. Ich hatte den starken Wunsch, mich jetzt zu sehen, denn ich war sicher, dass ich gut aussah. Ich überlegte mir, ob ich eine Gedankenform von mir selbst in die funkelnde Atmosphäre projizieren könnte, aber nichts geschah. Ich untersuchte meine Hände, die ganz ungewohnt aussahen. Sie waren hübsch, lang und glatt. Ich begann zu laufen und kam so schnell voran! Ich rannte und rannte. Ich wusste nicht, warum oder wohin es ging, aber ich spürte, dass ich in Bewegung bleiben musste.

Ich weiß nicht genau, wie lange dieser Zustand währte, aber schließlich bemerkte ich, dass ich unbewusst einem Pfad folgte. Wenn ich zurückblickte, konnte ich die Spur hinter mir sehen, so weit mein Auge reichte. Ich blickte nach vorn, und als ich sah, dass ich immer noch Meilen um Meilen vor mir hatte, begann ich wieder zu laufen. Aber diesmal hatte ich ein Ziel; ich wollte das Ende des Weges erreichen. Erfüllt von diesem Wunsch, der meine Füße beschleunigte, gelangte ich bald an einen silbernen Teich. Ich beugte mich über seine Oberfläche, und zum ersten Mal sah ich mich in meinem „Erfahrungskörper". Inzwischen bin ich sogar in einer noch größeren Gestalt in ihm gewesen, als ich eine höhere Sphäre besuchte, aber seinerzeit hatte ich mich selbst noch niemals so schön gesehen. Ich lag mit dem Gesicht nach unten, etwa einen halben Meter über dem Wasser, und betrachtete mich mit großem Vergnügen.

Plötzlich kam mir in den Sinn, dass ich gewiss nicht allein zu dem Zweck auf diese hohe Ebene gebracht worden war, dass ich mich hier selbst bewunderte. Widerstrebend warf ich einen letzten Blick auf mein Spiegelbild und kehrte zu dem Pfad zurück. Weiter und weiter ging ich und konzentrierte mich darauf, das Ende zu erreichen. Tatsächlich glaube ich nicht, dass es ein solches Ende gab – oder falls es eines gab, fand ich es nie –, denn was ich anstrebte, erschien vor mir, als ich den Pfad noch sehen konnte, wie er in der Ferne verschwand.

Ich hielt an und verbeugte mich respektvoll, denn auf einmal wusste ich, dass die Wesenheit vor mir ein Farallis war, auch wenn ich noch niemals einem solchen begegnet war. Er leuchtete so hell, dass ich für eine Weile gezwungen war, meinen eigenen schönen Körper aufzulösen, weil ich in ihm dem Glanz nicht standhalten konnte.

Als ich eine tiefere Einstimmung auf ihn erreicht hatte, sammelte und fügte ich meine äußere Gestalt wieder zusammen und blickte mein Gegenüber mit geschlossenen Augen an. Er war riesig, ich denke, etwa 2,75 Meter groß. Er erwiderte meinen Gruß, und dann verkleinerte er sich, um mir etwas entgegenzukommen. Er ragte immer noch über mir empor, aber da er nun kleiner war, ließ meine Ehrfurcht vor ihm ein wenig nach.

„Ich habe dich jetzt seit mehreren Monaten beobachtet", teilte er mir zu meinem Erstaunen mit, „und ich denke, dass du der Elf bist, nach dem ich seit vielen Jahren gesucht habe." Ich schwieg, und er fuhr fort: „Es gibt Tätigkeiten, die auf der Erde Lebende ausführen können, die wir von den höheren Sphären aus jedoch nicht bewirken können, weil unsere Kraft zu fein ist. Wärest du bereit, mit mir an einem Projekt zu arbeiten, das ich im Sinne habe?"

Fast ungläubig blickte ich ihn an. Er fragte mich, ob es mir gefiele – wenn ich ohne zu zögern alle meine Kraft für ihn gegeben hätte!

„Alles, alles", brachte ich nur hervor. Es war eine pathetische, unangemessene Projektion, die ich machte, aber er verstand mich.

„Dann komme mit mir, dass ich dir meinen Plan zeige."

Ich erinnere mich nicht daran, mich irgendwie fortbewegt zu haben, aber ich fand mich in einer veränderten Umgebung wieder, und in der Ferne war ein riesiger Palast zu erkennen. Es war das größte Gebäude, das ich je gesehen hatte. Ich wollte ihn fragen, ob er dort wohnte, war mir aber nicht sicher, ob ich ihn ansprechen sollte, deshalb sagte ich nichts. Im Bruchteil eine Sekunde gelangten wir ans Ziel, und ich folgte ihm nach innen.

Als Naturelf hatte ich mich für Gebäude nie besonders interessiert, aber heute weiß ich, dass die Natur in Ziegeln und Gebäuden fast ebenso wohnt wie in Pflanzen. Natürlich hat ein Ziegelstein auf der Erde nicht das Bewusstsein einer Blume, aber ein Stein in den höheren Sphären schwingt viel schneller als eine irdische Pflanze, und deshalb scheint er viel lebendiger. Er fühlt auch mehr, obwohl sein Erleben noch nicht die Fähigkeit umfasst, bewusst zu wachsen.

Dieser Palast war voller Kraft und leuchtete hell, selbst im Vergleich mit der ohnehin brillant strahlenden Umgebung.

„Dies ist meine Halle des Lernens", sagte der Farallis stolz. „Hier lehre ich nicht nur, sondern hier lerne ich auch. Die Erde ist zurzeit mein spezielles Interessengebiet, doch mein Verlangen, allen zu helfen, die nach Höherem streben, erstreckt sich auch auf andere Planeten."

Da gab es Tausende von Elfen auf allen Entwicklungsstufen. Anfangs hatte ich mich so herrlich groß gefühlt, doch dann erkannte ich, wie klein ich in Wirklichkeit war.

Der Farallis wurde mit großem Respekt begrüßt, wohin auch immer wir kamen. Er blieb hier stehen, um zu loben, und dort, um jemandem einen Lösungsvorschlag zu geben, dessen Probleme ihn zu überwältigen drohten. Ich studierte mehrere Gedankenformen, konnte jedoch keine von ihnen verstehen. Sie waren so groß, dass mein Sehvermögen – ganz zu schweigen von meinem Intellekt – sie nicht erfassen konnte.

Ich wurde ein wenig nervös, denn der erwähnte Plan würde offenbar gigantische Dimensionen aufweisen – und wenn ich ihn nicht einmal sehen könnte, wie sollte ich ihn dann je aktiv unterstützen?

Wir betraten einen Raum, der so riesig war, dass ich die gegenüberliegende Seite nicht ausmachen konnte. „Du machst dir Sorgen, nicht wahr?", stellte der Farallis fest. „Aber das ist nicht nötig. Ich würde dich nicht bitten, etwas zu tun, was deine derzeitigen Kräfte übersteigt. In dem Maße, in dem du im Laufe der Jahre innerlich wächst, kannst du dich mehr und mehr an diesem Projekt beteiligen, das sich nach irdischen Maßstäben möglicherweise auf einige Jahrhunderte hinaus nicht greifbar manifestieren wird."

Ich versuchte, mich angesichts dieser Information zu entspannen, war damit aber nicht sehr erfolgreich. Ich halte mich selbst für jemanden, der weitreichend zu denken pflegt, da meine Projekte mehr als zwei Jahreszeiten umfassen. In Dimensionen von mehreren Erdenzeiten zu planen, übersteigt jedoch meine derzeitigen Fähigkeiten bei weitem.

„Du interessierst dich bereits für meine Idee, ja du hast mir sogar geholfen, ohne es zu wissen. Elfen und Menschen müssen zusammenarbeiten, und da der Mensch im Großen und Ganzen eher unfähig ist, nach Höherem zu streben, wenn er keine Resultate seiner Bemühungen sieht, wird er auch außerstande sein, mit Partnern zusammenzuarbeiten, die er nicht sehen und mit denen er nicht kommunizieren kann.

Die erste scheinbar unüberbrückbare Kluft haben wir bereits überwunden; Menschen und Elfen sprechen miteinander. Dieses bis dato unlösbare Problem erwies sich als so einfach, dass wir nun Hoffnungen hegen, dass sich alle unsere übrigen Schwierigkeiten ebenfalls auflösen werden."

„Was kann ich tun?", fragte ich eifrig. „Ich spreche häufig Erwachsene und Kinder an, aber sie hören mich nie."

„Mach dir keine Sorgen wegen der wahrnehmbaren Resultate", sagte er. „Fülle die Atmosphäre mit Projektionen und überlasse es uns, ihre Stärke und Klarheit wachsen zu machen. Eines Tages wird jemand eine dieser Gedankenformen – möglicherweise unbewusst – sehen, und sein Gehirn wird ihre Botschaft übersetzen. Er weiß vielleicht nicht, woher sie kam, aber das spielt keine Rolle.

Du kannst auch viel tun, um dich selbst sichtbar zu machen. Du hast noch nicht gelernt, deine Schwingungen genügend zu senken. Du bist gegenüber den meisten anderen Elfen im Vorteil, da es zumindest einen Menschen gibt, der weiß, dass du da bist. Wenn du bei ihr bist, bemühe dich, ihre Kraft aufzunehmen, um dich noch besser auf sie einzustimmen. Du wirst verstehen, dass sehr viel Ge-

326

duld vonnöten ist, da sich der Erfolg kaum innerhalb von Monaten zeigen wird. Doch lass den Mut nicht sinken, dann wirst du eines Tages Erfolg haben.

Du kannst auch andere Elfenwesen ermutigen, sich anzustrengen. Nur mit über lange Zeit vereinten Kräften werdet ihr die Kluft zwischen den verschiedenen Zweigen der Evolution überbrücken können."

Er zeigte mir einige Gedankenformen; weil sie klein waren, wusste ich, dass er sie speziell für mich gebildet hatte. Sie zeigten die Resultate seines Planes, in dem Menschen und Elfen ihren jeweiligen Teil zur Vollendung bringen, zunächst getrennt, und schließlich gemeinsam. Es war unglaublich, welch gewaltigen Unterschied die Verbindung beider Kräfte ausmachte, aber es ist eine Tatsache, die ich selbst gesehen habe. Die Experimente waren auf der Astralebene ausgeführt worden, und ein ähnlicher Erfolg war offenbar auf der Erde zu erzielen. Der Farallis teilte mir mit, dass die Zusammenarbeit zwischen unserer eigenen und Daphnes Gruppe bereits Resultate zeitigte. Er zeigte mir Gedankenformen des Erreichten, von dem wir noch gar keine Kenntnis hatten. Allein die Zusammenarbeit und der Austausch mit Daphne und unseren anderen „Paten" haben eine mächtige Kraft hervorgebracht, welche genutzt wird, ohne dass wir von ihrer Existenz etwas wissen. „Sei dieser neuen Kraft bewusst", fuhr der Farallis fort. „Hilf ihr mit deinen Gedanken, weiter zuzunehmen, und wir werden sogar noch bessere Resultate erzielen."

Er verließ mich und gab mir eine Gelegenheit, die übrigen Gedankenformen ohne seine Hilfe zu untersuchen. Zuerst konnte ich wenig mit ihnen anfangen, aber als ich über jeden Bestandteil und Aspekt nachdachte, bekam ich schließlich eine Ahnung von dem Ganzen. Damals verstand ich keine der Gedankenformen wirklich genau, doch ich konnte mir genügend Daten mitnehmen, um mich weiter damit zu befassen, und Schritt für Schritt kam Licht in das geheimnisvolle Dunkel. Über meinen Deutungsversuchen musste ich eingeschlafen sein, denn als ich erwachte, war ich wieder auf der Erde.

Das folgende Ereignis fand drei Monate später statt. Ich war ein wenig müde, weil ich zusätzliche Aufgaben übernommen hatte und meine Kraft noch nicht genügend gewachsen war, um die große Arbeitslast zu bewältigen.

Im Grunde wäre ich ganz zufrieden gewesen, einfach in Daphnes Aura zu liegen und mich zu erholen. Dann fühlte ich, wie die gewöhnliche Mattigkeit von mir Besitz ergriff, und ich begann zu sinken. Vielleicht hatte ich eine Weile geschlafen – ich weiß es nicht –, aber als ich zu mir kam, fühlte ich mich wunderbar, erfüllt von Liebe zu meinen Kameraden und mit einem starken Verlangen, anderen zu helfen, die in Not waren.

Ich sprang auf die Füße, um die Aufgabe in Angriff zu nehmen, die, wie ich wusste, auf mich wartete. Ich musste mich nicht weit umsehen. Ich erblickte eine Gruppe von Leuten, die weinten, und da wusste ich, dass ich nicht auf eine höhere Ebene versetzt worden war, sondern mich immer noch auf der Erde befand. Die Menschen standen um ein Bett, in dem ein alter Mann lag. Sein astrales Bewusstsein schlief gerade in seinem physischen Körper, um sich zu erholen, bevor es in der feineren Atmosphäre seiner neuen Heimat erwachen würde. Doch für die Trauernden war der Mann gestorben.

Ich war ein wenig bekümmert. Ich wusste, dass ich diesen Leuten in ihrer Trauer helfen sollte, aber ich wusste nicht, wie das anzustellen war. Ich versuchte, Gedankenformen zu erschaffen. Eine Botschaft der Wahrheit und Hoffnung nach der anderen blitzte ich in die Atmosphäre, aber sie zeigten keinerlei Wirkung. Dann konzentrierte ich mich auf eine Gestalt, ein kleines Mädchen, und nach einer Weile löste sie sich aus der Gruppe und setzte sich allein in eine Ecke. Ich hätte sie gerne weiter getröstet, aber ich wusste, dass ich jedem der Anwesenden irgendwie zu helfen hatte.

Ich stand am Bett und sprach zu ihnen. Ich beschrieb einige der wunderbaren Dinge, die ich auf der Astralebene gesehen hatte. Ich erzählte ihnen, dass es schrecklich verkehrt war, diesen alten Mann zu beneiden, der offenbar eine lange Erdenzeit vollendet hatte und dessen Freude nun verdient war. Doch nicht eine Träne versiegte.

Ich versuchte, individuelle Gedankenformen herzustellen und sie um die Köpfe der einzelnen Menschen zu winden, aber sie waren wohl nicht stark genug, denn nur in einem Falle schienen sie etwas Gutes zu bewirken.

Dann wurde meine Aufmerksamkeit auf den schlafenden Mann gezogen. Er rührte sich, und die schweigenden „Beobachter", die für die weinenden Männer und Frauen natürlich unsichtbar waren, versammelten sich um das Bett.

Vielleicht meinst du, dass ich töricht war zu denken, dass ich helfen und trösten könnte, wo selbst diese, die darin mehr Erfahrung hatten als ich, bereits versagt hatten, aber ich wusste, dass ich es versuchen musste.

Der alte Mann gähnte und setzte sich auf. (Normus konnte die Worte nicht direkt hören, aber die Beobachter gaben ihm den Kontext. – D.C.) „Warum weint ihr, meine Lieben? Ich habe einen so erquickenden Schlaf gehabt", sagte er lächelnd. „Ich denke, ich stehe jetzt auf." Natürlich konnten sie ihn nicht hören.

„Ich muss jetzt rasch etwas tun, solange der Einfluss der Erde noch stark in ihm ist", dachte ich.

„Bitte lass sie ihn sehen, bevor er geht", betete ich, und gemeinsam mit denen, die darauf warteten, ihn willkommen zu heißen,

329

bildeten wir eine starke Gedankenform des Mannes, wie er da saß. Ich sah, wie einer der Beobachter sanft den Kopf einer Frau zu ihm hin drehte.

„Oh, Vater!", rief sie und stand auf, aber kaum dass sie sich bewegte, war ihre kurze Vision schon vorüber. „Er ist gegangen", sagte sie hilflos. Ihre Verwandten scharten sich um sie.

„Komm, meine Liebe. Du weißt, dass er schon vor zwei Tagen gestorben ist."

„Aber ich habe ihn gesehen. Er hat sich aufgesetzt", beharrte sie, „und er sah so gut aus." Sie tätschelten sie auf die Schulter, und jeder fragte sich, ob ihr vielleicht ein kurzer Blick auf ihn geschenkt worden war, den sie ihr ganzes Leben so geliebt hatte.

Ich beobachtete das Gesicht des alten Mannes, als er voller Freude alte Freunde begrüßte, dann wurde ich fortgebracht. Doch ich wusste, dass die Tochter immer wieder von ihrem Erlebnis erzählen und ihr am Ende alle glauben würden.

Warum war ich dort gewesen?, fragte ich mich am Morgen, und dann sah ich eine Sekunde lang den Farallis, und er lächelte. Ich dachte mir, dass mein eigener kleiner Beitrag gewiss nichts Gutes bewirkt hatte. Doch dann besann ich mich auf die Gedankenformen, die er mir gezeigt hatte, und auf die zusätzliche Kraft, die aus den vereinten Kräften von Menschen und Elfen entstand.

Natürlich kann ich nicht beweisen, ob nicht genau das Gleiche geschehen wäre, wenn ich nicht beteiligt gewesen wäre, aber ich denke gerne, dass ich geholfen habe. Ich bin sogar sicher, dass dies geschehen sein muss, weil ich mich mittlerweile fast jede Woche in den Kreis von Trauernden versetzt finde, und jedes Mal wird einem oder zwei der Anwesenden eine Vision geschenkt.

Als drittes Erlebnis möchte ich dir erzählen, was mir bei einer anderen Gelegenheit passierte, als ich eine Sphäre besuchte, die da-

mals neu für mich war. Ich erwachte aus meiner anfänglichen Halb-
trance und ließ, wie ich es stets zu tun pflege, meine Augen noch
eine Weile geschlossen. Dies hilft mir auch, mich den neuen Bedingungen anzupassen. Solange ich die Augen noch geschlossen habe,
taucht vor mir ein etwas unklares Bild der Umgebung auf, in der ich
angekommen bin. Es erscheint zuerst fast wie ein Traumbild, dessen
Elemente dann aber allmählich immer deutlicher werden.

Ich wusste, dass ich mich in einem Sektor befand, der weder
Menschen- noch Elfenland war, und ich sehnte mich natürlich, zu
erfahren, wohin ich gekommen war. Doch ich übte mich in Zu-
rückhaltung und folgte meinem gewohnten Muster.

Das Erste, was buchstäblich meine Augen traf, als ich sie öffnete,
war eine riesige Blume unmittelbar vor meinem Gesicht; es war ihre
Schwingung gewesen, die mich geweckt hatte. Ich war noch niemals vorher aufgewacht und hatte dabei gleichsam einen Schleier
vor der Landschaft wahrgenommen. Ich wusste, es war kein Zufall,
dass diese Blume mir den Blick versperrte. Offensichtlich sollte diesmal alles in voller Herrlichkeit vor mir bersten.

Ich stand auf und verließ mit geschlossenen Augen und Sinnen
mein geschütztes Plätzchen. Dann öffnete ich alle Sinne auf einmal
– aber ich öffnete sie zu weit, denn ich wurde umgeworfen. Ich
versuchte es erneut, dieses Mal von da aus, wo ich gerade lag, sodass
es mich jetzt wenigstens nicht umwerfen konnte. Vorsichtig öffnete
ich ein Auge, dann ein wenig Bewusstsein, doch nur sehr wenig,
weil ich wusste, dass ich andernfalls erneut geblendet würde. Schritt
für Schritt steigerte ich sowohl mein Sehen als auch mein Gewahrsein, bis ich meine Grenze erreichte. Dann stand ich ganz vorsichtig
auf. Zuerst ging ich einige Schritte, dann lief ich, und schließlich
flog ich zum Gipfel des höchsten Berges, den ich sehen konnte.

Wieder musste ich mit meinem Bewusstsein ringen, und als ich mich beruhigt hatte, blickte ich mich um.

Manche Formen, die ich sah, waren mir vertraut, doch die Farben waren erstaunlich. Die höheren Ebenen des Menschen sind von einem weißen Licht durchdrungen, das jeden Farbton intensiviert, im Ceres-Sektor sind sie tief und kräftig und in der Elfenwelt funkeln Millionen von Farbtönen aus allem. Hier aber war reine Farbe, zumindest war sie so rein, wie sich die individuellen Formen in der Landschaft manifestieren konnten. In allen Sektoren ist das Ganze aufgeteilt, in verschiedene Grade von Form-Bewusstsein, Farbe, Klang, Duft, Schwingung und Willen. Hier jedoch herrschte die Farbe vor, und alle anderen Komponenten wurden zu ihren stummen Begleitern.

Du kennst die Macht der Farbe beim Heilen; nun erlebte ich sie selbst zum ersten Mal als Hilfe für meine eigene Entwicklung. Mit sich vertiefender Einstimmung verlor ich einiges von meinem Willen und der begrenzenden Form. Auch ich wurde Farbe und Bewusstsein, und meine übrigen Aspekte und Eigenschaften wurden auf ein Minimum reduziert. Ich war wie grünes Feuer, und obwohl mein Licht nicht sehr weit schien, verbreitete ich es über meine ganze Aura.

Es war sehr aufregend, zu erleben, was es bedeutete, wenn eine Komponente weiter entwickelt ist als gewöhnlich. Ich fühlte mich von Energie und Vitalität erfüllt, und ich bin sicher, dass ich in diesem Zustand niemals mehr müde geworden wäre.

Je mehr ich die Landschaft um mich betrachtete, desto mehr wirkte sie auf mich, weil nicht nur mein eigenes Grün beträchtlich verstärkt war, sondern weil ich die ungewöhnliche Begegnung mit Bergen von reinem Gold, scharlachroten und silbernen Bäumen sowie strahlend blauem Gras in mich aufnahm, und dabei nahmen mein Staunen und meine Begeisterung zu.

Plötzlich wurde der silberne Himmel von dem hellsten Rosa durchzogen, das ich je gesehen habe. Fasziniert betrachtete ich dieses Farbenspiel und vermutete, dass nun ein Muster mit einer Botschaft an dem weiten Himmel Gestalt annehmen werde. Aber stattdessen zog sich das herrliche Rosa zurück und stellte sich vor mich. Ich verbeugte mich tief und ehrfurchtsvoll, obwohl es mir Leid tat, dass ich meinen Blick auch nur für die kurze Zeit abwenden musste, die meine tiefe Ehrerbietung gebot. Nicht nur die Kleidung dieser aufregenden hohen Persönlichkeit waren von dem gleichen strahlenden Farbton, sondern er selbst war dieses ganz und gar intensive Rosa – sein Gesicht, sein Haar, seine Hände und seine Augen, die mit außergewöhnlicher Intensität und zugleich voller Sanftheit strahlten.

Wir standen einander gegenüber, blickten uns schweigend an und ich war sicher, dass er meine innersten Gedanken erforschte. „Du wirst es schaffen", sagte er und lächelte, als er sich neben mich setzte.

„Du interessierst dich für Farben, auch über ihre Schönheit hinaus, nicht wahr?"

Ich stimmte eifrig zu, weil Pater John mir bereits von einigen der Experimente erzählt hatte, die von meinem höheren Selbst durchgeführt wurden.

„Ist dein Interesse groß genug, dass du täglich etwas Zeit finden kannst, um mir zu helfen?"

Ich dachte einen Augenblick nach. Ich arbeitete jetzt bereits schwerer als je zuvor, aber ich wusste, dass ich ihn nicht zurückweisen würde.

„Ich werde mir Zeit schaffen", sagte ich.

„Ich fürchte, dass wir das alle tun müssen, das heißt, sobald unsere Füße fest auf dem Pfade schreiten … wie es auch deine tun", fügte er hinzu.

„Was kann ich tun?", fragte ich.

„Meditiere jeden Tag fünf oder zehn Minuten über mich. Ich will, dass du so viel wie möglich von meiner Farbe aufnimmst. Sie hat sehr große Kraft, und du wirst feststellen, dass sowohl deine Pflanzen als auch die Menschen, mit denen du in Berührung kommst, davon profitieren werden. Stärke ist die Qualität, die ich bestrebt bin, den anderen zu bringen – nicht nur die Stärke des Körpers, sondern auch der Bestimmung. Bemühe dich, jedes Mal, wenn du Kraft gibst, einiges von meiner Farbe hinzuzunehmen, und ich bin sicher, dass dich die Resultate in Erstaunen versetzen werden. – Komm jetzt mit, ich habe dir viele Dinge zu zeigen."

Eine rosa Wolke hüllte mich ein, und als wir anhielten, schien ich immer noch von ihr umgeben zu sein; aber nun gab es auch Formen. Du wirst denken, dass eine ganze Landschaft in der gleichen Farbe wohl uninteressant sei, aber meinen Blicken boten sich Umrisse von wunderbarer Anmut und ein endloses Spektrum von Tönungen und der Farbe Rosa.

„Mein Zuhause", sagte er stolz, als er mir ein prächtiges Bauwerk präsentierte. Die Mauern waren nicht fest, wie du sie kennst. Sie glichen einer ununterbrochenen Kaskade von leuchtendem, flüssigem Rosa, das Säulen und Bögen bildete, die mit transparenter rosa Luft gefüllt waren.

Ich folgte ihm, und er führte mich nach innen. Ich war ungeheuer gespannt, was mich hier erwartete. Ich wusste, dass er mir aufregende und unglaubliche Dinge zu zeigen hatte. Ich spürte die warmen, einladenden Schwingungen des Gebäudes, als wir zwischen den durch Bögen verbundenen Pfeilern gingen; dann verlor ich das Bewusstsein.

Als ich auf der Erde erwachte, hätte ich weinen können. Es gibt so viel zu lernen und zu sehen, und gerade wenn mir dieser wunderbare neue Aspekt offenbart werden sollte, verliere ich ihn, weil es mir an Kraft mangelt!

Ich habe mit diesem neuen Strahl sehr viel gearbeitet, denn ich habe das Gefühl, dass ich, wenn ich mich tiefer auf ihn einstimmen kann, im Stande sein werde, länger bei Bewusstsein zu bleiben. So werde ich auf jeden Fall einige wenige der Schätze sehen, die das prächtige Gebäude birgt.

Bei mehreren Pflanzen, mit denen ich experimentierte, konnte ich bereits Erfolge erzielen. Ich gebe auch Daphne von dem rosa Strahl, doch ich denke nicht, dass sie es bemerkt hat. Die anderen Elfen haben sich auch auf diese Farbe konzentriert, und wir konnten übereinstimmend feststellen, dass wir definitiv mehr Kraft zur Verfügung hatten, um unsere Aufgaben zu erfüllen.

Als Gruppe sind wir sehr glücklich, diese wunderbare Gelegenheit zu haben, dir als Angehörigem eines anderen Evolutionszweiges ein wenig über unsere Arbeit und unsere sonstigen Interessen zu erzählen.

Elfenwesen unterscheiden sich voneinander ebenso sehr, wie ein Mensch vom anderen; denke also nicht, alle Angehörigen unseres Evolutionszweiges seien wie wir. Aufgrund unserer zahlreichen und ungewöhnlichen Lernmöglichkeiten und Betätigungsfelder, die wir Daphne verdanken, die bei uns lebt, denke ich, sind wir vermutlich weiter entwickelt als die meisten anderen. Überall, wo ein Medium ist, arbeiten Elfenwesen mit ihm; doch es sind gewöhnlich nicht jene, die noch auf der Erde tätig sind, sondern die weiter fortgeschrittenen Elfen. Wir haben das Privileg, dass Daphne von unserer Anwesenheit weiß und bewusst von ihrer Kraft gibt, um uns zu helfen.

Wir hoffen, dieses Buch wird dir zeigen, dass wir Individuen sind und nicht Flämmchen aus einem nur halb bewussten Lichte.

Manchmal werden wir als Lichtblitze wahrgenommen, weil der Betrachter unsere hohe Schwingungsfrequenz nicht länger als ein oder zwei Sekunden aufrechtzuerhalten vermag. Wir erleben uns selbst als recht fest und greifbar, sind dies auch für einander, wenn wir es wünschen. Wenn wir ohne unsere Körper sind, erleben wir eine viel größere Freiheit, als ihr sie überhaupt kennen lernen könnt.

Nun, da wir Abschied nehmen, senden wir alle dir unsere Grüße, verbunden mit der Hoffnung, dass du eines Tages die Elfenwesen sehen und hören wirst, die dir in deinem Heim und im Garten immer nahe sind.

Normus

(von Pater John)

Auf Daphnes Bitte hin stattete ich Normus einen Besuch ab, weil er im Unterschied zu den anderen Elfenwesen keinen astralen „Paten" hat. Bevor ich ging, übte ich mich vorsorglich ein wenig in der Wahrnehmung und Unterscheidung von Elfen-Materie, weil ich sicher war, dass er mich Fakten zu lehren verstände, die mir bisher unbekannt waren: Diese Annahme erwies sich als zutreffend.

Ich beschreibe ihn dir nun 1) auf Erden in seinem Astralkörper, 2) auf der dritten Ebene in seinem Mentalkörper, und 3) auf der vierten Ebene in seinem Erfahrungskörper. Normus war fasziniert, als er entdeckte, dass ich hierzu fähig war, ohne mich auf die jeweiligen Ebenen begeben zu müssen, und ich denke, dass er auch ein wenig stolz war, weil er als einziger Elf auf diese Weise beschrieben wurde.

Der Astralkörper von Normus

Für normale astrale Augen ist er achtzehn Zentimeter groß und hat glattes, braunes Haar, das er etwas länger trägt als der durchschnittliche Mann, sodass es noch zu sehen ist, wenn er einen Hut aufhat. Er hat ein helles, kleines Gesicht und stets ein munteres Zwinkern im Auge, außer bei sehr ernsten Gelegenheiten. Seine Augen sind grün, jedoch nicht graugrün wie bei einem Menschen, sondern von einem lebendigen Blattgrün; seine leichte Stupsnase trägt ebenfalls zu seiner schelmischen Erscheinung bei. Seine Haut ist hell und leicht gebräunt; seine Lippen sind eher schmal, jedoch nicht verkniffen; das Kinn ist fest. Er hat offensichtlich einen sehr großen Sinn für Humor, der schon auf den ersten Blick zu erkennen ist, und seine Gesichtszüge beweisen viel Charakter. Er ist schlank gebaut und sieht immer ordentlich und wohlgekleidet aus. In der Regel trägt er Grün, jedoch nicht immer den gleichen Farbton. Ich habe ihn auch schon in einem so blassen Grün gesehen, dass es fast weiß schien. Ein helles Grün ist seine Lieblingsfarbe, die Knöpfe sind braun, sein Gürtel sieht strapazierfähig aus. Seine Jacken wechseln, mal sind sie verziert, mal schlicht, manche haben Taschen mit Klappen, andere haben keine Taschen; gelegentlich benutzt er auch einen braunen Kragen oder sogar ein buntes Halstuch.

Elfen lieben die Abwechslung in der Kleidung ebenso wie ihr, und je weiter sie entwickelt sind, desto mannigfaltiger ist auch ihre Garderobe. Im Allgemeinen trägt man baumwollähnliches Material im Sommer und Wolle im Winter, obwohl dieser Wechsel im Grunde unnötig ist, da Elfenwesen nach Belieben ihre Schwingungen ändern können, um sich Wärme oder Kühlung zu verschaffen. Doch wenn sie Menschen sehen, die in Mänteln einherspazieren, haben sie vermutlich das Gefühl, dass ein Wechsel des Materials als Vorbereitung für die veränderten Witterungsbedingungen ratsam sei. Ich habe niemals ein Elfenwesen in einem Mantel gesehen, aber ich habe keinen Zweifel, dass manche sich einen solchen anfertigen, nachdem sie zum ersten Mal Menschen in einem Mantel gesehen haben. Elfen sind unermüdliche Kopisten, und alles Neue muss ausprobiert werden, bis das Interesse der Vertrautheit Platz macht; dann kehren sie wieder zu ihren eigenen Gepflogenheiten zurück.

Der Mentalkörper von Normus

Normus' Mentalkörper ist etwa zehn Zentimeter größer als sein Astralkörper. Im Unterschied zu den Gegebenheiten beim Menschen ist die Körpergröße im Evolutionszweig der Elfen ein Zeichen ihres Entwicklungsstandes; je weiter fortgeschritten die Wesenheit ist, desto größer ist ihr Körper. Normus' Mentalkörper sieht natürlich auch besser aus; die Stupsnase ist einer geraden, fein modellierten Nase gewichen, die Augen leuchten wie kleine Smaragde und seine Hände sind nicht mehr etwas rau, wie die eines Arbeiters, sondern nun etwas länger, die Finger schlanker und die Nägel spitzer.

Seine Kleider haben weiterhin ihren traditionellen Schnitt, sind aber aus weit kostbarerem Material. Seide und Satin sind seine Lieblingsstoffe für den Sommer, Samt für den Winter. Seine Gürtel sind nicht mehr aus Leder, sondern haben das gleiche schimmernde Aussehen wie sein Jackett. In allen Sphären ist Normus sehr stolz auf seine Kopfbedeckungen. Er trägt in der Regel einen Robin-Hood-Hut mit einer langen Feder. Auf der dritten Ebene, wo er mehr farbenprächtige Vögel zu sehen bekommt, ist seine Wahl an Federschmuck weniger begrenzt, und so fallen die Dekorationen, die er auf seinem Kopf trägt, zahlreich und mannigfaltig aus. Manchmal besteht der ganze Hut aus Federn, manchmal aus Blumen; ich habe ihn sogar schon mit einem Miniatur-Vogelnest gesehen, das er einschließlich eines Eier ausbrütenden Muttervogels trug!

Als ich auf dieser Ebene mit ihm sprach, empfand ich ihn als überraschend reif für so eine junge Seele. Er hat große Pläne für seine Elfengruppe, für die er noch viele Jahre verantwortlich zu sein hofft. Es ist sein großer Wunsch, dass sie zur Keimzelle für eine gewaltige Zunahme geistigen Bestrebens wird, und dass Heilen, die Hilfe für die Erdgebundenen und andere Seelen in Not sowie der Einsatz der vielen Strahlen zur Förderung des Friedens und des guten Willens, in seinem Evolutionszweig zur allgemeinen Praxis werden mögen, anstatt nur eine bemerkenswerte Ausnahme zu bleiben. Normus ist davon überzeugt, dass Elfen bewundernswerte Mittler für die Weiterleitung von jeglicher Art von Kraft zwischen den verschiedenen Ebenen sind. Ihm ist klar, dass viele Helfer erforderlich sind, um die Arbeit eines Menschen zu leisten, doch es gibt, wie er sagt, Tausende von Elfen, die jeden Tag nur kurze Zeit beschäftigt sind, während der Rest ihrer Zeit der Erholung dient. Würde ihre Frei- und Spielzeit genutzt, um sie auf so ansprechende Weise Fakten zu lehren, dass die Lektionen sie mehr amüsierten als ihre einfachen Spiele, dann könnte ein enormes neues Heer von Arbeitern entstehen, wie Normus zuversichtlich meint.

„Das wünschen wir uns alle, Normus", sagte ich, „aber wie kann man ein Bewusstsein, das so wenig wach ist, für etwas interessieren? Diese jungen Wesen können sich nicht länger als eine oder zwei Sekunden konzentrieren. Die Arbeit als Medium verlangt große Ausdauer, wenn ein echter Erfolg erreicht werden soll. Wie gedenkst du, das Wachstum ihres Bewusstseins anzuregen?"

„Blumen müssen unter Umständen schon Monate vor ihrer Zeit erblühen", antwortete er.

„Das ist wahr", sagte ich, „aber du kannst eine Blume nicht mehr als einmal dazu zwingen, und oft erleidet sie großen Schaden, wenn sie eine perennierende Pflanze ist."

„Die Antwort heißt Kraft", sagte er bestimmt, „aber ich habe noch nicht darüber nachgedacht, wie sie zugeteilt werden kann, wenn jedes Bewusstsein bereits so viel aufnimmt, wie es vermag. Ich kenne Pater John nicht", sagte er, „aber eines Tages werde ich ihn kennen lernen."

Das höhere Selbst von Normus

Wir setzten unsere Unterhaltung auf der vierten Ebene fort. Normus war beträchtlich gewachsen und nun etwa 1,50 Meter groß. Er hatte sich nicht nur in seiner Statur entwickelt, sondern auch Anmut gewonnen. Sein Gebaren war edel, seine Manieren zeigten großen Charme. Seine Kleider waren nicht so hell in ihrer Färbung, hatten jedoch eine immense Leuchtkraft angenommen; seine Aura dehnte sich nun etwa einen Meter weit aus. Er trug einen edelsteingeschmückten Gürtel über einem Stoff, der wie eine Million winziger farbiger Lichtpunkte funkelte, und sein Umhang schmiegte sich wie ein Flamme um die schlanke Gestalt.

Fröhlichkeit strahlte er immer noch aus, aber die Stärke seines Charakters zeigte sich deutlicher in den sich rasch verändernden Farben seiner Aura.

„Nun, Normus", sagte ich – vielmehr gebrauchte ich seinen Namen der vierten Ebene –, „hast du das Problem hier gelöst?"

„Ja", antwortete er mit ruhiger Zuversicht. „Es ist so einfach – und merkwürdig, dass es meinen niederen Körpern so völlig entgangen war. Ich werde meinen Plan zu gegebener Zeit übermitteln."

„Kann ich dir helfen?", fragte ich. „Wenn du es wünschst, kann ich deine niederen Selbste informieren."

„Wenn du es kannst, warum kann ich es dann nicht?", fragte er.

„Weil ich eine ältere Seele bin als du, mein Sohn", sagte ich. „Für dein Alter hast du bereits Wunder erzielt. Du musst jedoch noch Geduld lernen, und das ist eine der schwierigsten Aufgaben überhaupt."

„Rate mir", bat er mich. „Sollte ich auf deine Dienste zurückgreifen oder sollte ich warten, bis ich weit genug bin, dass alle meine Selbste es verstehen?"

„Das musst du entscheiden", erwiderte ich. „Frage, ob das Ergebnis dir selbst oder vielen nützen wird. Wird dein Plan reifen, solange seine Übermittlung aufgeschoben ist, oder ist er bereits völlig ausgereift?"

„Ich brauche nicht darüber nachzudenken", seufzte er. „Es ist wahr, dass viele davon profitieren werden, aber der Plan ist in Wirklichkeit erst eine Idee, und ich muss noch Monate daran arbeiten, bevor er in irdischen Gegebenheiten praktisch umgesetzt werden kann."

„Was habe ich gesagt?", fragte Normus eifrig, als ich meine Schwingungen senkte und er mich wieder auf der Erde sehen konnte.

„Du hast einen Plan", teilte ich ihm mit, „aber er ist noch nicht genügend ausgereift, um genutzt werden zu können, deshalb hast du mir keine Einzelheiten gesagt."

„Einen Plan, einen Plan!", rief er. „Was für einen Plan? Es ist lächerlich: Ich sollte einen Plan schmieden und hier unten nichts davon wissen?!"

„Wenn er so weit ist, um in die Praxis umgesetzt zu werden, wirst du es hier unten ebenfalls wissen; dessen bin ich ganz sicher", ermutigte ich ihn. „Das heißt, wenn du bereit bist, hart zu arbeiten, um deine Gedanken genügend zu heben, sodass dein höher entwikkeltes Bewusstsein dich erreichen kann. Du weißt, auf der vierten Ebene ist jeder voller Ideen. Man verbringt dort einen großen Teil der Zeit damit, Pläne zu schmieden, und die meisten davon sind gute, brauchbare Pläne. Gewöhnlich aber sind sie von keinerlei Nutzen, weil die jeweiligen Erden-Selbste kein Interesse haben an etwas, das sie nicht sehen, hören, berühren oder riechen können. Ihre Welt ist so klein und könnte doch so groß sein. Aber ich bin sicher, dass du nicht den gleichen Fehler machen wirst."

„Ich habe mein höheres Selbst schon zweimal erreicht", teilte er mir mit, „aber obwohl ich es immer wieder versucht habe, kann ich es meist nicht finden. Wo ist es?"

„Es ist wahr, dass es auf einer Ebene wohnt, die von dieser Wiese weit entfernt ist", sagte ich, „aber du kannst die Bedingungen hier dergestalt klären, dass du dein höheres Selbst, wenn du es nicht zu erreichen vermagst, hier zu dir herunter bringen kannst."

„Würde ich mich dann auch groß fühlen?", fragte er eifrig.

„Wenn du dich selbst groß denken könntest, wärst du es", versicherte ich ihm.

„Ich wäre so gerne groß und stark, dann würde Daphne meine Liebe ernst nehmen."

„Ich kann dir versichern, dass sie das bereits tut", teilte ich ihm mit.

„Aber sie kann meine Kraft nicht fühlen", sagte er traurig.

„Sie kann auch meine Kraft nicht fühlen", sagte ich. „Daran erkennst du, Normus, dass es nichts mit der Größe zu tun hat. Es liegt nur daran, dass wir nicht im Stande sind, ihre grobstoffliche, materielle Hülle zu durchdringen. Sie hat niemals gespürt, wie schön die Kraft ist, und wenn sie dich neckt, geschieht das nur, weil sie es nicht versteht."

„Kann ein Mensch jemals ein Elfenwesen lieben, wie ich möchte, dass sie mich liebt?", fragte er.

„Aber natürlich kann sie das", sagte ich. „Sie tut es bereits, aber eure gemeinsame Liebe wird vermutlich noch jahrelang reifen müssen, dann aber wird sie eine wunderbare Erfahrung für euch beide sein. Ich selbst habe nie die Liebe eines Elfenwesens erfahren."

„Armer Pater John", bedauerte er mich. „Aber vielleicht wirst du es eines Tages erleben, und dann werden dir die Geheimnisse der Liebe offenbart, die den Menschen unbekannt sind."

Ich war fasziniert. „Was für Geheimnisse, Normus?", fragte ich.

„Es gibt solche Geheimnisse", sagte er, „doch es ist uns nicht erlaubt, sie zu offenbaren, nicht einmal, darüber zu sprechen. Ich habe selbst niemals Gebrauch davon gemacht, weil ich mit meinen Partnerinnen nicht sehr erfolgreich gewesen bin. Es käme einem Vertrauensbruch gleich, wenn man von ihnen Gebrauch machte – es sei denn, aus der Vereinigung der männlichen und der weiblichen Anbetung würde eine neue Kraft geboren, um denen zu helfen, die in Not sind."

„Wie hast du diese Geheimnisse gelernt?", fragte ich ihn.

„Als ich in meinem Erfahrungskörper war", antwortete er.

„Kennt sie auch einer der anderen?"

„Ich glaube nicht, aber ich darf nicht fragen. Ich denke, ich würde es merken, wenn einer von ihnen genügend verstünde. Es wäre an ihren Gesichtszügen zu erkennen, an ihrer Gestalt, an ihrer Arbeit und an ihren höheren Körpern. Da wäre ein Licht, das ich erkennen würde, selbst wenn ich es nie zuvor gesehen hätte oder wüsste, wie es sein sollte."

Ich blickte ihn noch faszinierter an als gewöhnlich. Ich war sicher, dass er mir etwas erzählte, das er bis zu diesem Augenblick selbst nicht gewusst hatte.

„Weißt du, was du da eben gesagt hast?", fragte ich ihn deshalb.

„Ja", sagte er, „aber bis ich die Projektionen sah, die ich gerade machte, wusste ich nichts darüber, und doch kommt es zu mir zurück. Ich wusste darüber, als ich in meinem höheren Selbst war, aber bis zu diesem Augenblick ist es mir nie gelungen, die Erinnerung mit mir herunter zu bringen."

„Es beginnt also zu funktionieren", bemerkte ich lächelnd.

„Die Verbindung?", fragte er, und seine Miene hellte sich auf. „Natürlich. Ich werde wissen, was da oben los ist. Ich muss es wissen."

„Du wirst es wissen", sagte ich und streichelte mit der Fingerspitze seine Wange. Dann ließ ich ihn nachdenken über die spirituelle Bedeutung jener Geheimnisse, die zu offenbaren er sich hütete.

Das Gemeinschaftshaus

Als ich Normus das nächste Mal besuchte, fragte er, ob er mir seinen Teil des Gemeinschaftshauses zeigen könne, in dem alle Elfenwesen wohnten. Wie Menschenwesen auch, sind sie zu stolz auf ihre Häuser und ihren Besitz.

Ich habe schon oft ins Innere des Hauses geschaut, aber bei dieser Gelegenheit hatte ich mich vorbereitet, indem ich meine Schwingungen exakter auf jene der Elfen einstimmte – und der Unterschied war beträchtlich.

Mit irdischen Augen betrachtet, war das Gebäude dem Hause Daphnes sehr ähnlich, doch ich betrachtete es aus der höheren Perspektive der dritten Ebene. Hier zeigte es sich in einen Miniaturpalast verwandelt, Daphnes kleiner Garten hingegen nahm die Dimension eines großen Anwesens an. Ich begrüßte Normus, der ebenfalls in seinem Mentalkörper war, und Seite an Seite betraten wir das Gebäude.

Ich denke, dass diese Darstellung ohne weitere Erläuterung ein wenig wie die traditionellen Märchen klingen könnte und so kaum als Wahrheit akzeptiert werden dürfte. Ich werde mich deshalb bemühen, das separate Existieren der verschiedenen Teile des Ganzen zu erklären.

	7. Ebene	
Höhere Wirklichkeit	6. Ebene	Höhere Wirklichkeit
unbekannt	5. Ebene	unbekannt
Höheres Selbst	4. Ebene	Höheres Selbst
Mentalgeist	3. Ebene	Mentalkörper
Astralgeist	2. oder Astral-Ebene	Astralkörper
physischer Geist	1. Ebene incl. Erde	physischer Körper

(Obige Tabelle habe ich angefertigt, um die Worte von Pater John erklären zu helfen. Auf die Materie der irdischen Ebene brauche ich nicht weiter einzugehen, weil wir sie alle nur zu gut kennen. Ich habe bereits im Vorwort eine kurze Erklärung bezüglich unseres Astral- und Mentalkörpers geschrieben, deshalb werde ich hier nur einige zusätzliche Einzelheiten über das höhere Selbst nennen, das wir auf der vierten Ebene besitzen.

Pater John hat mir mitgeteilt, dass – soweit er weiß – keiner, der vorübergehend von den höheren Sphären in die relativen Beschränkungen des Bewusstseins auf der vierten Ebene herabgestiegen ist, das Leben zu beschreiben vermag, das er „oben" führt. Kein Bewohner von der vierten Ebene, der die fünfte Ebene besucht hat, brachte je eine Erinnerung von dort zurück. Pater John vertritt die Ansicht, dass wir nichts wissen sollen über das Leben dort, das unser Begreifen zweifellos übersteigt. Auf jeden Fall – und dessen bin ich mir ganz sicher – wäre es unmöglich, eine diesbezüglich empfangene Übermittlung in Worte zu übersetzen.

Unsere Körper der vierten Ebene sind noch durchaus sichtbar, dabei sind sie, was ich als fluidischer bezeichnen möchte. Sie bestehen hauptsächlich aus Licht, in dessen Kern die vertraute Form erkennbar ist.

In Gedankenschnelle können wir zwischen normalen Proportionen und enormer Größe wechseln, mit der wir riesige Gebiete überspannen und die Fähigkeit haben, das Bewusstsein von allen Menschen, Tieren und Pflanzen in unser Wesen aufzunehmen, die innerhalb dieses Bereichs leben.

In unserem Geist der vierten Ebene sind die Erinnerungen an alles früher Erlebte gespeichert, beginnend mit dem Augenblick, als wir vor unzähligen Millionen Jahren die Gottheit verlassen haben, bis zum heutigen Tage.

Unsere Erscheinung ist gewöhnlich die verherrlichte Version unseres derzeitigen Erdenkörpers. Wenn wir sterben, wird sie die gleiche Form behalten, bis unsere nächste Inkarnation eine neue Rolle erschafft, die wir auf der Bühne des Lebens zu spielen haben. – D.C.)

Sieben Bewusstseinsebenen

Du existierst mit zunehmender Bewusstheit auf sieben verschiedenen Ebenen gleichzeitig.

Doch dies ist noch nicht alles, denn wo auch immer ein Band der Liebe besteht zwischen dir und einer anderen Person, zwischen dir und einem Tier oder zwischen dir und einem Gegenstand, da beginnt und endet diese Zuneigung und Verbindung nicht auf der irdischen Ebene.

Besuche auf höheren Ebenen im Schlafe

Falls du ein Wissen besitzt von diesen Angelegenheiten, oder falls es jemanden gibt, der dich liebt und der dir schon vorausgegangen ist, verlässt du, während dein Körper schläft, die Ebene, auf der du normalerweise lebst, und besuchst eine höhere Sphäre.

Falls du noch in deinem physischen Körper bist, besuchst du die Astralebene; wenn du aber „tot" bist und bereits dort wohnst, gehst du weiter auf die dritte Ebene. Wie du, erinnern auch wir uns oft nicht an diese Reisen, die wir während des Schlafes machen, es sei denn wir haben gelernt, wie dies zu bewerkstelligen ist.

Solange du noch auf der Erde weilst, ist dein Astralkörper an sein physisches Gegenstück gebunden und weist in der Regel keine separate Existenz auf, außer wenn der physische Körper schläft. Doch du führst gleichzeitig separate und unterschiedliche Leben auf allen anderen Ebenen.

Die Seele, die über eurem Zuhause herrscht

Auf jeder Ebene hast du eine Wohnstatt, und wenn du dein irdisches Zuhause liebst, dann wird die gleiche Seele über sie alle herrschen. Wenn du jedoch in deinem derzeitigen Haus nur lebst, weil du dir kein besseres leisten kannst, dann empfindest du wahrscheinlich nicht viel Zuneigung für dein Heim, deshalb wird es wenig Übereinstimmung zwischen dir und der herrschenden Haus-Seele geben. Unter diesen Umständen werden deine Wohnstätten auf den höheren Ebenen einer anderen Seele unterstehen, mit der du gewiss durch Bande der Zuneigung verbunden bist.

Wenn eine Seele über alle deine Wohnstätten herrscht, bedeutet dies nicht unbedingt, dass sie die gleiche äußere Form behält wie die, die du auf der Erde kennst. Die herrschende Seele ist nicht weit genug fortgeschritten, um sich einen eigenen Körper zu schaffen; deshalb sind es deine Wünsche und Vorstellungen – je nach deinem Entwicklungsstand –, welche die Gestalt und Größe der höheren Körper bestimmen, über die die Seele herrscht. Es ist gleichwohl ein und dieselbe Haus-Seele, unabhängig von ihrer äußeren Erscheinung, wie du auch ein und dieselbe Person bist, auch wenn deine Körper auf den höheren Ebenen viel schöner sind als derjenige, den du auf der Erde gebrauchst.

Wie Freunde sich hier unten um dich scharen, so tun sie es auch auf den anderen Ebenen. Auf die gleiche Weise bilden sich auch Gemeinschaften, doch Freunde bleiben nicht durch Faktoren wie etwa die Notwendigkeit getrennt, in der Nähe ihres Arbeitsplatzes zu wohnen.

In ihrem höher entwickelten Bewusstsein sind auch deine Haustiere bei dir, und bei der Ankunft auf der dritten Ebene werdet ihr den Entwicklungsstand erreicht haben, der es euch ermöglicht, euch miteinander zu unterhalten.

Gedankenreisen

Es gibt zwei Methoden, mit deren Hilfe du zum Beispiel dein Zuhause auf der dritten Ebene besuchen kannst, solange du in der Astralebene wohnst. Indem du deine Schwingungen hebst und dir ein mentales Bild von dem betreffenden Ort machst, kannst du dich dorthin begeben. Es ist sehr einfach, wenn du gelernt hast, wie man es macht.

Die Aura

Alternativ birgt jede Person (und jeder Gegenstand) in ihrer Aura ein Ebenbild aller ihrer übrigen Körper, eines innerhalb des anderen. Normalerweise sind diese Ebenbilder nicht sichtbar, aber jeder, der weit genug entwickelt ist und die Vorgehensweise gelernt hat, kann willentlich eine Person sehen und sich mit ihr unterhalten in der Form und entsprechenden Bewusstseinsebene seiner Wahl. Ich persönlich kann meinen Körper der vierten Ebene nach Belieben kontaktieren, aber nicht meine höheren Körper, weil es mir noch nie gelungen ist, die fünfte Ebene bewusst zu erreichen.

Das Gemeinschaftshaus
auf der dritten Ebene

Bei einer Gelegenheit sah ich in der Aura des Hauses dessen Mentalkörper. Normus, ebenfalls in seinem Mentalkörper, führte mich durch den Vordereingang, den ein Bogengang mit Rosen bildete, die an beiden Seiten emporkletterten. Er nahm mich mit in eine geräumige Halle, die von vielen schlanken Pfeilern gesäumt wurde, einige von ihnen waren von Kletterpflanzen in leuchtenden Farben umrankt. Auf einem Lichtstrahl glitten wir nach oben, ähn-

lich wie man eine Treppe erklimmt, und Normus begleitete mich
zu seiner Suite. Seine Zimmer waren groß und voller Licht und
Farbe – blau der Ruheraum, grün der Arbeits- und rosa der Me-
ditationsraum.

Normus' Arbeit auf der dritten Ebene

Seine Versuche mit den Pflanzen führt Normus in seinem Arbeits-
raum durch, und er hat bereits gelernt, heilende Strahlen einzusetzen, anstatt nur Kraft zu verwenden, um das Pflanzenwachstum
anzuregen. Er fand heraus, dass der blaue Strahl einen sehr lieblich-
chen Duft erzeugt, der gelbe ein robusteres Wachstum bewirkt und
Rosa eine feinere Beschaffenheit ermöglicht.

Zurzeit beschränken sich diese Experimente auf die Pflanzen der
dritten Ebene, denn in seinem Astralkörper hat er diejenigen Nutz-
anwendungen der Strahlen noch nicht entdeckt, die über ihre heilenden Eigenschaften hinausgehen. Er interessiert sich auch sehr für
die Wirkungen der verschiedenen Schwingungen und hofft, eine
Methode zu entdecken, um die Schwingungen der Pflanzen auf die
gleiche Weise zu heben, wie Medien die Schwingungsfrequenz ihres
Körpers verändern, um auf Ebenen tätig werden zu können, die
höher als ihr normaler Lebensbereich angesiedelt sind.

Normus hat entdeckt, dass manche Blumen schneller und kräftiger wachsen, wenn sie neben bestimmte andere Arten gesetzt werden, während wieder andere nicht so gut gedeihen, wenn sie neben
den gleichen Pflanzen stehen. Haben wir auf der Erde nicht eine
entsprechende Situation, wo heftige Antipathien aufkommen, wenn
bestimmte Menschen in der Nachbarschaft von Andersfarbigen leben sollen, während andere wiederum glücklich Seite an Seite mit
ihnen leben können? Nun erforscht Normus, ob die Abneigung im

Denken oder in den Schwingungen begründet ist, oder ob Farbe und Form das Ergebnis beeinflussen.

Er zeigte mir Saatreihen, die er in unterschiedliche Bodenarten gelegt hatte. Davor hatte er jeden Samen minutiös im Hinblick auf seine Beschaffenheit untersucht; überaus detaillierte Aufzeichnungen protokollieren die Entwicklung von Tag zu Tag. Daraus hofft er ableiten zu können, ob ein wohlgeformter Same zwangsläufig die schönste Pflanze hervorbringt oder ob ein höher entwickeltes Bewusstsein den Nachteil einer unvollkommenen äußeren Form wettmachen kann. Ich fragte ihn, wie es ihm möglich sei, den Bewusstseinszustand zu beurteilen, wenn die äußere Form so winzig war. „Ich habe ein Instrument", antwortete er, und ich brauchte ihn nicht erst zu überreden, es mir zu zeigen

Normus legte einen einzelnen Samen auf eine transparente Schale, über die er passend eine ähnliche Schale legte. Durch den so entstandenen Behälter schickte er eine Reihe von Strahlen, bis ich sehen konnte, dass eine winzige, aber regelmäßige Schwingung von dem Samen ausging. „Das ist ein guter Same mit einem fortgeschrittenen Bewusstsein", erklärte er. „Ich würde sagen, dass er sich schon mehrere hundert Mal auf der Erde inkarniert hat." Er nahm einen anderen Samen, der genauso aussah wie der Erste. „Dieser hat sich erst zweimal inkarniert, achte auf den Unterschied." Die Strahlen wirkten wieder auf die Probe ein, doch diesmal war keine gleich bleibende Reaktionsschwingung wahrzunehmen. „Da, hast du das gesehen?", fragte Normus.

„Was?", fragte ich, denn für meine Augen war nichts zu sehen gewesen.

„Eine winzige Kraft geht von dem Samen aus, etwa einmal in der Minute. Ich will versuchen, dir zu sagen, wenn er wieder im Begriff ist, etwas auszuatmen." Wir warteten eine kleine Weile, aber ich fürchtete, dass mein Sehvermögen nicht gut genug war, um dieses unendlich winzige Lebenszeichen wahrzunehmen.

„Dies hier", sagte er und hielt einen dritten Samen hoch, „ist ein interessanter Fall. Schau." Ich nahm das kleine braune Korn und sah, dass es nicht glatt und länglich war wie die anderen, sondern in der Mitte einen Knick aufwies, der es leicht verdreht wirken ließ. „Dieser Same hat schon vierundachtzig Mal inkarniert. Nun gib acht." Er legte das entstellte Samenkorn in die Schale und schaltete die Strahlen an. Zunächst passierte nicht viel, doch dann folgte eine Reihe von Kraftstößen, die etwa fünf Sekunden dauerte und dann aufhörte. „Es kann sie nicht aufrecht erhalten, wie es sollte, aber nach einer Ruhepause wird es wieder von neuem beginnen", erklärte er. Dies erwies sich als zutreffend, und nach etwa einer halben Minute wurde die Kraft wieder aktiv.

„Wird es wachsen?", fragte ich.

„Es hat eine Chance", sagte Normus. „Ich habe fünfhundert in diese Reihe gesät. Alle hatten sie Defekte, und wie du siehst, ist etwa die Hälfte aufgegangen."

„Manche sind offenbar viel schwächer als die anderen", bemerkte ich. „Mehrere hier sehen aus, als würden sie eingehen."

„Das stimmt wohl", antwortete er, „aber selbst wenige Stunden Leben in einer neuen Form sind von Wert für ihre nächste Inkarnation. Ich könnte es dir beweisen, wenn ich dir das nächste Leben dieser kräftigen Pflanze, jenes Schwächlings und eines der Samen zeigen könnte, die verschwunden sind, ohne erst um ihr Leben gekämpft zu haben."

„Woran wirst du erkennen, wann diese bestimmten Samen wieder geboren werden?"

„Das ist die Tragödie", sagte er. „Ich habe noch nicht die Kraft, es zu sagen, aber ich erfuhr es von jenen, die ähnliche Experimente über Hunderte von Jahren hinweg beobachtet haben, und ich habe keinen Grund, an dem Gehörten zu zweifeln."

Ich hätte noch wochen- und monatelang bei ihm bleiben können, um die verschiedenen Samen auf ihrem Entwicklungsweg zu verfolgen, aber ich habe noch andere Arbeit, deshalb musste ich mich verabschieden.

Bei meinem nächsten Besuch nahm mich Normus mit in seinen Ruheraum. Er lud mich ein, mich zu entspannen, da er sehen konnte, dass ich ein wenig müde war. „Der blaue Strahl in diesem Raum hat große Kräfte", teilte er mir mit. „Möglicherweise ist es jedoch nicht genau dein Blau. Ich habe es fünfzehnmal gewechselt, bis ich genau meinen blauen Strahl herausfand."

„Es wirkt sehr beruhigend", sagte ich anerkennend.

„Sag mir, was du fühlst", forderte er mich auf.

Blau habe ich schon immer als sehr heilsam empfunden, und ich wäre zufrieden gewesen, mich zu entspannen und den blauen Strahl mein ganzes Wesen durchdringen zu lassen, aber mir war klar, dass hier mehr von mir verlangt wurde. Der Strahl drang in meinen Körper ein, und nach ein oder zwei Minuten sagte ich: „Ich fühle mich ausgeruht, und doch sehr lebendig. Ich bin nicht sicher, ob ich nicht gleich etwas sehr Schönes sehen werde. Meine Augen beginnen sich zu öffnen."

„Zu viel Gelb", sagte er bestimmt, und augenblicklich waren auch meine Augen ruhig. Nach kurzer Zeit hatte ich das Gefühl zu sinken, fast als ob ich in eine Trance ginge. Ich teilte Normus diesen neuen Eindruck mit.

„Zu viel Rosa", sagte er, und augenblicklich kam alles zum Stillstand. Ich fühlte mich, als ob ich frei im Raume schwebte, frei und doch sicher, ruhig, aber ohne die Ehrfurcht gebietende Stille, die man manchmal bei spirituellen Bemühungen erlebte. Ich hatte kein

Verlangen mehr zu sprechen und wusste, dass Normus dies verstehen würde. Ich bin nicht sicher, wie lange ich in diesem Zustand verweilte, aber plötzlich merkte ich, dass ich hellwach war und mich völlig erquickt fühlte.

„Ich habe ein wenig Gelb beigegeben, um dich zu wecken", kommentierte Normus. „Fühlst du dich besser?"

„Es ist erstaunlich", antwortete ich. „Ich hatte keine Ahnung, dass du so viel über das Heilen weißt."

„Wenn es nur auch mein Erdenkörper verstünde, dann könnten wir Daphne noch viel besser helfen."

„Du meinst, dass es niemals nur darum geht, einem Patienten einen blauen, rosa oder grünen Strahl zu senden; es muss also auch das bestimmte, individuelle Blau, Rosa oder Grün der Person sein?"

„Aber freilich", bestätigte er. „Das Blau, das ich dir ursprünglich gab, ist für mich perfekt, für dich aber eher verkehrt. Was hätte es für einen Wert, dein Denken anzuregen, wenn du Entspannung suchst, oder dir die eher starre Erfahrung einer Trance zu vermitteln? Ich beschäftige mich noch nicht lange mit den Farbstrahlen, und ihre Macht ist grenzenlos, aber es ist wichtig, dass man sich umfassendes Wissen darüber aneignet. Ich habe bisher erst den Rand berührt; das ist eine Arbeit fürs ganze Leben."

„Möchtest du dich ganz dem Heilen zuwenden?", fragte ich.

Normus seufzte. „Ich habe wochenlang darüber nachgedacht, aber ich kann mich nicht entscheiden", sagte er. „Wie könnte ich meine Bäume und Blumen im Stich lassen, die mir ihre Liebe gegeben haben und mir halfen, meinen derzeitigen Status zu erreichen? Andererseits ... das Leiden der Menschen kann auch nicht so einfach beiseite geschoben werden."

„Könntest du nicht beide Tätigkeiten kombinieren?", schlug ich vor. „Wenn du das Heilen zu der schönen Kunst entwickeln kannst, derer es bedarf, um den Kranken Gesundheit zu geben, dann kannst du deine Entdeckungen und Erfahrungen gewiss auch nutzen, um schwachen oder verstümmelten Pflanzen zu helfen?"

„Das ist es, was ich zu tun hoffe", sagte er, „Aber ich fürchte, dass ich von vielen Bereichen ein wenig weiß, aber nicht genug von einem, um die notwendige Kraft aufzubringen, um auch nur einem in befriedigendem Maße zu helfen."

„Dein niederer Körper verteilt seine viel geringere Kraft bereits über viele verschiedene Projekte. Ist das nicht so?"

„Das stimmt. Ich frage mich nur, ob ich hier meine etwas größere Kraft auf eine Sache konzentrieren sollte, bis ich gelernt habe, mehr davon zu produzieren."

„Jede Medaille hat zwei Seiten, aber ich bin sicher: Wie auch immer du dich entscheidest, wird es für dich zurzeit richtig sein", sagte ich ihm.

„Ich habe Hoffnungen in Bezug auf so viele der Ideen, die mir kommen, aber sie scheinen sich nie zu etwas Lohnendem zu materialisieren", klagte er.

„Du bist jung, und auch deine Ideen sind jung", sagte ich. „Auch sie benötigen Zeit, sich zu entfalten. In der Wissenschaft geschieht es oft, dass die Idee von einem Menschen erst lange nach dem Tode ihres ursprünglichen Schöpfers aufgrund der Bemühungen eines anderen nachvollziehbar wird. Kein Gedanke wird jemals sterben, denke daran. Manche schlummern jahrelang am Grunde der Apathie in der Person, die sie hervorgebracht hat. Sobald aber jemand beginnt, Ähnliches oder gar Gleiches zu denken, eilen seine Gedanken zu dem Original der Idee, geben ihm Kraft und bewirken so, dass sie sich entwickeln. Schließlich ist die Idee weit genug entfaltet, dass alle Menschen sie sehen, hören oder fühlen können. Der Zeitpunkt ist erreicht, wenn eine neue Erfindung ans Tageslicht kommt, aber du kannst recht sicher sein, dass der Gedanke hinter dem Plan und schließlich hinter der Herstellung schon vor Jahrhunderten ins Dasein gekommen ist."

„Geduld", sagte Normus mit einem tiefen Seufzer, „ist das, was wir alle benötigen."

„… und was wir alle erwerben und lernen müssen, um in irgendeinem Bereich wirklich von Nutzen sein zu können", ergänzte ich. „Ungeduld führt zu unausgereifter Arbeit und Blendwerk. Wir strengen uns an, herrliche neue Dinge aus unausgereiften Voraussetzungen zu erzeugen, und das Unausweichliche geschieht. Das Resultat löst sich nach einiger Zeit auf, anstatt zu wachsen und sich weiter zu entwickeln, wie es der Fall ist, wenn du und deine Idee sich gemeinsam entwickeln."

„Das ist ein faszinierender Gedanke", bemerkte er. „Diese parallele Entwicklung, Schritt für Schritt, ist fast so, als machte man einen gemeinsamen Spaziergang."

„Das ist ein guter Vergleich", sagte ich. „Wichtig ist dabei, sich davor zu hüten, aus dem Gleichschritt zu geraten. Und lass nicht zu, dass eure Wege sich trennen, sonst wird das, was eigentlich dein ist, seine Reise mit einem anderen Partner fortsetzen, der aufmerksamer auf die Einzelheiten achtet und dann den Ruhm ernten wird, der mit dem Erfolg immer einhergeht – und deiner gewesen sein könnte."

„Aber was ist mit mir? Ich bin doch derjenige, der belohnt werden sollte", wandte er ein.

„Und das wirst du auch, aber nicht durch den Ruhm in der Öffentlichkeit. Du wirst den Lohn, den dein Werk verdient, als gesteigertes Gewahrsein empfangen. Wärst du allerdings geduldiger, wachsamer und zielstrebiger gewesen, hättest du dein Werk vom Anfang bis zum Ende getragen und begleitet und sowohl deinen spirituellen Lohn als auch den Ruhm verdient."

„War dies eine spezielle Lektion für mich?", fragte er.

„Nein, Normus, es ist eine Lektion, die wir alle beachten sollten."

Die Meditation

Drei Besuche sind nicht annähernd genug, um eine so komplexe Natur wie Normus zu studieren. Im Grunde könnte man ein ganzes Buch über ihn, seine Ideen und seine Erlebnisse schreiben. Doch die anderen Elfenwesen haben ebenfalls Raum verdient, deshalb habe ich mich damit beschieden, dir Normus mit dreien seiner Aspekte vorzustellen, sowie seine Arbeit und einige seiner Ideen zu schildern. Jetzt nehme ich dich mit und auf eine Reise, die wir in der Meditation gemacht haben.

Normus hatte mich bei meinem ersten Besuch gefragt, ob ich mit ihm meditieren würde; er wusste, dass meine etwas höher entwickelte Kraft ihn in eine Sphäre tragen würde, die höher war als jede, die er bisher erreichen konnte.

Wer meditiert, weiß gewöhnlich nicht, wohin er geht. Wohin ihn seine Reise führt, ist jedoch alles andere als zufällig. Tatsächlich sind Weg und Ziel sorgfältig geplant, um dem Meditierenden möglichst viel von dem Wissen zu geben, das aufzunehmen er zur jeweiligen Zeit gerade bereit ist. Es lag also nicht in meiner Hand, was uns begegnen würde, und ich freute mich auf die gemeinsame Erfahrung fast so sehr wie Normus.

Die Reise

Wir entspannten uns, und die Reise ging los. Ich wünschte, mich später lückenlos an unser gemeinsames Erleben erinnern zu können, und so gestattete ich mir nicht das Absinken in die angenehme

Halbbewusstheit, die einem solche Reisen durch die Sphären schenken können.

Wir kamen rasch voran, und ich konnte das allmähliche Leichterwerden meines Körpers spüren, als er die verschiedenen Atome zusammenzog, die für die Existenz in den sich rapide ändernden Bedingungen notwendig sind; dieser Prozess vollzog sich natürlich ohne irgendeine Anstrengung unsererseits. Unser Lebenswille war der Kern, um den die Atome sich sammelten in ihrem Verlangen zu „sein" und sich in irgendeiner greifbaren Form Ausdruck zu geben. Mein Körper wurde bald so leicht, dass ich erkannte, dass wir die vierte Ebene erreicht hatten, doch es ging immer noch eilends weiter.

Normus hatte die Reise auf meiner Schulter sitzend begonnen, aber die Elfenwesen wachsen entsprechend ihrer Entwicklung auf den höheren Ebenen. Bald war Normus zu groß, um weiter auf meiner Schulter sitzen zu bleiben, und kam an meine Seite, wo er sich an meinen Habit klammerte, um mich nicht zu verlieren. Bald musste er jedoch auch diese Position aufgeben, da er auch größer wurde als ich, und Hand in Hand setzten wir die Reise fort, die uns binnen weniger Minuten mehrere Millionen Meilen zurücklegen ließ.

„Unmöglich", wirst du sagen, und dies wäre es auch für dich, weil sich dein Körper, der aus den grobstofflichen, langsam schwingenden Atomen der irdischen Welt besteht, unter dem ungeheuren Druck der höheren Sphären auflösen würde. Aber mit zunehmendem Umgebungsdruck werden unsere Körper subtiler und boten immer weniger Widerstand; damit wurden auch unsere Sinne wacher und unsere Wahrnehmungen in der feineren Atmosphäre schärfer. Was du als hellsten Sonnenschein an einem klaren Junitag wahrnimmst, ist für uns, als bahnten wir uns den Weg durch dichten Londoner Nebel; dabei beziehe ich mich lediglich auf die höheren Astralebenen.

Die Ankunft

Endlich hielten wir an und standen da, Hand in Hand, in unseren „feinstofflichen" Körpern der oberen vierten Ebene. Ich war kein Mönch mehr, und Normus nicht mehr der Achtzehn-Zentimeter-Elf. Gleichwohl war Normus immer noch Normus, der aus seiner lichten Höhe von zwei Metern auf mich herab grinste. Ich beobachtete die Gedanken, die ihm durch den Kopf gingen: „Nun bin ich größer als Pater John; bin ich ihm auch überlegen?", war die erste Frage, die er sich stellte. „Er ist so schön; ich möchte wissen, ob ich es auch bin", überlegte er dann. Und es folgten noch viele weitere Gedanken, die alle ganz natürlich waren für jemanden, der zum ersten Mal in seinem Leben erfuhr, wie es war, wenn man vergleichsweise groß ist. Seine Augen leuchteten vor Freude, und es leuchteten nicht nur die lebhaft grünen Iriden; seine Vorfreude hatte ihren Ursprung viel tiefer.

Kritisch betrachteten wir einander, und was ich sah, bestätigte meine frühere Meinung, dass Normus in jedem seiner Körper die Anlage zu potentieller Größe offenbarte. Seine Schönheit war nun auffallend, aber ungeachtet der Würde, die seine Haltung ausstrahlte, gab es immer noch das lustige Zwinkern in seinen Augen, das ich geradezu unwiderstehlich fand, gleichgültig auf welcher Ebene wir uns manifestierten.

„Jetzt bin ich riesig", sagte er triumphierend.

„Und wie ist es mit dem Verständnis?", fragte ich. „Ist es ebenfalls gewachsen?"

Er dachte einen Augenblick nach, und dann strahlte er. „Ich weiß die Antworten auf alle die Fragen, über die sich jenes arme kleine Ich den Kopf zerbrochen hat. Was für ein erbärmlicher Geist muss ich da unten gewesen sein, wo doch alles so einfach ist."

„Es wird auch weiterhin nicht so einfach sein, besonders nach deiner Rückkehr", warnte ich ihn. „Es sind nur die Kraft und die exquisite Feinheit der Materie, aus der unsere Körper und unser Denken hier gemacht sind, die uns dieses große Wissen geben."

„Ich möchte etwas ganz Besonderes, etwas Großes machen", kündigte er an. „Etwas, das rechtfertigen wird, dass ich diese wunderbare Form habe."

„Kannst du dich selbst denn sehen?", fragte ich.

„Das muss ich eigentlich nicht", sagte er. „Ich bin überaus schön. Oder bin ich das nicht, Pater John?" Doch es war keine echte Frage; Normus bestätigte lediglich eine Tatsache.

„Nach irdischen und astralen Maßstäben sind wir schön", sagte ich, „aber im Vergleich mit den meisten Bewohnern dieser Ebene hier sind wir nur armselige Exemplare."

Normus machte ein langes Gesicht. „Meinst du damit, dass unsere Schönheit eine Illusion ist?", fragte er, offenbar besorgt, dass meine Antwort ihn auf seinen stubsnasigen Achtzehn-Zentimeter-Astralkörper reduzieren könnte.

Ich nahm ihn beim Arm. „Nein, das nicht", antwortete ich ihm. „Wir sind so schön, wie wir uns kennen, aber es fehlt uns noch viel Licht, und Licht ist die Essenz aller Schönheit."

„Aber unsere Auren beleuchten die ganze Szene", sagte er, doch da fühlte ich mich verpflichtet, ihn zu korrigieren.

„Die Landschaft erzeugt ihr eigenes Licht", sagte ich. „Jedes Materieteilchen hier hat Wahrheit erfahren, die unser astrales Begreifen übersteigt, andernfalls würde es nicht hier wohnen. Wir sind auf dieser Ebene nur dank der Kraft anderer, die uns gegeben wird, damit wir ein Erlebnis genießen können, das für uns nützlich sein wird zum Wohle derer, für die wir arbeiten."

„Arbeiten", wiederholte er. „Auch hier gibt es für uns Arbeit zu erledigen. Dazu sind wir hier – noch dazu ist es Arbeit, die diejenigen, die hier leben, aus irgendeinem Grunde nicht ausführen können. Das gibt dir zu denken, nicht wahr?"

„Es gibt immer für jeden von uns Arbeit – Arbeit, die unsere ist und niemandes sonst. Dieser Gedanke sollte uns stützen, wenn wir über alle Maßen erschöpft sind: Was auch immer uns im Augenblick beschäftigt, ist *unsere* Aufgabe, und die Bereitschaft und die Liebe, die wir in unsere Arbeit einbringen, webt unseren Teil des Musters, ohne das der Plan niemals vollendet werden könnte."

„Aber was ist, wenn wir versäumen, dem Teil zu folgen, der für uns geplant ist?", fragte Normus.

„Dann werden andere ihn fertig stellen", sagte ich, „denn der Plan muss vollendet werden. Du aber wirst eine Gelegenheit versäumt haben, welche niemals wiederkehren wird, und mit ihr wirst du auch deine Position auf dem Pfad verwirkt haben. Du wirst dein Vorankommen verzögert haben, und Erfahrung, die dir als Lohn für eine getreulich erfüllte Aufgabe zugedacht war, wird dir vielleicht auf Jahrtausende hin nicht zukommen."

„Du meinst, dass mich eine kleine Unaufmerksamkeit oder Nachlässigkeit so viel kosten könnte?"

„Wie könnte ich sagen, ob deine Unterlassung groß oder klein war? Was dir bei ordentlicher Ausführung als einfache Aufgabe erscheint, könnte ein überaus wichtiges Bindeglied zwischen zwei gewaltigen Siegen sein."

„Es fällt mir schwer zu glauben, dass zum Beispiel das Versäumnis einer Elfe, eine Blume zu versorgen, sodass diese verwelkt und stirbt, von so großer Wichtigkeit sein könnte. Es gibt so viele Blumen, da ist es unwahrscheinlich, dass der Verlust ihrer jetzigen Erdenzeit – einer unter so vielen – von irgendeiner weiterreichenden Konsequenz sein kann."

„Aber du *weißt* es nicht, Normus", beharrte ich. „Wäre es ihr

361

erlaubt gewesen, ihre Erdenzeit wie vorgesehen zu vollenden, könnte jene Blume dazu auserkoren sein, das Geschenk für einen Großen zu werden, der die Astralebene besucht. Wie du weißt, gewinnt jede Blume, die einer von den Großen berührt, eine Kraft, die sie in Jahrtausenden wiederholter Inkarnationen vielleicht nicht erlangen mag."

Endlich verstand er, und wir fühlten uns von einem Pfad angezogen, der vor uns sichtbar wurde. Ich empfand tiefen Frieden, doch gleichzeitig war ich erfüllt von erwartungsvoller Vorfreude. Dies war nicht nur ein neues Erlebnis für Normus, denn ich selbst hatte noch nie zuvor mit einem Angehörigen der Elfenwelt gemeinsam meditiert. Der Pfad stieg leicht an, und ich wusste, dass er uns in eine noch höhere Sphäre von der vierten Ebene führte.

Involution und Evolution

Wir fanden uns auf dem Gipfel eines großen Berges ein und blickten über Myriaden von Sternen und Planeten, welche sich zwischen Hügeln und Tälern schmiegten. Sie bestanden aus Materie, die so verfeinert war, dass man ihre Präsenz fühlen konnte, ohne sie zu sehen. Für dich bedeutet das Sehen so viel, aber ich kann dir versichern, dass das Betrachten einer Person oder eines Gegenstandes allen Wert verliert, wenn man sie *sein* kann, ohne dabei die eigene Identität zu verlieren. Als wir dort auf dem Berge standen, wurden wir die Landschaft, waren nicht nur ein Teil von ihr, denn jedes Atom der sich weit ausdehnenden Natur war ebenso ein Teil von uns wie die Finger unserer rechten Hand. Die ganze Geschichte, beginnend in dem Augenblick, als jeder Bestandteil die Gottheit als eine göttliche Licht-Emanation verließ –, so vollkommen wie jene lebendige Quelle aller Vollendung, aus der sie entsprang –, offenbarte sich uns.

Wir waren jeder dieser Bestandteile und alle zugleich – dabei auch wir selbst – in allen Jahrmillionen der Involution und der Evolution.

Wir teilten miteinander jeden Augenblick ihrer Qual eines Lebens ohne Licht, das sie zum ersten Mal in der völligen Finsternis im „Reich des Bösen" erlebten.

Mit ihnen bewältigten wir die Wende, und höher, immer höher stiegen wir. Als die Erfahrung der Negation zu unserer ursprünglichen Vollkommenheit hinzukam, erkämpften wir uns den scheinbar endlosen Weg hin zum ersten Zyklus auf der langen Straße, die zur Gottheit zurück führt, aus der wir entsprangen.

Dann begannen wir die zweite Phase unserer Reise, und das Licht unseres ersten Durchgangs begleitete uns und erleichterte unsere Bürden. Nun waren wir Gas oder ein Gemisch von Gasen wie die Luft, die Atmosphäre. Tief hinab tauchten wir, und unser Licht wurde schwächer und erlosch fast, als wir bis auf den Grund des Kreislaufs sanken, um dann wieder aufzusteigen, uns höher zu kämpfen und immer weiter, bis wir abermals den Gipfel errungen hatten.

Rundherum und tief hinunter tauchten wir von neuem – dieses Mal als Flüssigkeit –, die Erfahrung aus unseren zwei vorausgegangenen erfüllten Lebenszyklen trugen wir in uns.

Wieder beendeten wir unseren Zyklus, und ein weiteres Mal stiegen wir hinab, greifbarer diesmal in Form von Gestein. Im Laufe der Zeitalter verfeinerten wir unsere Form vom groben, trüben Granit, bis wir als Edelstein glänzten an der Stirn eines Großen.

Auf unserer nächsten Reise lernten wir zu wachsen und hatten noch weitere Pflichten. Als Angehörige des Pflanzenreiches durchlebten wir zehntausend Phasen, von dem Algenschleim in einem trüben Teich im Bogen des Bösen bis hin zum noblen Baume, der stolz seinen Kopf der Kraft entgegen streckte, die ihn hervorbrachte.

363

Im Laufe unseres nächsten Erfahrungszyklus wuchsen wir viel im Verständnis, denn wir begegneten als Tiere dem Leiden und körperlichen Schmerz. In späteren Stadien lernten wir dann, uns zu beherrschen und zu gehorchen. Kein Mensch kommt weit, bevor er Gehorsam gelernt hat, deshalb ist es unsere Pflicht, unsere jüngeren Geschwister, die noch im sechsten Zyklus oder Tierreich leben, mit Liebe und Freundlichkeit zu zähmen. Wir nahmen unglaubliche Schönheit an, als wir noch einmal die Höhen erreichten, bevor wir ein letztes Mal in die Tiefen eintauchten, in die wir schließlich nicht wieder zurückzukehren brauchen.

Mit unserem Bewusstsein wächst auch unsere Freude im Licht. So wird unsere unaussprechliche Qual noch unerträglicher, wenn wir für unsere endgültige Erlösung als Menschen lernen müssen, ohne Seine tröstende Strahlung auszukommen. Denn wie könnten wir Glück erkennen, wenn wir keinen Kummer erlebt haben? Wie könnten wir gute Gesundheit wertschätzen, wenn wir nie krank waren, und wie das Licht lieben, ohne die Schrecken der völligen Finsternis kennen gelernt zu haben?

Als Mensch stiegen wir zum letzten Mal in die Tiefe, denn als Mensch gewinnen wir die Göttlichkeit zurück, aus der wir kamen – zumindest ist dies unsere Hoffnung und unser Glaube, das Ziel, zu dem wir streben. *Wissen* können wir es nicht, weil keiner, der diese wunderbare Wiedervereinigung erlebt hat, je zurückgekommen ist, um davon zu berichten.

Dies alles sah ich und noch mehr, denn mit Normus an meiner Seite wurden auch die sieben Zyklen seiner Evolution offenbart. Die Erfahrung ist ähnlich, doch die Gestaltung ist anders, weil die Materie, aus der Elfenwesen bestehen, auf jeder Ebene rascher schwingt als ihre Entsprechung beim Menschen. Auch Elfen durchlaufen in ihrer Entwicklung die Formen von Blumen und Tieren, doch es sind nicht unbedingt solche Arten, wie wir sie kennen, denn durch die Form gibt sich eine Seele Ausdruck, indem sie um ihren Wesenskern Atome ihrer eigenen Schwingung sammelt. Weil sich das Schönheitsideal von Elfenwesen zuweilen von dem unseren unterscheidet, nehmen sie auch andere Formen an. Für einen Gnom sind sein runder fetter Leib und das runzlige Gesicht zweifellos ein Quell höchster Befriedigung. Für seine Mutter oder seinen Partner ist selbst ein Warzenschwein wahrscheinlich eine Schönheit. Was wir als Schönheit empfinden, wechselt je nach unserem Bewusstsein, und selbst die gleiche Person oder derselbe Gegenstand offenbaren je nach dem Bewusstsein des Betrachters mehr – oder weniger Schönheit.

Normus und ich standen gewissermaßen an der Schwelle zur Ewigkeit, und unsere ganze Vergangenheit lag deutlich sichtbar vor uns ausgebreitet. Ich hatte noch nie zuvor eine Elfenseele auf dieser Reise von der Geburt bis zum heutigen Tage begleitet, und dem Verlauf von beiden Evolutionen gleichzeitig zu folgen, war mehr, als mein Bewusstsein behalten konnte, deshalb ging ein Teil der Elfenreise meiner Erinnerung verloren.

Als dieses Erlebnis vorüber war und wir wieder unser derzeitiges Selbst wurden, fühlten wir uns, als sei eine große Last von uns genommen worden. Wir verstanden, warum bestimmte Ereignisse, an die wir uns erinnerten, eingetreten waren. Wir hatten das Muster von Anfang an verfolgt und wussten, dass wir uns nun bemühen mussten, ihm weiterhin Tag für Tag zu folgen, in unserer Arbeit, in unserem Spielen, in unseren Ruhestunden und vor allem in unserem Streben nach weiterem Verstehen.

In unseren Körpern der vierten Ebene erschien alles so einfach, und da wir innerlich so vollkommen auf diese Sphäre des Verstehens eingestimmt waren, fühlte ich mich sicher, dass ich niemals auch nur eine Sekunde von unserem Erlebnis vergessen würde, das, wie ich wusste, bald zu Ende gehen würde, denn wir beide waren schon im Begriff, die Schwelle zum Bewusstsein zu überschreiten.

Jene unter uns, die dazu befähigt sind, können diese höheren Sphären besuchen, jedoch nicht für längere Zeit. Die feine Atmosphäre, die so anregend wirkt und uns Erlebnisse ermöglicht, die auf niedereren Ebenen nicht sein könnten, wird für uns nur zu bald unerträglich, und unsere Schwingungsfrequenz fällt ab, wie sehr wir uns auch bemühen, sie hoch zu halten.

Wenn wir unsere Ebene wieder erreichen, hat uns der Schlaf bereits übermannt, um uns die Gelegenheit zu geben, uns selbst wieder neu zu sortieren und den vertrauten Bedingungen anzupassen. Der Schlaf löscht auch einen Teil der Erinnerungen aus. Es gab eine Zeit, als ich fleißig bemüht war, mich an alles zu erinnern, doch heute bin ich geduldiger. Ich verstehe, dass wir uns an so viel erinnern, wie wir verdient haben, und wenn wir gerne mehr behalten wollen, müssen wir mit einem größerem Willen arbeiten, damit unser kleiner Abschnitt des Musters im Plan so perfekt wird, wie wir es machen können, und seinen Platz in dem Ganzen einnehmen wird, wenn auch dieses zur Vollendung gelangt.

Mehr als sechzig Jahre ihres Lebens widmete Marjorie Johnson als Sekretärin der „Elfen-Forschungsgesellschaft" dem Studium der Naturgeister. Wahrscheinlich war dies nur in einem Land wie England möglich, wo das Wissen um die Reiche der Naturwesen niemals verlorengegangen ist. Dieses Buch enthält die verblüffendsten und am genauesten belegten Erfahrungsberichte von zahllosen Menschen aus aller Welt. Menschen, die teilweise schockiert waren über das, was ihnen widerfuhr. Menschen, die zuvor die Existenz von Elfen oder Zwerge ins Reich der Fabeln und Märchen verwiesen hatten. Sie alle mussten sich nach ihren geradezu unglaublichen Erlebnissen eingestehen - Naturgeister gibt es tatsächlich!

Naturgeister

Marjorie Johnson
Naturgeister
Wahre Erlebnisse mit Elfen und Zwergen
ISBN 3-89427-140-X, Pbk., 353 Seiten